#시험대비
#핵심정복

7일 끝
중간고사
기말고사

Chunjae
Makes
Chunjae

▼

[7일 끝] 중학 과학 2-2

개발총괄 김은숙
편집개발 이강순, 김설희, 이영웅
제작 황성진, 조규영

발행일 2021년 7월 15일 초판 2021년 7월 15일 1쇄
발행인 (주)천재교육
주소 서울시 금천구 가산로9길 54
신고번호 제2001-000018호
고객센터 1577-0902
교재 내용문의 (02)3282-8718

※ 정답 분실 시에는 천재교육 홈페이지에서 내려받으세요.

7일 끝으로 끝내자!

중학 과학 2-2

BOOK 1

중 간 고 사 대 비

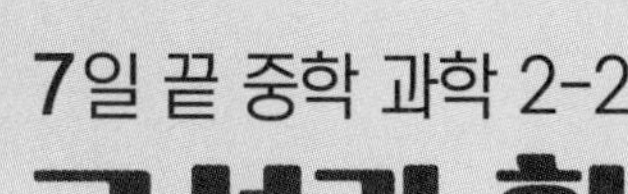

7일 끝 중학 과학 2-2

구성과 활용

시험 공부 시작

생각 열기

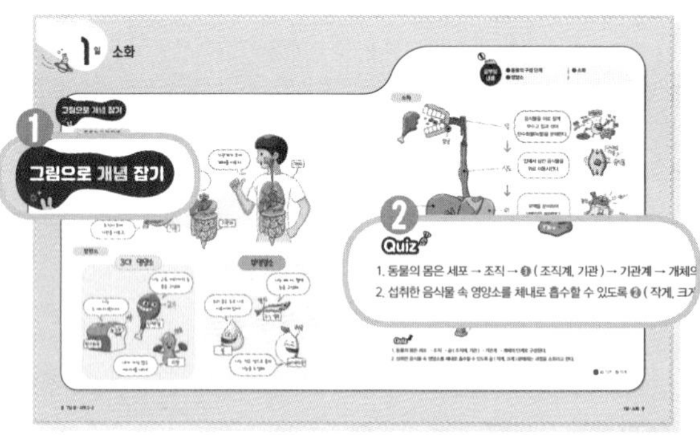

공부할 내용을 그림과 퀴즈로 쉽게 살펴보며 학습을 준비해 보세요.

❶ 그림으로 개념 잡기　학습할 개념을 그림과 만화로 재미있게 알아보세요.

❷ Quiz　공부할 내용을 그림과 관련된 퀴즈 문제로 확인해 보세요.

본격 공부 중

교과서 핵심 정리 + 기초 확인 문제

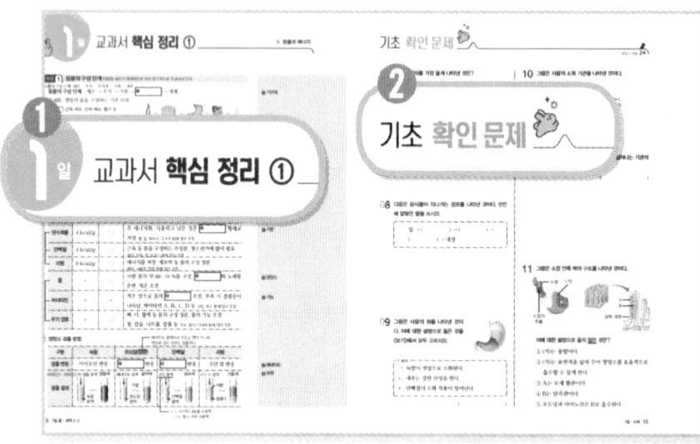

꼭 알아야 할 교과서 핵심 개념을 익히고 기초 확인 문제를 풀며 제대로 이해했는지 확인해 보세요.

❶ 교과서 핵심 정리　빈칸을 채워 보며 교과서 핵심 개념을 다시 한번 체크해 보세요.

❷ 기초 확인 문제　교과서 핵심 정리와 관련된 문제를 풀며 공부한 내용을 확인해 보세요.

내신 기출 베스트

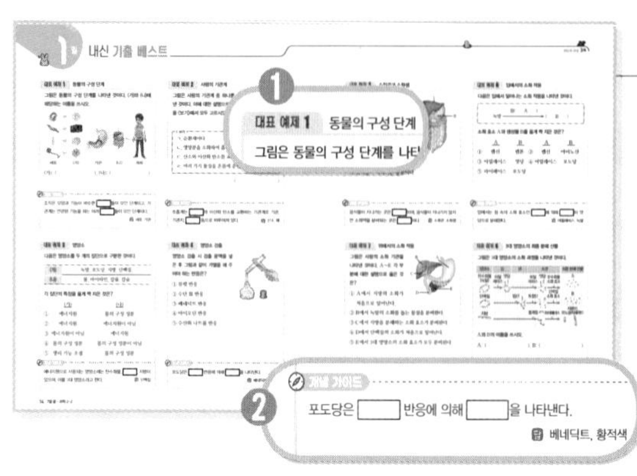

다양한 유형의 문제를 풀어 보며 공부한 내용을 점검해 보세요.

❶ 대표 예제　시험에 자주 나오는 빈출 유형 필수 문제를 풀어 보세요.

❷ 개념 가이드　대표 예제와 관련된 핵심 개념을 익혀 보세요.

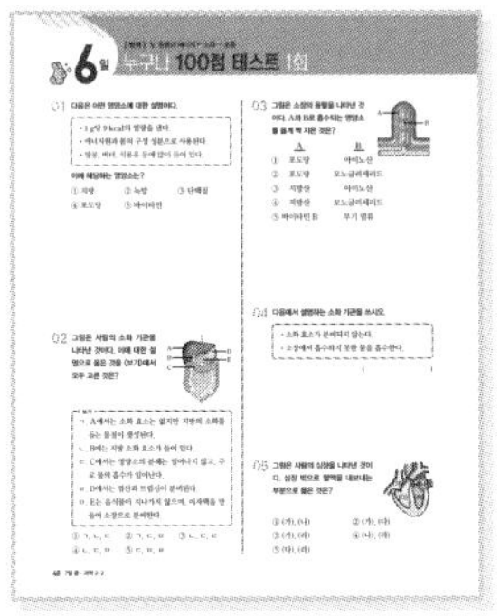

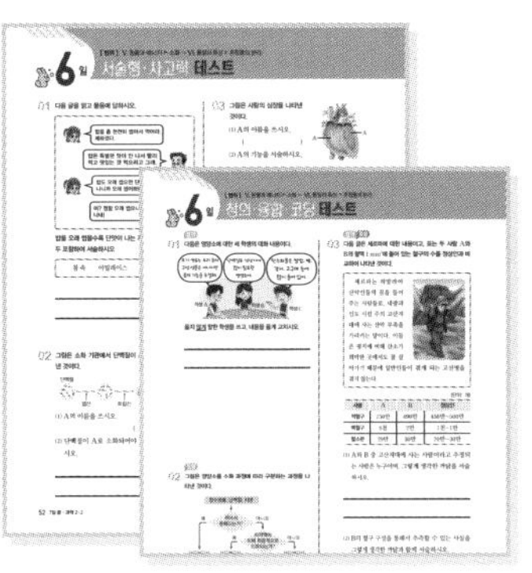

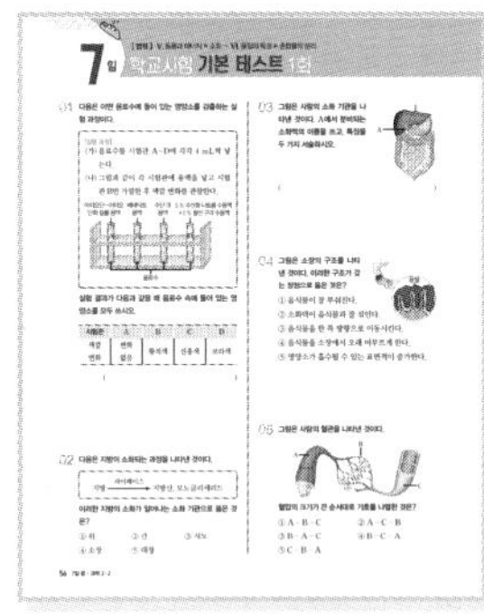

누구나 100점 테스트

5일 동안 공부한 내용을 바탕으로 기초 이해력을 점검해 보세요.

서술형·사고력 테스트
창의·융합·코딩 테스트

서술형·사고력 문제와 창의·융합·코딩 문제를 풀어 보면서 창의력과 문제 해결력을 길러 보세요.

학교시험 기본 테스트

중간·기말고사 예상 문제를 최종으로 풀며 실전에 대비해 보세요.

튼튼이·짬짬이 공부하기

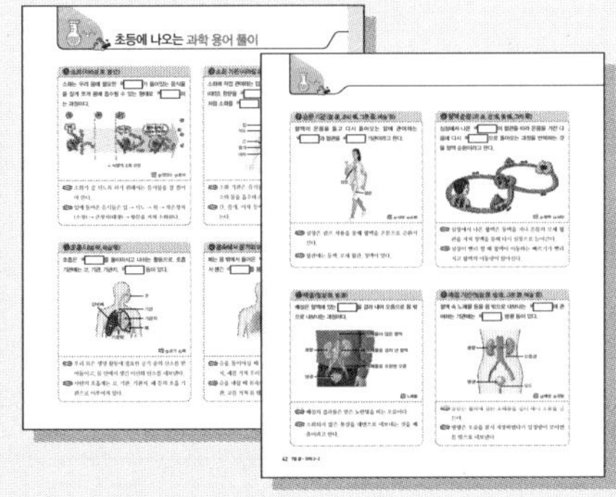

초등학교에서 배운 과학 용어로 선수 학습을 확인할 수 있어요.

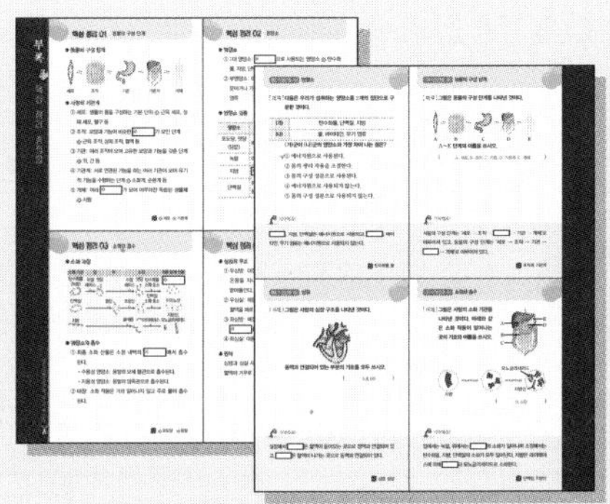

시험 직전이나 튼튼이 암기 카드를 휴대하여 활용해 보세요.

7일 끝 중학 과학 2-2

차례

7일 끝

과학 2-2와 내 교과서 비교하기

학교 시험 범위와 내 교과서의 출판사명을 확인하고 7일 끝 교재 범위를 체크해 공부해요.
예를 들어, 〈천재교과서〉의 과학 교과서를 사용하는 내 학교의 2학기 중간고사 범위가 'Ⅴ. 동물과 에너지 ~ Ⅵ. 물질의 특성-물질의 특성'(155~211쪽)까지라고 하면, 7일 끝 BOOK1 8~39쪽 을 학습하면 돼요!

	대단원	일별 학습 주제	7일 끝 과학 2-2(쪽)	천재교과서(쪽)
BOOK 1	Ⅴ. 동물과 에너지	1일 소화	8~15	155~167
		2일 순환	16~23	168~173
		3일 호흡과 배설	24~31	177~188
	Ⅵ. 물질의 특성	4일 물질의 특성	32~39	197~211
		5일 혼합물의 분리	40~47	215~225

	대단원	일별 학습 주제	7일 끝 과학 2-2(쪽)	천재교과서(쪽)
BOOK 2	Ⅶ. 수권과 해수의 순환	1일 수권의 구성	8~15	235~240
		2일 해수의 특성과 순환	16~23	243~254
	Ⅷ. 열과 우리 생활	3일 온도와 열	24~31	263~272
		4일 비열과 열팽창	32~39	275~281
	Ⅸ. 재해·재난과 안전	5일 재해·재난과 안전	40~47	290~301

비상교육(쪽)	미래엔(쪽)	동아출판(쪽)	YBM(쪽)
152~161	158~167	151~159	158~168
166~171	168~172	160~166	170~175
176~183	174~185	169~180	178~189
200~213	196~212	191~201	202~211
218~230	214~227	205~213	214~225
238~244	238~242	225~227	238~243
248~258	244~254	228~240	246~253
266~274	266~275	251~260	266~276
280~285	276~282	263~270	280~287
294~302	294~306	280~291	298~307

1일 소화

동물의 구성 단계

세포

세포가 모여 조직을 이루고,

조직

조직이 모여 기관을 이루고,

기관

기관이 모여 기관계를 이루고,

기관계

기관계가 모여 개체를 이루지.

개체

영양소

3대 영양소

나는 주 에너지원이야.

빵

탄수화물

나는 근육, 머리카락 등 몸을 구성해.

고기

단백질

땅콩

내가 가장 많은 에너지를 내지!

지방

부영양소

우리 몸은 주로 나로 이루어져 있어!

물

나는 뼈, 이, 혈액 등을 구성해.

멸치

무기 염류

레몬

나는 적은 양으로 몸의 기능을 조절해.

바이타민

공부할 내용 ❶ 동물의 구성 단계 ❷ 영양소 ❸ 소화

소화

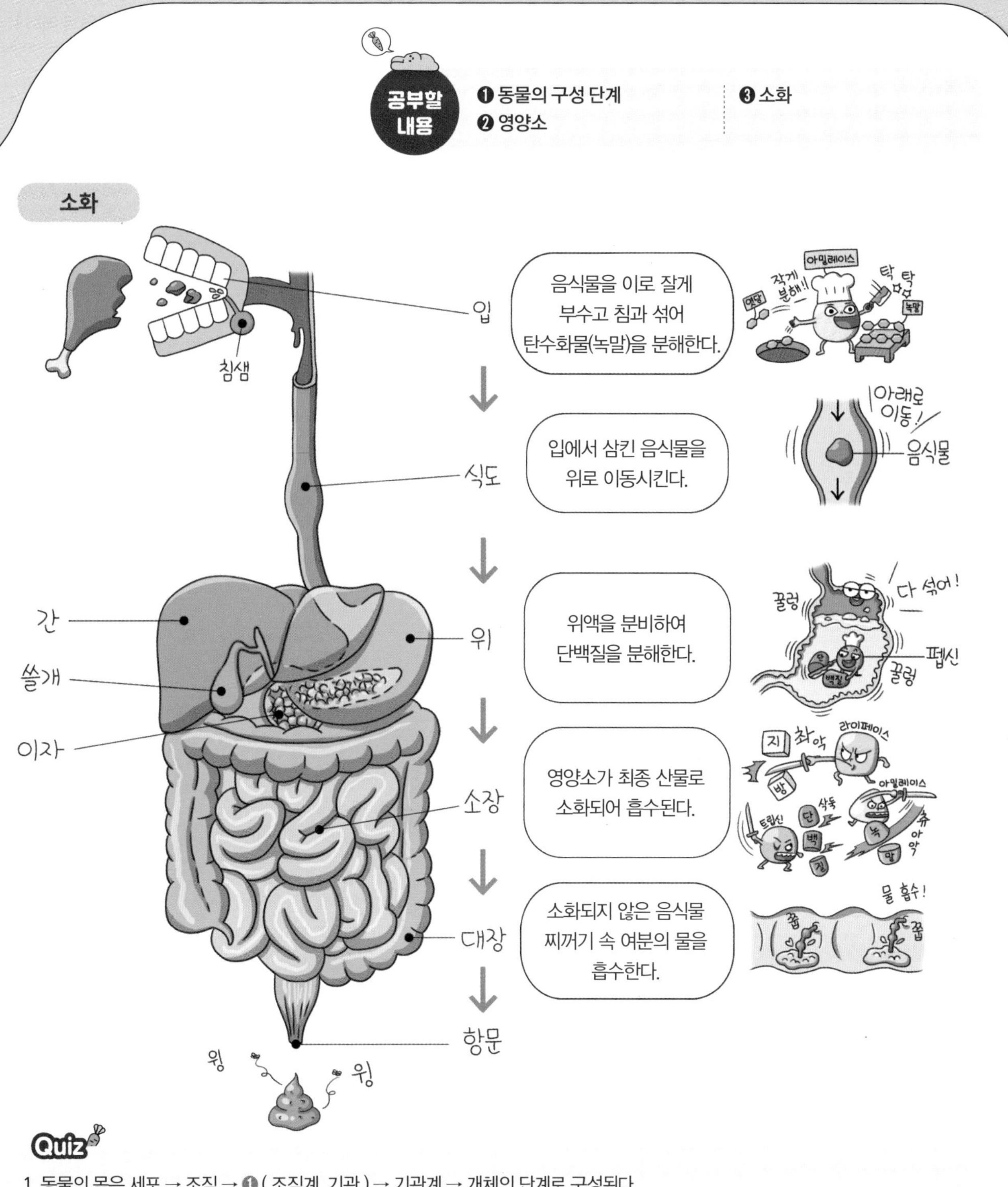

Quiz

1. 동물의 몸은 세포 → 조직 → ❶ (조직계, 기관) → 기관계 → 개체의 단계로 구성된다.
2. 섭취한 음식물 속 영양소를 체내로 흡수할 수 있도록 ❷ (작게, 크게) 분해하는 과정을 소화라고 한다.

답 ❶ 기관 ❷ 작게

교과서 핵심 정리 ①

개념 1 동물의 구성 단계 다양한 세포가 체계적으로 모여 유기적으로 구성되어 있다.

식물의 구성 단계: 세포 → 조직 → 조직계 → 기관 → 개체

1. 동물의 구성 단계 세포 → 조직 → 기관 → ❶ [ ] → 개체

① 세포: 생물의 몸을 구성하는 기본 단위
예 근육 세포, 상피 세포, 혈구 등

② 조직: 모양과 기능이 비슷한 세포가 모인 단계 예 근육 조직, 상피 조직, 혈액 등

③ 기관: 여러 ❷ [ ]이 모여 고유한 모양과 기능을 갖춘 단계 예 위, 간, 소장, 대장 등

④ 기관계: 서로 연관된 기능을 하는 여러 기관이 모여 유기적 기능을 수행하는 단계
예 소화계, 순환계, 호흡계, 배설계 등

⑤ 개체: 여러 ❸ [ ]가 모여 이루어진 독립된 생물체 예 사람

세포 조직 기관 기관계 개체

▲ 동물의 구성 단계

❶ 기관계
❷ 조직
❸ 기관계

개념 2 영양소

1. 영양소 몸을 구성하고 에너지원으로 쓰이거나 몸의 기능을 조절하는 물질

	구분	에너지원 (에너지)	몸의 구성 성분	특징
3대 영양소	탄수화물	4 kcal/g	○	주 에너지원, 사용하고 남은 것은 ❹ [ ] 형태로 저장 쌀, 밀, 옥수수, 고구마 등에 많이 포함
3대 영양소	단백질	4 kcal/g	○	근육 등 몸을 구성하는 주성분, 청소년기에 많이 필요 달걀, 우유, 콩, 살코기 등에 많이 포함
3대 영양소	지방	9 kcal/g	○	에너지를 저장, 세포막 등 몸의 구성 성분 버터, 식용유, 땅콩 등에 많이 포함
부영양소	물	×	○	사람 몸의 약 60~70 %를 구성, ❺ [ ]와 노폐물 운반, 체온 조절
부영양소	바이타민	×	×	적은 양으로 몸의 ❻ [ ] 조절, 부족 시 결핍증이 나타남, 바이타민 A, B_1, C, D 등 과일, 채소 등에 많이 포함
부영양소	무기 염류	×	○	뼈, 이, 혈액 등 몸의 구성 성분, 몸의 기능 조절 철, 칼슘, 나트륨, 칼륨 등 우유, 멸치, 다시마 등에 많이 포함

❹ 지방
❺ 영양소
❻ 기능

2. 영양소 검출 방법

베네딕트 용액으로 포도당 뿐만 아니라 엿당과 같은 당분도 검출된다.

구분	녹말	포도당(당분)	단백질	지방
검출 반응	아이오딘 반응	❼ [ ] 반응	❽ [ ] 반응	수단 Ⅲ 반응
검출 결과	아이오딘-아이오딘화 칼륨 용액 청람색 (녹말 용액)	베네딕트 용액 황적색 (가열, 포도당 용액)	뷰렛 용액 보라색 (단백질 용액)	수단 Ⅲ 용액 선홍색 (지방, 증류수)

뷰렛 용액: 5 % 수산화 나트륨 수용액 +1 % 황산 구리 수용액

❼ 베네딕트
❽ 뷰렛

기초 확인 문제

정답과 해설 2쪽

01 다음 설명에 해당하는 동물의 구성 단계를 〈보기〉에서 찾아 기호를 쓰시오.

보기
ㄱ. 기관　ㄴ. 조직　ㄷ. 세포
ㄹ. 기관계　ㅁ. 조직계

(1) 동물체를 구성하는 기본 단위 (　　)

(2) 연관된 작용을 하는 여러 기관이 모여 이루어진 단계 (　　)

(3) 모양과 기능이 비슷한 세포가 모여 이루어진 단계 (　　)

(4) 같은 기능을 하는 여러 조직들이 모여 이루어진 단계 (　　)

02 다음 기관들이 해당하는 기관계의 이름을 쓰시오.

(1) 방광 (　　) (2) 심장 (　　)

(3) 위 (　　) (4) 폐 (　　)

03 영양소에 대한 설명으로 옳은 것을 〈보기〉에서 모두 고른 것은?

보기
ㄱ. 영양소는 음식물로부터 얻는다.
ㄴ. 영양소는 몸을 구성하거나 에너지원으로 사용된다.
ㄷ. 에너지원으로 쓰이는 영양소에는 물, 단백질, 지방이 있다.

① ㄱ　② ㄴ　③ ㄱ, ㄴ
④ ㄴ, ㄷ　⑤ ㄱ, ㄴ, ㄷ

04 다음 설명에 해당하는 영양소를 〈보기〉에서 찾아 기호를 쓰시오.

보기
ㄱ. 지방　ㄴ. 탄수화물　ㄷ. 바이타민

(1) 9 kcal/g의 에너지를 낸다. (　　)

(2) 주된 에너지원으로 몸을 구성하는 비율이 낮다. (　　)

(3) 적은 양으로 몸의 기능을 조절한다. (　　)

05 각 영양소를 검출하는 용액을 옳게 연결하시오.

(1) 녹말 • 　　• ㉠ 수단 Ⅲ 용액
(2) 지방 • 　　• ㉡ 베네딕트 용액
(3) 포도당 • 　　• ㉢ 아이오딘－아이오딘화 칼륨 용액
(4) 단백질 • 　　• ㉣ 5 % 수산화 나트륨 수용액 ＋1 % 황산 구리 수용액

06 어떤 음식물의 영양소 검출 실험 결과가 다음과 같을 때, 이 음식물 속에 들어 있는 영양소를 모두 쓰시오.

검출 반응	아이오딘 반응	베네딕트 반응	수단 Ⅲ 반응	뷰렛 반응
반응 결과	반응 없음	반응 없음	선홍색	보라색

(　　)

1일 교과서 **핵심 정리 ②**

개념 3 소화

1. 소화 음식물 속의 크기가 큰 ❶ [　　] 를 세포막을 통과해 흡수될 수 있는 작은 크기의 영양소로 분해하는 과정으로, 소화계에서 일어난다.

2. 소화계 소화관(음식물이 직접 지나가는 곳)과 소화샘(소화액을 분비하는 곳)으로 구성된다.
└ 침샘, 간, 이자

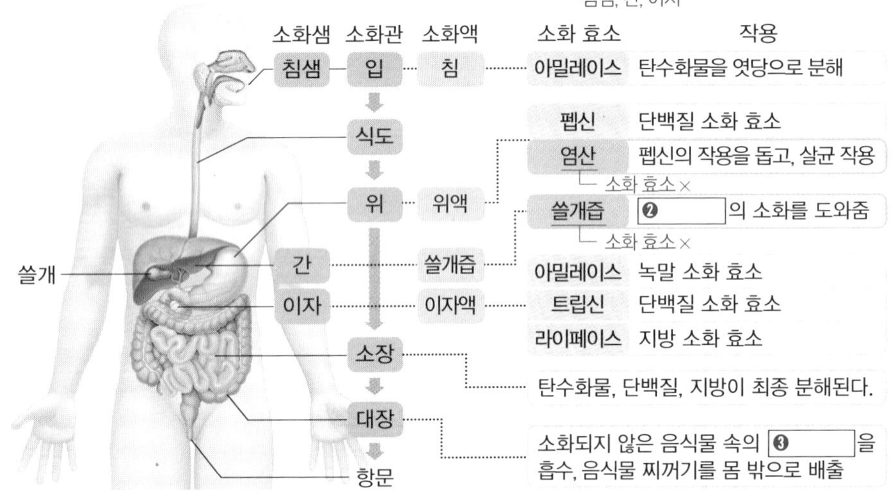

3. 영양소의 소화 과정 탄수화물은 포도당으로, 단백질은 아미노산으로, 지방은 지방산과 모노글리세드로 최종 분해된다.

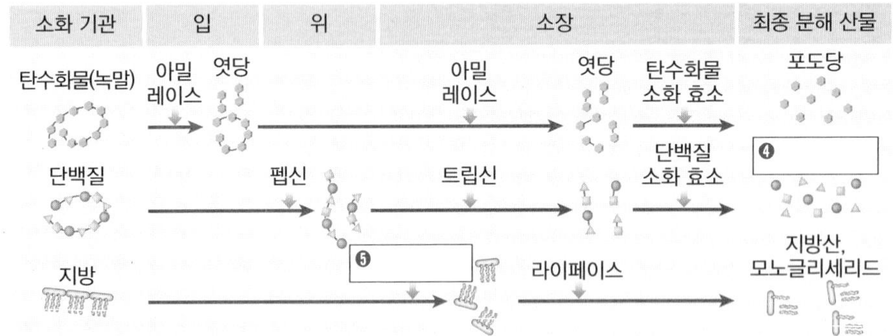

4. 영양소의 흡수 소장 내벽의 ❻ [　　] 에서 흡수
└ 주름이 많고, 주름 표면에 수많은 융털이 있어 표면적을 넓혀 주어 영양소를 효율적으로 흡수한다.

① 융털의 ❼ [　　] : 수용성 영양소 흡수(포도당, 아미노산, 무기 염류, 수용성 바이타민 등)

② 융털의 암죽관: 지용성 영양소 흡수(지방산, 모노글리세리드, 지용성 바이타민 등)

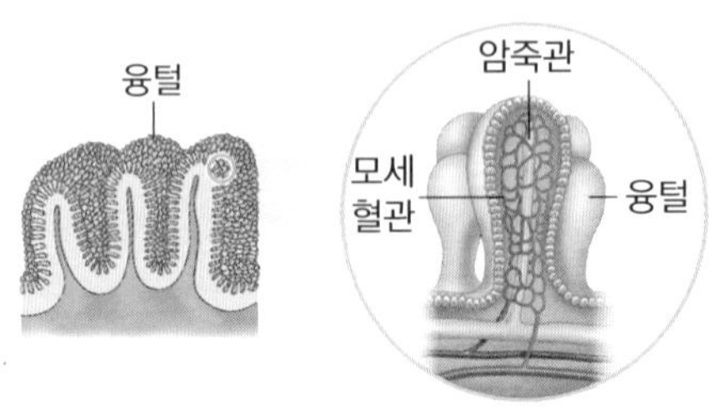

▲ 소장 내벽의 구조

5. 영양소의 이동 흡수된 영양소는 ❽ [　　] 을 거쳐 온몸의 조직 세포로 이동한다.

❶ 영양소
❷ 지방
❸ 물
❹ 아미노산
❺ 쓸개즙
❻ 융털
❼ 모세 혈관
❽ 심장

07 소화의 의미를 가장 옳게 나타낸 것은?

① 영양소를 흡수한다.
② 영양소를 물에 녹인다.
③ 소화액을 생성하고 분비한다.
④ 흡수된 영양소를 조직 세포로 운반한다.
⑤ 영양소가 흡수될 수 있도록 작은 크기로 분해한다.

08 다음은 음식물이 지나가는 경로를 나타낸 것이다. 빈칸에 알맞은 말을 쓰시오.

입 → (   ) → (   ) → (   ) → 대장

09 그림은 사람의 위를 나타낸 것이다. 이에 대한 설명으로 옳은 것을 〈보기〉에서 모두 고르시오.

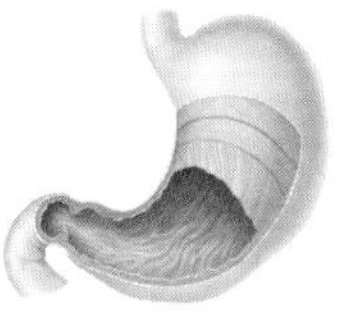

보기
ㄱ. 녹말이 엿당으로 소화된다.
ㄴ. 내부는 강한 산성을 띤다.
ㄷ. 단백질의 소화 작용이 일어난다.

(   )

10 그림은 사람의 소화 기관을 나타낸 것이다.

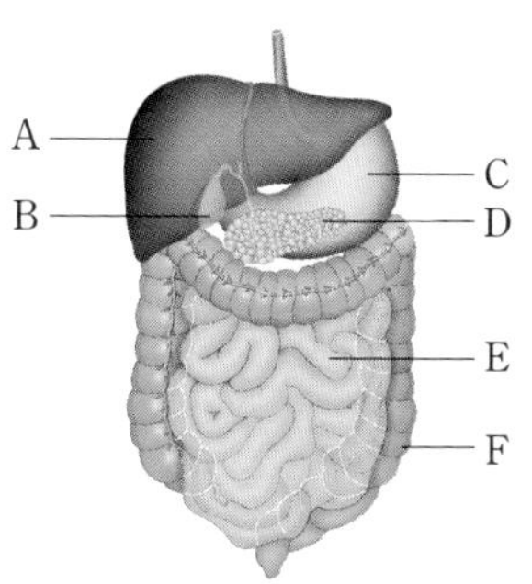

탄수화물, 지방, 단백질의 소화가 모두 일어나는 기관의 기호와 이름을 쓰시오.

(   )

11 그림은 소장 안쪽 벽의 구조를 나타낸 것이다.

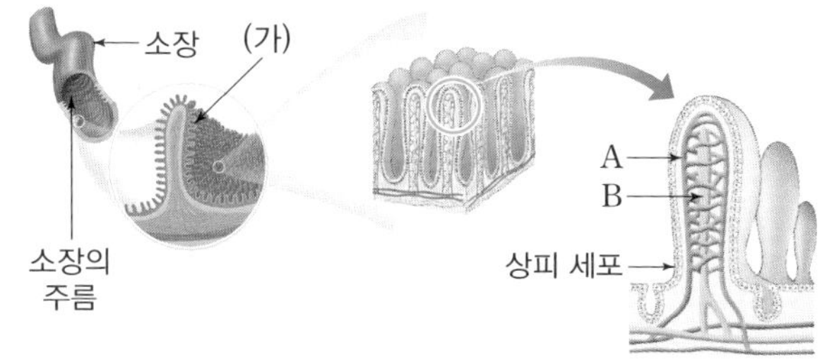

이에 대한 설명으로 옳지 않은 것은?

① (가)는 융털이다.
② (가)는 표면적을 넓혀 주어 영양소를 효율적으로 흡수할 수 있게 한다.
③ A는 모세 혈관이다.
④ B는 암죽관이다.
⑤ 포도당과 아미노산은 B로 흡수된다.

1일 내신 기출 베스트

대표 예제 1 동물의 구성 단계

그림은 동물의 구성 단계를 나타낸 것이다. (가)와 (나)에 해당하는 이름을 쓰시오.

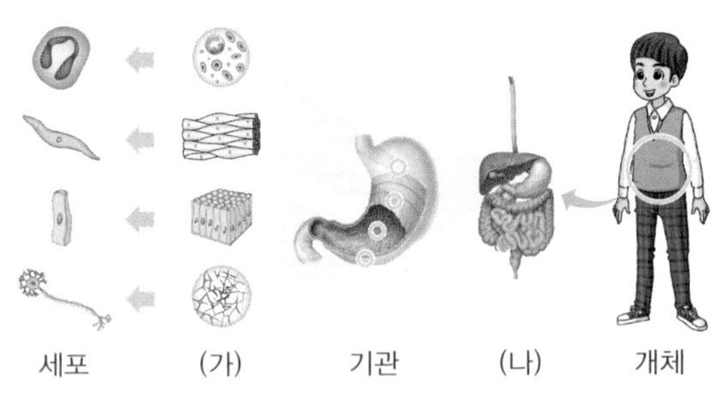

(가): (　　　　　　), (나): (　　　　　　)

개념 가이드

조직은 모양과 기능이 비슷한 [　　]들이 모인 단계이고, 기관계는 연관된 기능을 하는 여러 [　　]들이 모인 단계이다.

답 세포, 기관

대표 예제 2 사람의 기관계

그림은 사람의 기관계 중 하나를 나타낸 것이다. 이에 대한 설명으로 옳은 것을 〈보기〉에서 모두 고르시오.

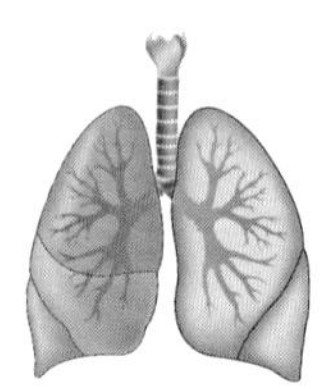

보기
ㄱ. 순환계이다.
ㄴ. 영양분을 소화하여 흡수한다.
ㄷ. 산소와 이산화 탄소를 교환한다.
ㄹ. 여러 가지 물질을 온몸에 운반한다.

(　　　　　　)

개념 가이드

호흡계는 [　　]와 이산화 탄소를 교환하는 기관계로 기관, 기관지, [　　] 등으로 이루어져 있다.

답 산소, 폐

대표 예제 3 영양소

다음은 영양소를 두 개의 집단으로 구분한 것이다.

(가)	녹말, 포도당, 지방, 단백질,
(나)	물, 바이타민, 칼륨, 칼슘

각 집단의 특징을 옳게 짝 지은 것은?

	(가)	(나)
①	에너지원	몸의 구성 성분
②	에너지원	에너지원이 아님
③	에너지원이 아님	에너지원
④	몸의 구성 성분	몸의 구성 성분이 아님
⑤	생리 기능 조절	몸의 구성 성분

개념 가이드

에너지원으로 사용되는 영양소에는 탄수화물, [　　], 지방이 있으며, 이를 3대 영양소라고 한다.

답 단백질

대표 예제 4 영양소 검출

영양소 검출 시 검출 용액을 넣은 후 그림과 같이 가열을 해 주어야 하는 반응은?

① 뷰렛 반응
② 수단 Ⅲ 반응
③ 베네딕트 반응
④ 아이오딘 반응
⑤ 수산화 나트륨 반응

개념 가이드

포도당은 [　　] 반응에 의해 [　　]을 나타낸다.

답 베네딕트, 황적색

대표 예제 5 소화관과 소화샘

그림은 사람의 소화 기관을 나타낸 것이다. A와 B의 공통점으로 옳은 것은?

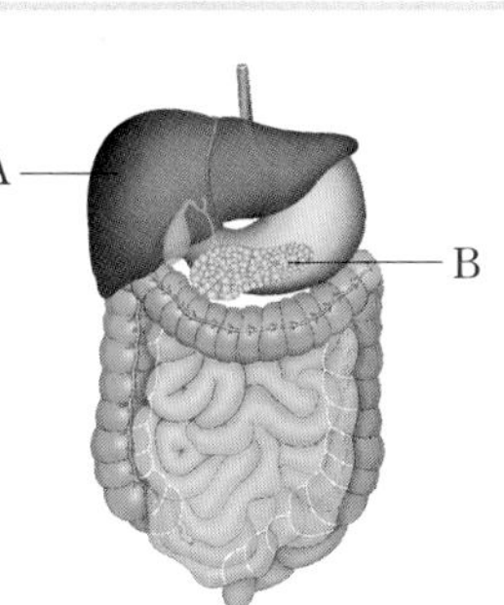

① 소화관이다.
② 음식물을 흡수한다.
③ 소화액을 생성한다.
④ 소화된 영양소를 흡수한다.
⑤ 음식물이 지나가는 통로이다.

개념 가이드

음식물이 지나가는 곳은 [ ]이며, 음식물이 지나가지 않지만 소화액을 분비하는 곳은 [ ]이다. 답 소화관, 소화샘

대표 예제 6 입에서의 소화 작용

다음은 입에서 일어나는 소화 작용을 나타낸 것이다.

녹말 —침(A)→ (B)

소화 효소 A와 생성물 B를 옳게 짝 지은 것은?

	A	B		A	B
①	펩신	펩톤	②	펩신	아미노산
③	아밀레이스	엿당	④	아밀레이스	포도당
⑤	라이페이스	포도당			

개념 가이드

입에서는 침 속의 소화 효소인 [ ]에 의해 [ ]이 엿당으로 분해된다. 답 아밀레이스, 녹말

대표 예제 7 위에서의 소화 작용

그림은 사람의 소화 기관을 나타낸 것이다. A~E 각 부분에 대한 설명으로 옳은 것은?

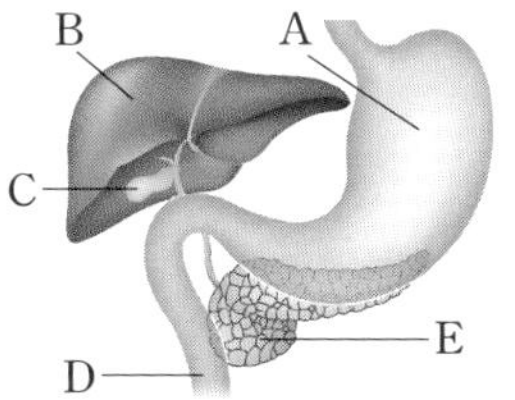

① A에서 지방의 소화가 처음으로 일어난다.
② B에서 녹말의 소화를 돕는 물질을 분비한다.
③ C에서 지방을 분해하는 소화 효소가 분비된다.
④ D에서 단백질의 소화가 처음으로 일어난다.
⑤ E에서 3대 영양소의 소화 효소가 모두 분비된다.

개념 가이드

위에서는 소화 효소 [ ]에 의해 [ ]이 작은 크기의 단백질로 소화된다. 답 펩신, 단백질

대표 예제 8 3대 영양소의 최종 분해 산물

그림은 3대 영양소의 소화 과정을 나타낸 것이다.

영양소	입	위	소장	최종 분해 산물
탄수화물(녹말)	아밀레이스, 엿당		아밀레이스, 엿당, 탄수화물 소화 효소	A
단백질		펩신	트립신, 단백질 소화 효소	B
지방			쓸개즙, 라이페이스	지방산, 모노글리세리드

A와 B의 이름을 쓰시오.

A: (　　　　　　), B: (　　　　　　)

개념 가이드

소장에서는 탄수화물, [ ], 단백질의 소화 작용이 모두 일어난다. 답 지방

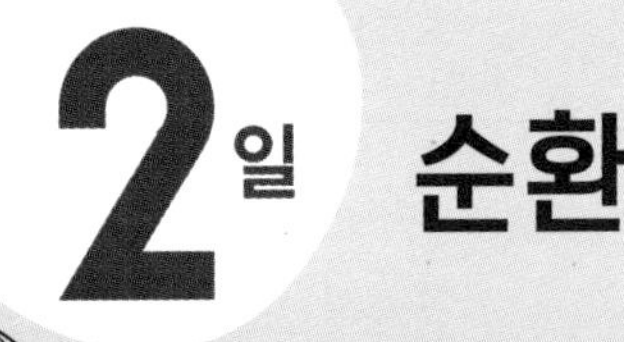

2일 순환

그림으로 개념 잡기

심장

우심방 대정맥과 연결

- 온몸을 지나온 산소가 적은 혈액이 대정맥을 통해 들어온다.
- 수축하여 혈액을 우심실로 보낸다.

우심실 폐동맥과 연결

수축하여 폐동맥을 통해 혈액을 폐로 내보낸다.

좌심방 폐정맥과 연결

- 폐를 지나온 산소가 많은 혈액이 폐정맥을 통해 들어온다.
- 수축하여 혈액을 좌심실로 보낸다.

좌심실 대동맥과 연결

수축하여 대동맥을 통해 혈액을 온몸으로 내보낸다.

쿵
대동맥
폐동맥
대정맥
폐정맥
판막
쿵
쿵
내 덕분에 혈액이 쉬지 않고 온몸을 순환해.

혈관

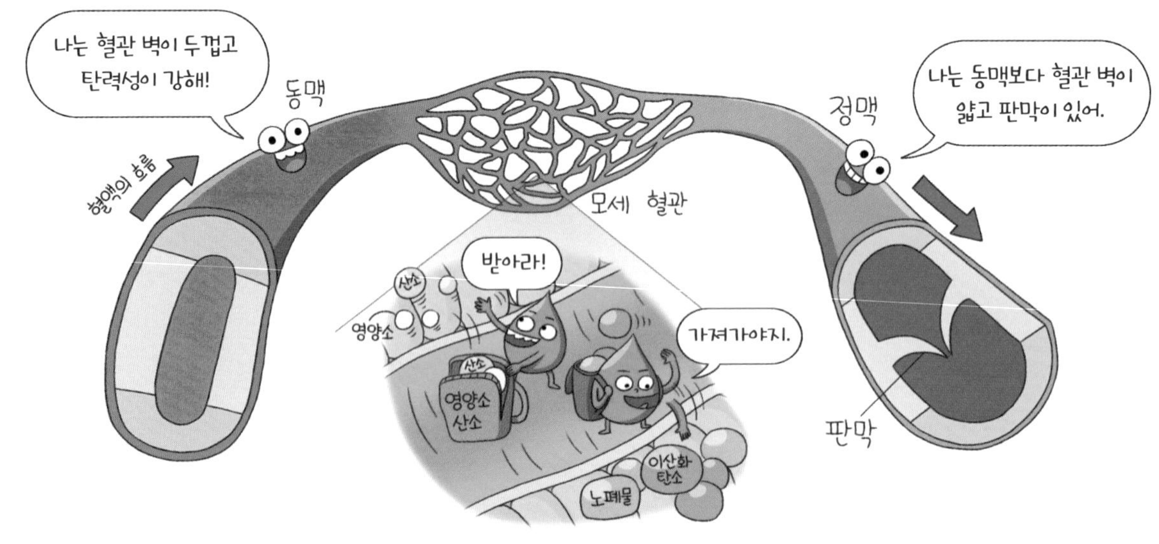

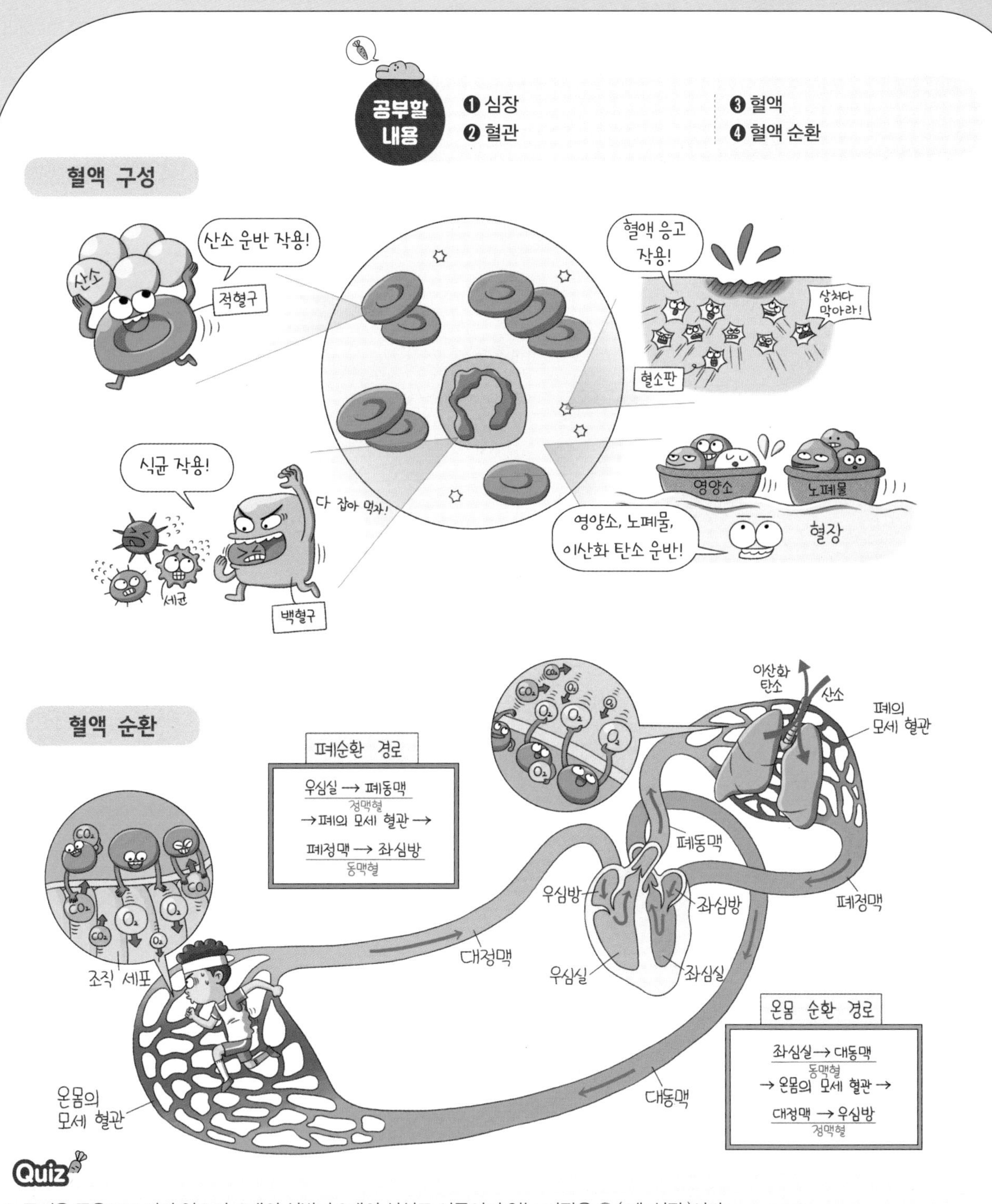

Quiz

1. 두꺼운 근육으로 되어 있으며, 2개의 심방과 2개의 심실로 이루어져 있는 기관은 ❶ (폐, 심장)이다.
2. 적혈구는 ❷ (산소, 이산화 탄소) 운반, 백혈구는 식균 작용, 혈소판은 혈액 응고 작용, 혈장은 영양소와 노폐물 운반 작용을 한다.

답 ❶ 심장 ❷ 산소

교과서 핵심 정리 ①

개념 1 심장

1. **순환계** 심장, 혈관, 혈액 등으로 구성되며 산소, 이산화 탄소, 영양소, 노폐물 등 물질을 운반한다.

2. **심장** 2심방 2심실로 이루어져 있으며, 심방과 심실이 수축과 이완을 반복하면서 혈액을 ❶ [　　] 시킨다.

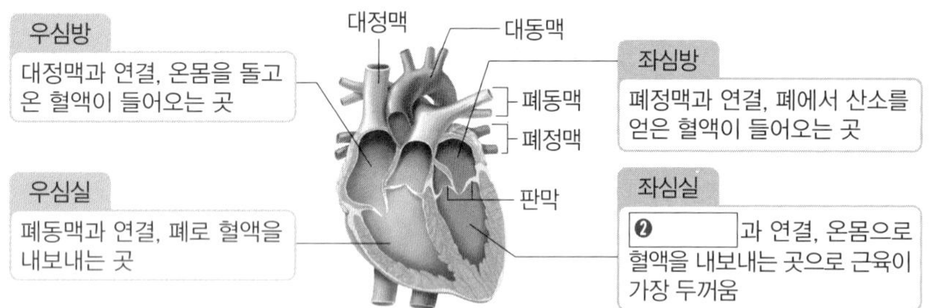

3. **판막** 심방과 심실 사이, 심실과 동맥 사이에 있는 구조로 혈액이 거꾸로 흐르는 것을 막는다. 심방 → ❸ [　　], 심실 → ❹ [　　] 으로만 혈액이 흐른다.

개념 2 혈관

1. **혈관** 혈액이 이동하는 통로로 동맥, 모세 혈관, 정맥으로 구분된다.

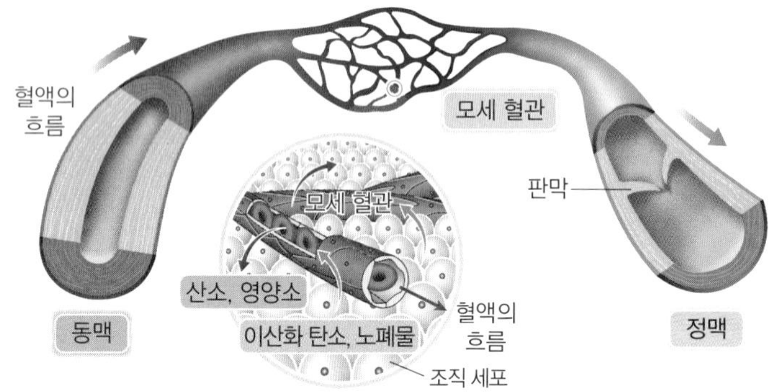

동맥	모세 혈관	정맥
• 심장에서 ❺ [　　] 혈액이 흐르는 혈관 • 혈관 벽이 두껍고 탄력성이 강하다.	• 동맥과 정맥을 연결하는 혈관 • 혈관 벽이 한 층의 세포로 되어 있다. • 조직 세포와 물질 교환을 한다.	• 심장으로 ❻ [　　] 혈액이 흐르는 혈관 • 곳곳에 판막이 있어 혈액이 거꾸로 흐르는 것을 막는다.

물질 교환: 혈액 속의 산소와 영양소가 조직 세포로, 조직 세포에서 발생한 이산화 탄소와 노폐물이 혈액으로 이동한다.

2. **혈관의 비교**

① 혈압: 동맥 > ❼ [　　] > 정맥
② 혈관의 총 단면적: 모세 혈관 > 정맥 > 동맥
③ 혈액이 흐르는 속도: 동맥 > ❽ [　　] > 모세 혈관
④ 혈관 벽의 두께: 동맥 > 정맥 > 모세 혈관

❶ 순환
❷ 대동맥
❸ 심실
❹ 동맥
❺ 나온
❻ 들어가는
❼ 모세 혈관
❽ 정맥

기초 확인 문제

정답과 해설 4쪽

01 그림은 심장의 구조를 나타낸 것이다. A~D의 이름을 옳게 연결하시오.

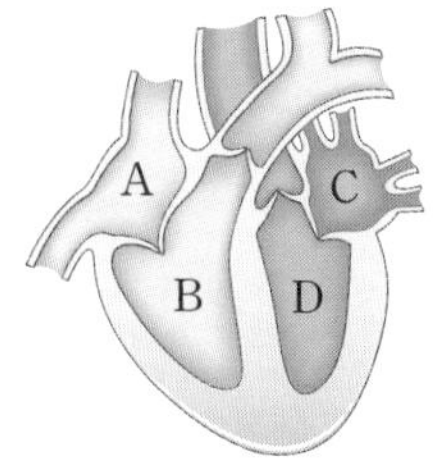

(1) A • 　　• ㉠ 좌심방
(2) B • 　　• ㉡ 우심방
(3) C • 　　• ㉢ 좌심실
(4) D • 　　• ㉣ 우심실

02 심장에 대한 설명으로 옳은 것을 〈보기〉에서 모두 고르시오.

보기
ㄱ. 심방보다 심실의 크기가 크다.
ㄴ. 심장은 한 겹의 얇은 막으로 이루어져 있다.
ㄷ. 좌심방과 우심방에는 동맥이 연결되어 있다.
ㄹ. 심장의 위치는 가슴 정중앙에서 약간 왼쪽에 치우쳐 있다.

(　　　　　　)

03 다음은 심장에서 혈액이 순환하는 경로이다. 빈칸에 알맞은 말을 쓰시오.

폐정맥 → ㉠ (　　　　　) → ㉡ (　　　　　) → 대동맥

04 다음에서 설명하는 혈관의 이름을 쓰시오.

- 심장에서 나오는 혈액이 흐른다.
- 혈관 벽이 두껍고 탄력성이 강하다.

(　　　　　　)

[05~06] 그림은 사람의 혈관을 나타낸 것이다.

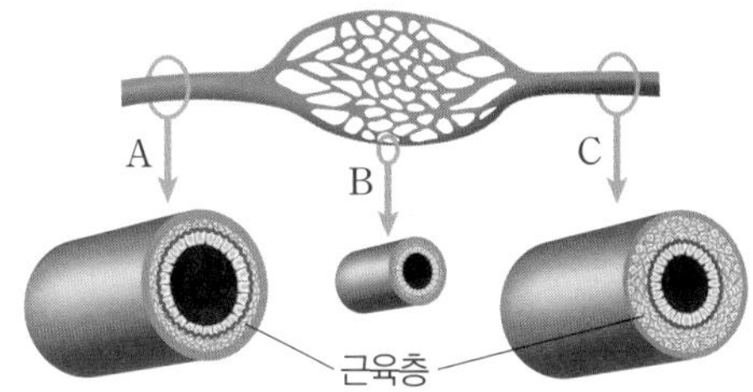

05 혈관 A~C에서 혈액이 흐르는 방향을 순서대로 나열하시오.

(　　　　　　)

06 혈관의 특징을 비교한 것으로 옳은 것은?

	구분	비교
①	혈압	A>B>C
②	혈관의 총 단면적	A>C>B
③	혈액이 흐르는 속도	B>C>A
④	혈관 벽의 탄력성	B>A>C
⑤	혈관 벽의 두께	C>A>B

2일 교과서 **핵심 정리 ②**

개념 3 혈액

1. 혈액의 구성 액체 성분인 혈장과 세포 성분인 ❶ ______(적혈구, 백혈구, 혈소판)로 이루어져 있다.

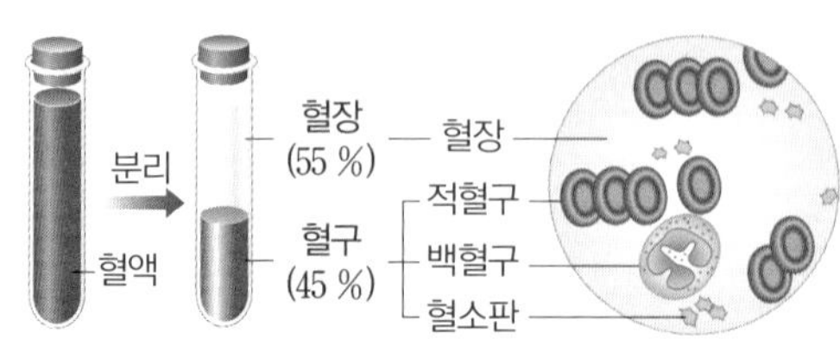

2. 혈액의 성분

구분		사진	특징
혈장			• 대부분 물로 이루어져 있다. • 영양소와 이산화 탄소, 노폐물 등을 운반한다.
혈구	적혈구		• 가운데가 오목한 원반 모양이며 핵이 ❷ ______. • 헤모글로빈이라는 색소 단백질이 있어 ❸ ______을 띤다. • 헤모글로빈에 의해 ❹ ______ 운반 작용을 한다.
	백혈구	백혈구	• 모양이 일정하지 않으며 핵이 있다. • 혈구 중 크기가 가장 크다. • 몸속 세균을 잡아먹는 ❺ ______ 작용을 한다.
	혈소판	혈소판	• 모양이 불규칙한 세포 조각으로, 핵이 없다. • 혈구 중 크기가 가장 작다. • 상처 부위에서 출혈을 멈추게 하는 ❻ ______ 작용을 한다.

3. 헤모글로빈 붉은색 색소 단백질로, 산소가 많은 곳(폐)에서는 산소와 쉽게 결합하고, 산소가 적은 곳(조직 세포)에서는 산소와 쉽게 분리되므로 산소를 운반할 수 있다.

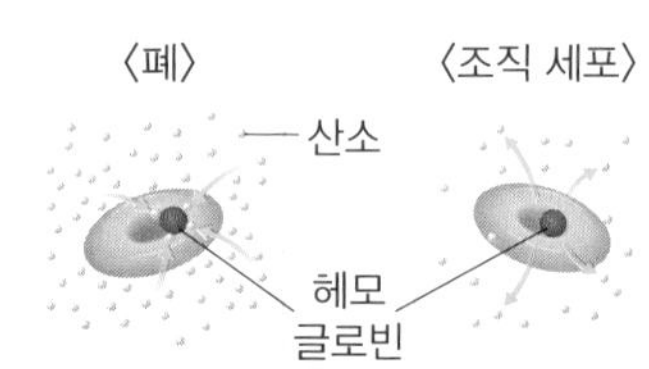

개념 4 혈액 순환 — 심장에서 나간 혈액이 동맥, 모세 혈관, 정맥을 거쳐 다시 심장으로 돌아오는 것

1. 폐순환 우심실에서 나온 혈액이 폐를 지나면서 이산화 탄소를 내보내고 산소를 얻어 ❼ ______으로 돌아오는 과정 정맥혈이 동맥혈로 바뀐다.

> 우심실 → 폐동맥 → 모세 혈관 → 폐정맥 → 좌심방
> (폐)

2. 온몸 순환 좌심실에서 나온 혈액이 온몸의 조직 세포에 산소와 영양소를 공급하고, 이산화 탄소와 노폐물을 받아 ❽ ______으로 돌아오는 과정 동맥혈이 정맥혈로 바뀐다.

> 좌심실 → 대동맥 → 모세 혈관 → 대정맥 → 우심방
> (온몸)

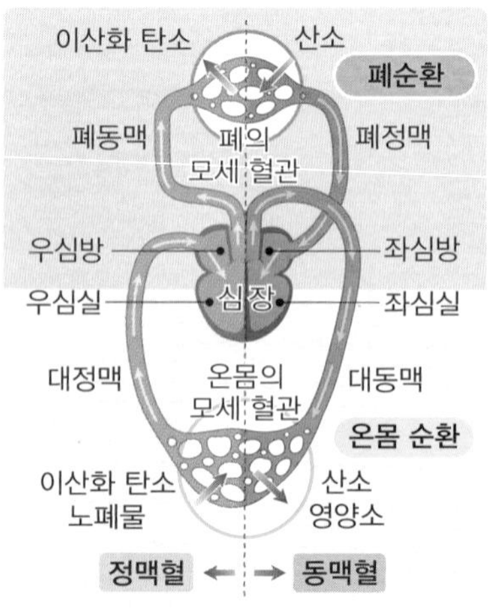

❶ 혈구
❷ 없다
❸ 붉은색
❹ 산소
❺ 식균
❻ 혈액 응고
❼ 좌심방
❽ 우심방

기초 확인 문제

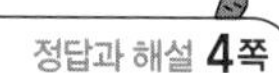

정답과 해설 4쪽

07 그림은 사람의 혈액을 나타낸 것이다. 각 구조의 이름을 옳게 연결하시오.

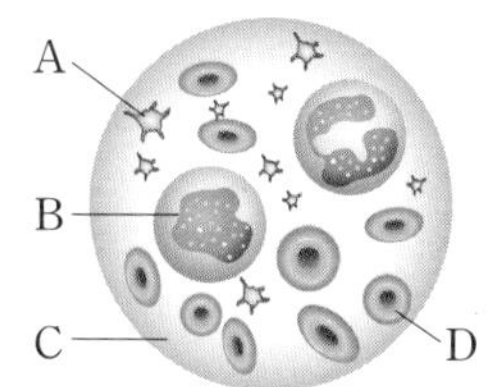

(1) A • • ㉠ 혈장

(2) B • • ㉡ 적혈구

(3) C • • ㉢ 백혈구

(4) D • • ㉣ 혈소판

08 그림은 적혈구의 기능을 나타낸 것이다.

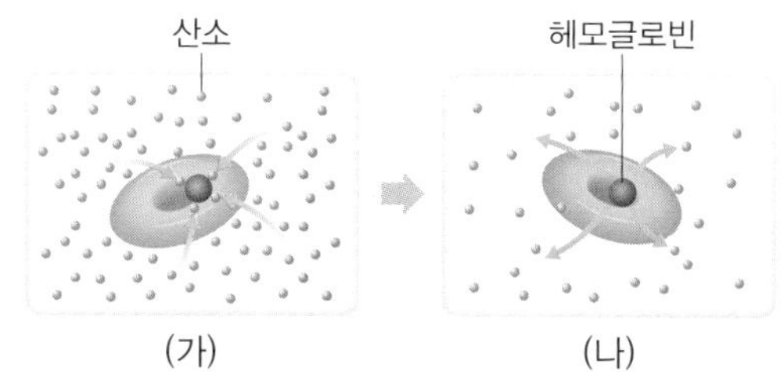

우리 몸에서 (가)와 (나)의 작용이 일어나는 기관을 옳게 짝 지은 것은?

	(가)	(나)		(가)	(나)
①	코	폐	②	뇌	폐
③	폐	다리	④	심장	코
⑤	근육	심장			

09 다음 설명에 해당하는 혈액 성분을 〈보기〉에서 찾아 쓰시오.

보기
혈장, 혈구, 혈소판, 적혈구, 백혈구

(1) 혈액의 액체 성분이다. (   )

(2) 핵이 없고 산소를 운반한다. (   )

(3) 영양소와 노폐물을 운반한다. (   )

(4) 혈액의 응고 작용에 관여한다. (   )

(5) 혈구 중 가장 크며 식균 작용을 한다. (   )

10 혈액 순환 과정에 대한 설명으로 옳은 것을 〈보기〉에서 모두 고르시오.

보기
ㄱ. 대동맥과 폐동맥에는 동맥혈이 흐른다.
ㄴ. 정맥혈이 동맥혈로 바뀌는 혈액 순환은 온몸 순환이다.
ㄷ. 동맥혈은 산소가 풍부하며, 선홍색을 띠는 혈액을 말한다.

(   )

11 폐순환에 대한 설명으로 옳은 것은?

① 폐에서 산소를 내보낸다.
② 온몸에 산소를 공급한다.
③ 폐에서 산소를 공급받는다.
④ 심장의 좌심실에서 시작한다.
⑤ 심장의 우심방으로 들어온다.

2일 내신 기출 베스트

대표 예제 1 심장

사람의 심장에 대한 설명으로 옳지 않은 것은?

① 온몸으로 혈액을 순환시킨다.
② 2개의 심방과 2개의 심실로 되어 있다.
③ 심방과 심실 중 심실의 벽이 더 두껍다.
④ 심실에는 동맥이, 심방에는 정맥이 연결되어 있다.
⑤ 심방은 혈액을 내보내는 곳이고, 심실은 혈액을 받아들이는 곳이다.

개념 가이드

심방은 혈액을 받아들이는 곳이고, ☐은 혈액을 내보내는 곳이다.

답 심실

대표 예제 2 심장의 구조

그림은 사람의 심장과 심장에 연결된 혈관을 나타낸 것이다. A~D 혈관의 이름을 옳게 짝 지은 것은?

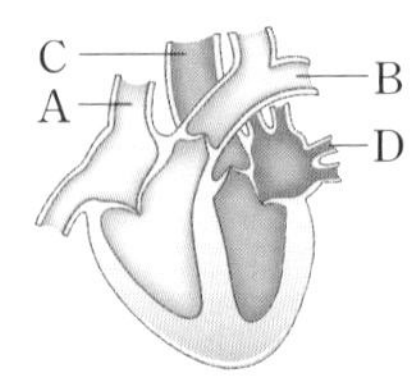

	A	B	C	D
①	대정맥	폐정맥	대동맥	폐동맥
②	대정맥	폐동맥	대동맥	폐정맥
③	폐동맥	폐정맥	대동맥	대정맥
④	폐정맥	대동맥	폐동맥	대정맥
⑤	폐정맥	대정맥	폐동맥	대동맥

개념 가이드

심방은 혈액이 들어오는 곳으로 ☐과 연결되어 있고, 심실은 온몸으로 혈액을 내보내는 곳으로 ☐과 연결되어 있다.

답 정맥, 동맥

대표 예제 3 혈관의 종류

그림은 사람의 혈관을 나타낸 것이다.

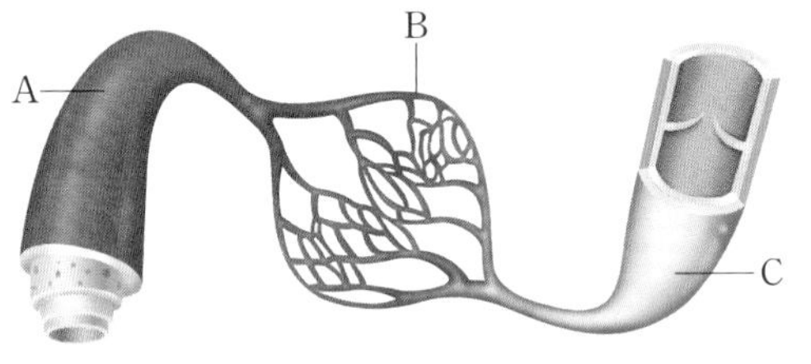

조직 세포와 물질 교환이 일어나는 혈관의 기호와 이름을 쓰시오.

( )

개념 가이드

동맥은 ☐에서 나오는 혈액이 흐르고, ☐은 심장으로 들어가는 혈액이 흐른다.

답 심장, 정맥

대표 예제 4 혈관의 특징

그림은 사람의 혈관을 나타낸 것이다. A에 대한 설명으로 옳은 것을 모두 고르면? (정답 2개)

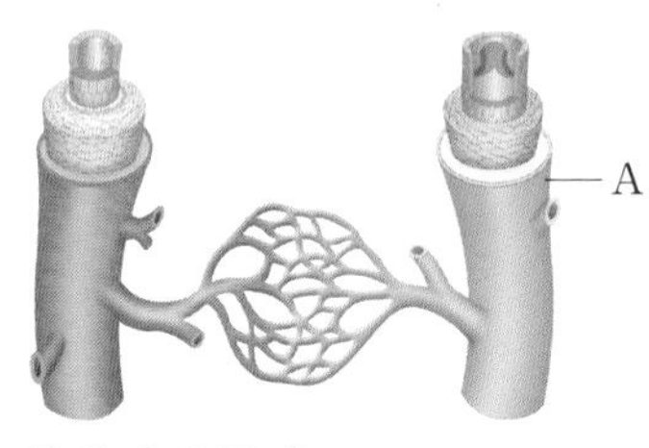

① 심장으로 들어가는 혈액이 흐른다.
② 혈관 벽이 두껍고 탄력성이 강하다.
③ 혈압이 낮아 군데군데 판막이 있다.
④ 혈관 벽이 한 겹의 세포층으로 되어 있다.
⑤ 혈액과 조직 세포 사이에서 물질 교환이 일어난다.

개념 가이드

정맥은 혈압이 ☐ 혈액이 거꾸로 흐르는 것을 방지하기 위해 군데군데 ☐이 있다.

답 낮아, 판막

대표 예제 5 혈액의 구성

혈액을 시험관에 넣어 원심 분리하였더니 그림과 같이 두 부분으로 분리되었다. 이에 대한 설명으로 옳지 않은 것을 모두 고르면? (정답 2개)

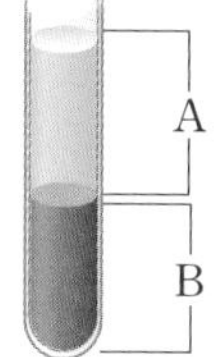

① A는 혈장이다.
② A는 액체 성분이다.
③ 혈소판은 A에서 관찰된다.
④ B는 혈액의 세포 성분이다.
⑤ B는 영양소와 노폐물을 운반한다.

개념 가이드

혈액은 액체 성분인 ☐과 세포 성분인 ☐로 이루어져 있다.

답 혈장, 혈구

대표 예제 6 혈액의 성분

그림은 혈구 중 하나가 몸속에 침입한 세균을 잡아먹는 모습을 나타낸 것이다. 이러한 일을 하는 혈구의 이름과 그 기능을 옳게 짝지은 것은?

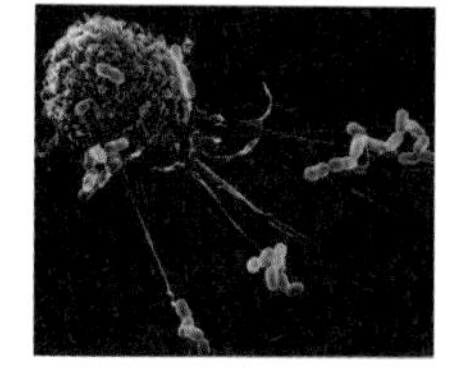

① 적혈구 – 양분 운반
② 적혈구 – 산소 운반
③ 백혈구 – 식균 작용
④ 백혈구 – 산소 운반
⑤ 혈소판 – 혈액 응고

개념 가이드

백혈구는 몸속에 침입한 ☐을 잡아먹는 ☐을 한다.

답 세균, 식균 작용

대표 예제 7 혈액의 성분

그림은 사람의 혈액 성분을 나타낸 것이다. 이에 대한 설명으로 옳은 것은?

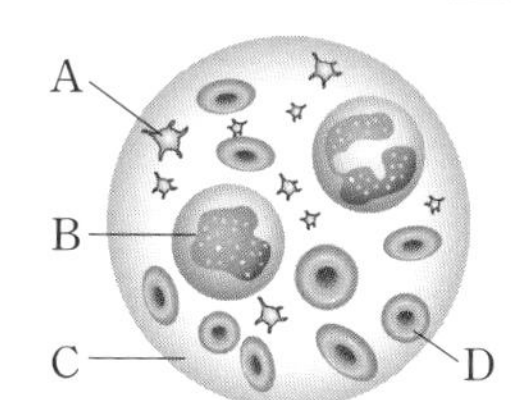

① A는 핵이 있다.
② A는 양분과 노폐물을 운반한다.
③ B는 핵이 없다.
④ C는 조직 세포에 산소를 운반한다.
⑤ D는 혈액이 붉은색을 띠게 한다.

개념 가이드

적혈구는 ☐ 운반, 백혈구는 식균 작용, 혈소판은 ☐ 작용을 한다.

답 산소, 혈액 응고

대표 예제 8 혈액 순환

그림은 사람의 혈액 순환 경로를 나타낸 것이다. 온몸의 조직 세포에 산소와 양분을 공급하는 순환 경로로 옳은 것은?

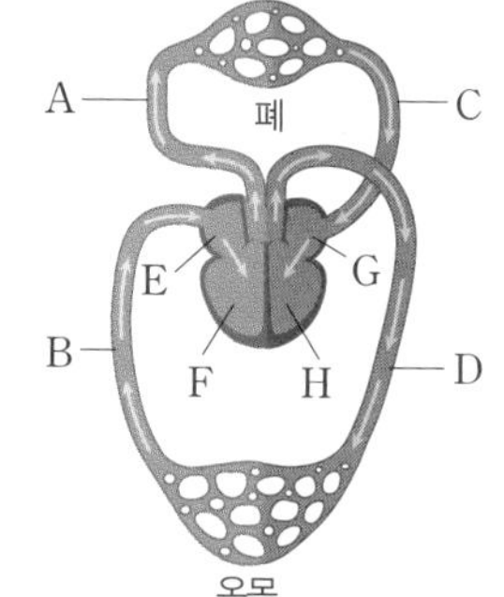

① C → D → B → A
② E → A → C → H
③ F → A → C → G
④ G → C → A → F
⑤ H → D → B → E

개념 가이드

온몸의 조직 세포에 ☐와 양분을 공급하는 순환을 ☐이라고 한다.

답 산소, 온몸 순환

3일 호흡과 배설

그림으로 개념 잡기

호흡

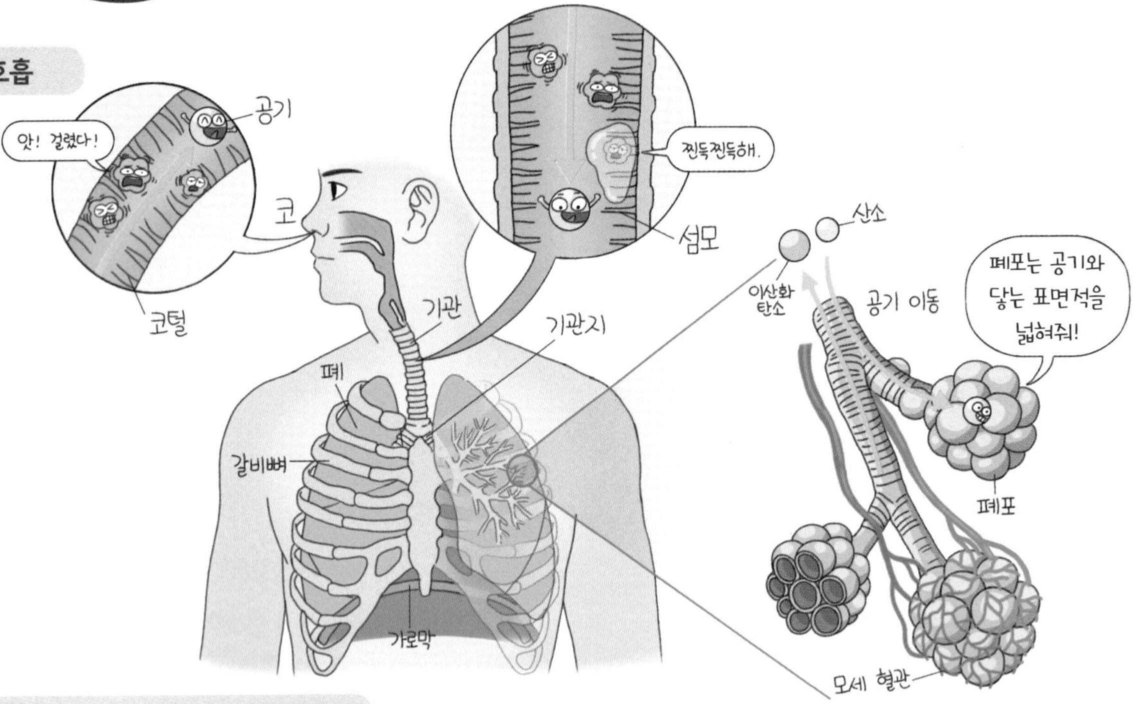

폐와 조직 세포에서의 기체 교환

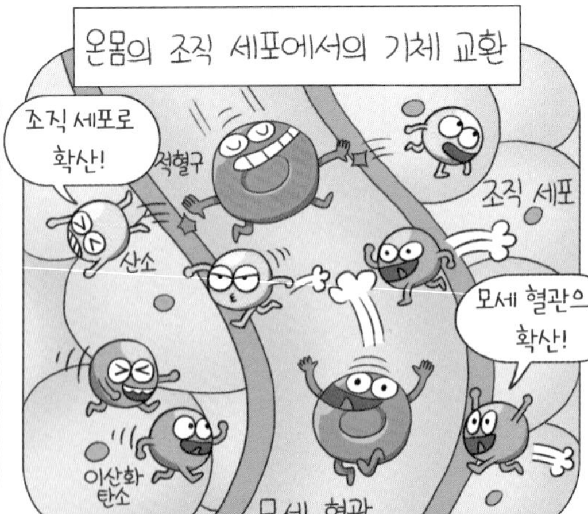

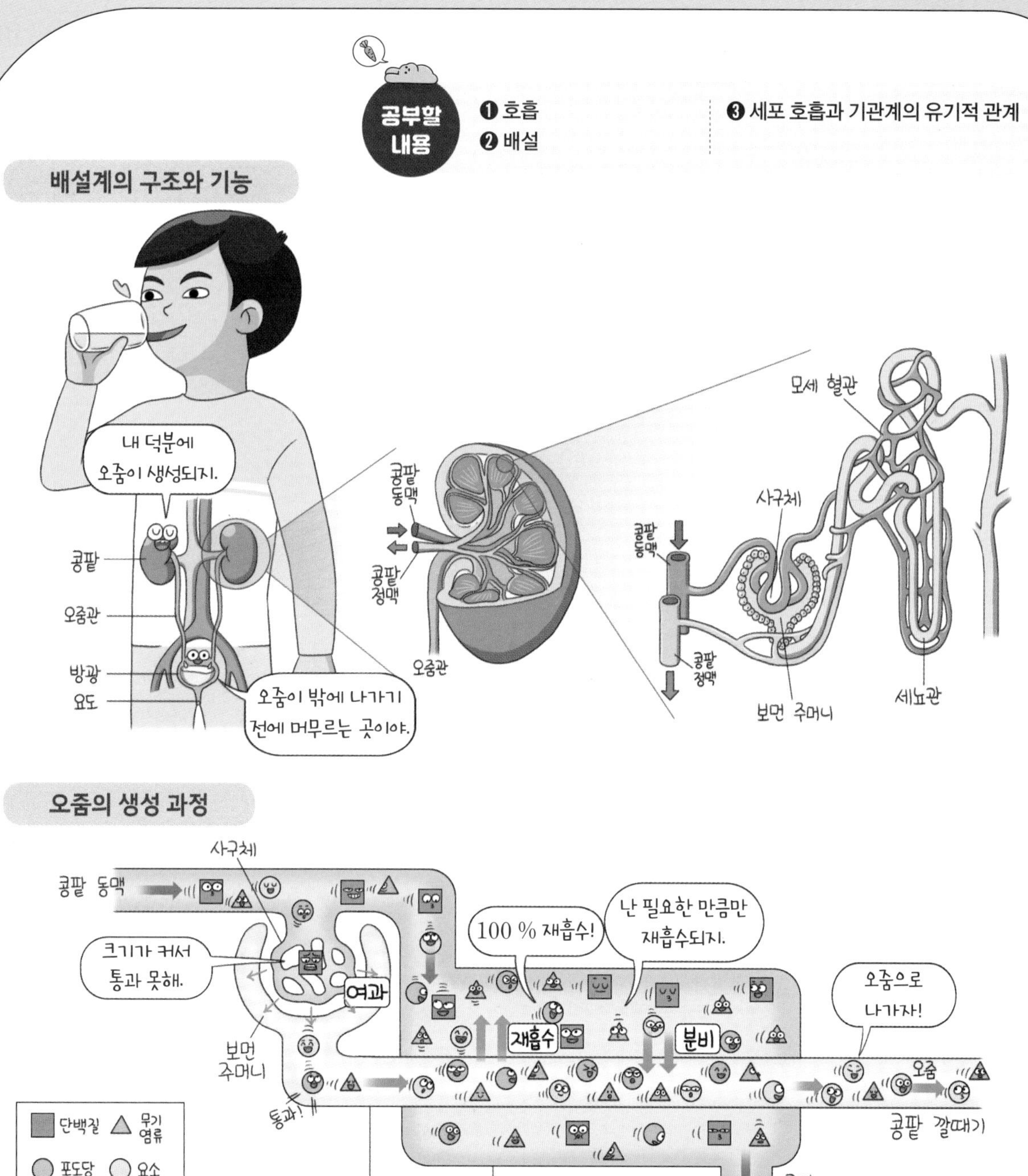

Quiz

1. 생명 활동을 위해 공기 중의 ❶ (산소, 질소)를 받아들이고 몸속에서 생긴 이산화 탄소를 내보내는 작용을 호흡이라고 한다.
2. 혈액 속 노폐물을 걸러 내어 오줌으로 몸 밖으로 내보내는 작용을 ❷ (배출, 배설)이라고 한다.

답 ❶ 산소 ❷ 배설

3일 교과서 핵심 정리 ①

개념 1 호흡

1. 호흡계 코, 기관, 기관지, 폐 등으로 구성되며, 기체 교환에 관여한다.

갈비뼈: 폐를 보호하며, 호흡 운동에 따라 위아래로 움직인다.

흉강: 갈비뼈와 가로막으로 둘러싸인 공간으로, 그 속에 폐가 있다.

가로막: 가슴과 배를 구분해 주는 막이다. 근육으로 된 얇은 막으로, 흉강 속의 압력을 조절한다.

공기 이동 경로

- **코**: 콧속은 가는 털과 끈끈한 액체로 덮여 있어 먼지나 세균을 걸러 낸다.
- ↓ **기관**: 공기가 드나드는 통로로, 안쪽에 가는 섬모가 있어 먼지와 세균을 걸러 낸다.
- ↓ **기관지**: 좌우 폐로 들어가며, 폐 속에서 더 많은 가지로 갈라져 폐포와 연결된다.
- ↓ **폐**: 가슴 속 좌우 1개씩 있으며, 수많은 ❶ ______로 이루어져 있다.

폐포 (폐포와 모세 혈관 사이에서 산소와 이산화 탄소가 교환된다.)
- 얇은 막으로 된 공기주머니로, 표면이 모세 혈관으로 둘러싸여 있다.
- 공기와 접촉하는 표면적을 넓혀 주어 기체 교환이 효율적으로 일어난다.

2. 호흡 운동 폐는 근육이 없어서 스스로 수축·이완할 수 없으므로 ❷ ______와 ❸ ______의 상하 운동에 의해 호흡 운동이 일어난다.

들숨	날숨
갈비뼈: 올라감	갈비뼈: 내려감
가로막: ❹ ______	가로막: 올라감
흉강 부피: 커짐	흉강 부피: 작아짐
흉강 압력: ❺ ______	흉강 압력: ❻ ______
폐 부피: 커짐	폐 부피: 작아짐
폐 내부 압력: 낮아짐	폐 내부 압력: 높아짐
공기 이동: 외부 → 폐	공기 이동: 폐 → 외부

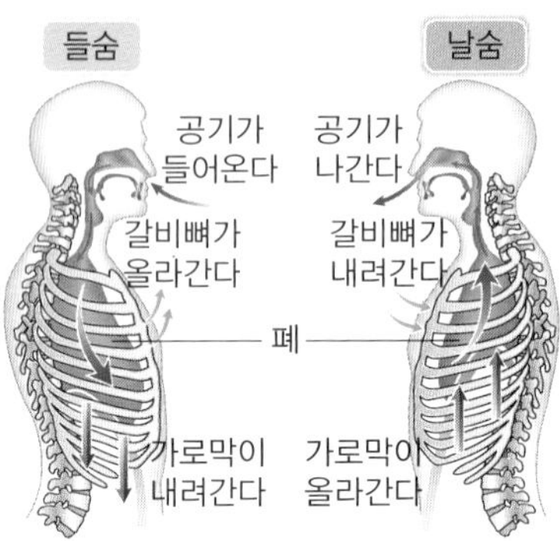

3. 기체 교환 기체의 농도 차에 의한 ❼ ______에 의해 산소와 이산화 탄소가 교환된다.

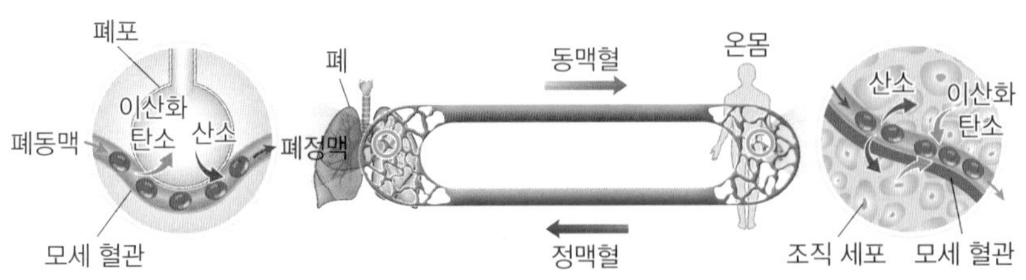

- 산소 농도: 폐포 > 모세 혈관
- 이산화 탄소 농도: 폐포 ❽ ______ 모세 혈관
- 기체 이동 방향: 폐포 (산소 →, ← 이산화 탄소) 모세 혈관

- 산소 농도: 모세 혈관 ❾ ______ 조직 세포
- 이산화 탄소 농도: 모세 혈관 < 조직 세포
- 기체 이동 방향: 모세 혈관 (산소 →, ← 이산화 탄소) 조직 세포

❶ 폐포
❷ 갈비뼈
❸ 가로막
❹ 내려감
❺ 낮아짐
❻ 높아짐
❼ 확산
❽ <
❾ >

기초 확인 문제

정답과 해설 6쪽

01 호흡 기관에 대한 설명으로 옳은 것은 ○, 옳지 않은 것은 ×로 표시하시오.

(1) 코에서 먼지나 세균 등이 걸러진다. ( )

(2) 기관지는 폐에서 더 많은 가지로 갈라져 모세 혈관과 연결된다. ( )

(3) 기관지는 섬모와 점액에 의해 공기 속 이물질을 걸러준다. ( )

(4) 폐는 근육질의 주머니로 이루어져 있다. ( )

[02~03] 그림은 사람의 호흡 기관을 나타낸 것이다.

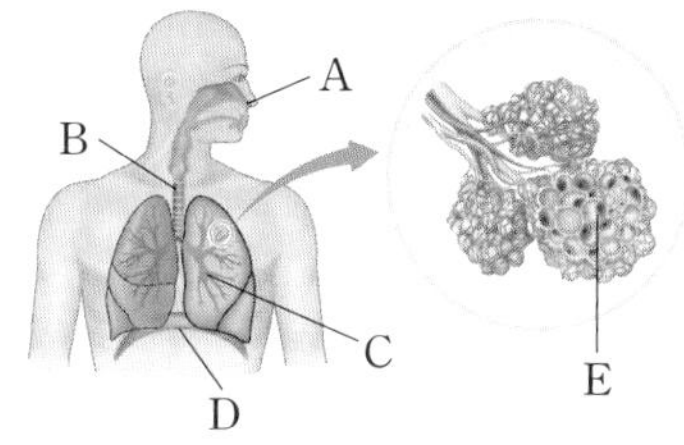

02 다음의 예시들과 비슷한 원리로 효율을 높이는 구조의 기호와 이름을 쓰시오.

소장의 융털 식물의 뿌리털

( )

03 다음 설명에 해당하는 구조의 기호와 이름을 쓰시오.

보기
- 폐의 호흡 운동을 도와준다.
- 가슴과 배를 구분하는 근육질 막이다.

( )

04 다음 설명이 들숨에 해당하는 현상이면 '들', 날숨에 해당하는 현상이면 '날'로 쓰시오.

(1) 흉강의 부피가 커진다. ( )

(2) 갈비뼈가 위로 올라간다. ( )

(3) 흉강의 압력이 높아진다. ( )

(4) 가로막이 위로 올라간다. ( )

05 그림은 호흡 운동의 원리를 알아보는 모형을 나타낸 것이다. 이 호흡 운동 모형을 우리 몸에 비유했을 때, A~D에 해당하는 구조의 이름을 각각 쓰시오.

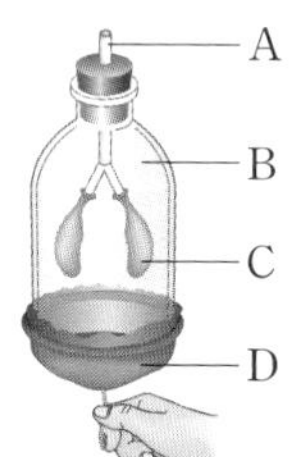

A: ( ), B: ( )
C: ( ), D: ( )

06 그림은 폐와 조직 세포에서 일어나는 기체 교환 과정을 나타낸 것이다. (단, A~D는 각각 산소와 이산화 탄소 중 하나이다.)

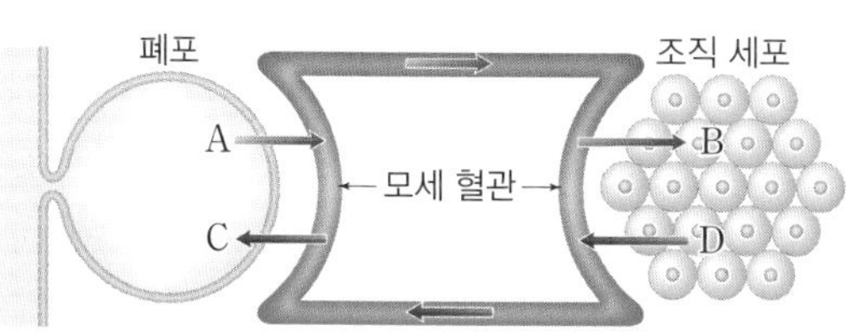

(1) A~D의 이름을 쓰시오.

A: ( ), B: ( )
C: ( ), D: ( )

(2) 폐와 조직 세포에서 일어나는 기체 교환의 원리를 쓰시오.

( )

교과서 핵심 정리 ②

개념 2 배설 — 세포에서 영양소가 분해될 때 생긴 노폐물을 몸 밖으로 내보내는 작용

1. 노폐물의 생성과 배설 세포 호흡 결과 물, 이산화 탄소, 암모니아가 생성되며, 암모니아는 ❶ [   ]에서 독성이 약한 ❷ [   ]로 전환된다. 이산화 탄소와 약간의 물은 폐에서 날숨을 통해, 요소와 여분의 물은 콩팥에서 오줌으로 몸 밖으로 나간다.

❶ 간
❷ 요소

2. 배설계 콩팥, 오줌관, 방광, 요도 등으로 구성, 노폐물을 배설한다.

콩팥 정맥
콩팥에서 나가는 혈액이 흐르는 혈관

콩팥 동맥
콩팥으로 들어오는 혈액이 흐르는 혈관

오줌관
콩팥과 방광을 연결하는 긴 관

방광
콩팥에서 만들어진 오줌을 모아두는 곳

요도
방광에 모인 오줌이 몸 밖으로 나가는 통로

콩팥 겉질
콩팥 속질
콩팥 깔때기

네프론
사구체
둥글게 뭉쳐 있는 모세 혈관 덩어리
보먼주머니
사구체를 감싸고 있는 주머니
세뇨관
보먼주머니와 연결된 가늘고 긴 관으로, 모세 혈관으로 둘러싸여 있음

콩팥
- 혈액 속의 노폐물을 걸러 오줌 생성
- 콩팥 겉질: 콩팥의 겉 부분으로 사구체와 보먼주머니가 분포, 세뇨관 일부 포함
- 콩팥 속질: 콩팥의 속 부분으로 세뇨관과 모세 혈관이 분포
- 콩팥 깔때기: 콩팥 가장 안쪽의 빈 공간으로, 생성된 오줌이 일시적으로 모임

- 오줌의 배설 경로: 콩팥 동맥 → ❸ [   ] → 보먼주머니 → 세뇨관 → 콩팥 깔때기 → ❹ [   ] → 방광 → 요도 → 몸 밖

❸ 사구체
❹ 오줌관

3. 오줌의 생성 과정 네프론에서 여과, 재흡수, ❺ [   ] 과정을 거쳐 생성된다.

❺ 분비

- 사구체의 높은 압력으로 혈액이 사구체에서 ❻ [   ]로 걸러지는 과정
- 물, 포도당, 아미노산, 요소, 무기 염류 등이 여과됨

크기가 큰 단백질, 혈구 등은 여과되지 않는다.

- 여과된 물질 중 우리 몸에 필요한 물질이 세뇨관에서 모세 혈관으로 다시 흡수되는 과정
- 포도당과 아미노산은 100 %, 물과 무기 염류는 필요한 만큼 재흡수

미처 여과되지 않아서 혈액에 있던 노폐물을 모세 혈관에서 세뇨관으로 분비하는 과정

사구체
보먼 주머니
콩팥 동맥
모세 혈관
여과
분비
재흡수
세뇨관
콩팥 정맥
콩팥 깔때기

❻ 보먼주머니

개념 3 세포 호흡과 기관계의 유기적 관계

1. 세포 호흡 조직 세포에서 산소를 이용해 영양소를 분해하여 생활에 필요한 ❼ [   ]를 얻는 과정으로, 이때 물과 이산화 탄소가 발생한다.

❼ 에너지

2. 소화, 순환, 호흡, 배설의 유기적 관계 호흡계에서 흡수한 ❽ [   ]와 소화계에서 흡수한 ❾ [   ]는 순환계에 의해 조직 세포로 운반되어 세포 호흡에 사용된다. 세포 호흡 결과 발생한 노폐물은 ❿ [   ]에 의해 호흡계와 배설계로 운반되어 몸 밖으로 내보내진다.

❽ 산소
❾ 영양소
❿ 순환계

기초 확인 문제

정답과 해설 6쪽

07 다음 설명에 해당하는 기관을 〈보기〉에서 찾아 기호를 쓰시오.

보기
ㄱ. 요도　ㄴ. 콩팥　ㄷ. 방광　ㄹ. 오줌관

(1) 오줌을 일시적으로 저장하는 곳 (　　　)
(2) 오줌이 몸 밖으로 나가는 통로 (　　　)
(3) 혈액 속 노폐물을 걸러 오줌을 만드는 곳 (　　　)
(4) 콩팥에서 만들어진 오줌이 방광으로 이동하는 통로 (　　　)

08 그림은 콩팥의 일부를 나타낸 것이다. 각 구조에 대한 설명으로 옳지 않은 것은?

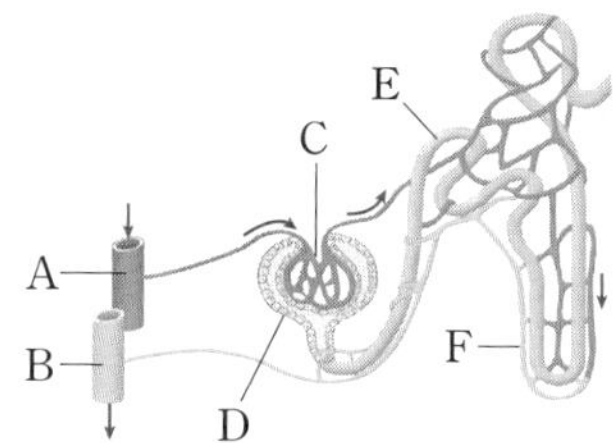

① A는 B에 비해 요소의 농도가 낮은 혈액이 흐른다.
② B에는 콩팥에서 나오는 혈액이 흐른다.
③ C는 모세 혈관이 실뭉치처럼 뭉쳐 있다.
④ D는 세뇨관과 연결되어 있다.
⑤ E와 F 사이에서는 물질의 이동이 일어난다.

09 오줌 생성 과정의 각 단계에서 일어나는 물질의 이동 방향을 옳게 연결하시오.

(1) 분비 •　　• ㉠ 세뇨관 → 모세 혈관
(2) 여과 •　　• ㉡ 모세 혈관 → 세뇨관
(3) 재흡수 •　　• ㉢ 사구체 → 보먼주머니

10 그림은 콩팥의 일부에서 노폐물이 걸러지는 과정을 나타낸 것이다. 건강한 사람의 경우 화살표 방향으로 이동하지 않는 물질은?

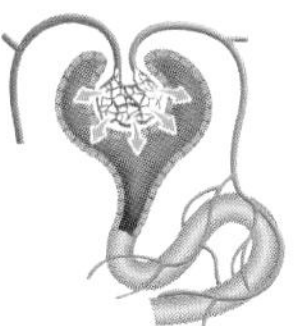

① 물　② 요소
③ 적혈구　④ 포도당
⑤ 무기 염류

11 세뇨관에 포함된 물질 중 모세 혈관으로 모두 재흡수되는 물질을 〈보기〉에서 모두 찾아 기호를 쓰시오.

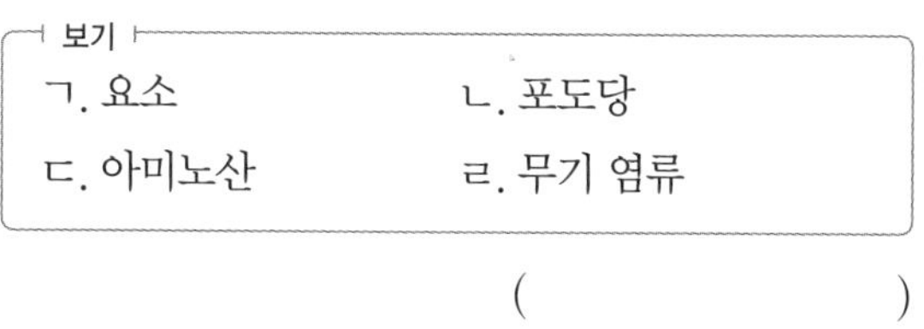
보기
ㄱ. 요소　ㄴ. 포도당
ㄷ. 아미노산　ㄹ. 무기 염류

(　　　)

12 그림은 우리 몸에서 일어나는 여러 가지 기관계의 유기적 작용을 나타낸 것이다.

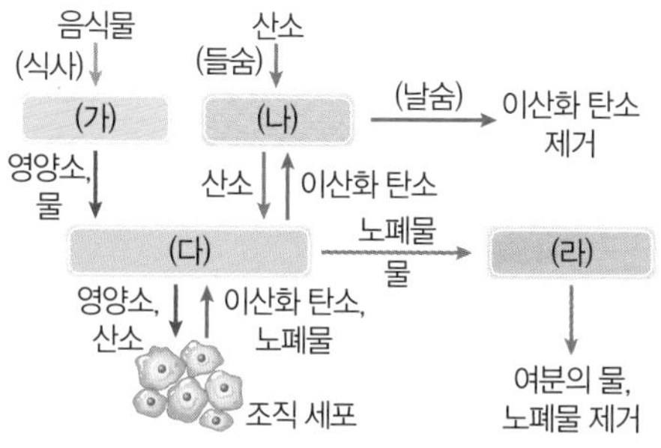

(가) ~ (라)에 알맞은 기관계를 쓰시오.

(가): (　　　), (나): (　　　)
(다): (　　　), (라): (　　　)

3일 내신 기출 베스트

대표 예제 1 호흡 기관

그림은 사람의 호흡 기관의 일부를 나타낸 것이다. A 구조가 가지는 장점으로 옳은 것은?

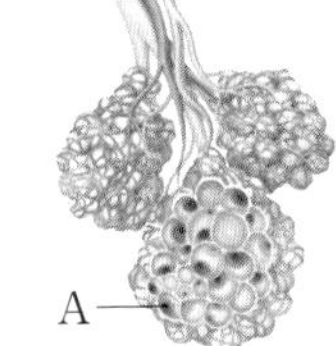

① 폐를 보호한다.
② 폐의 표면적을 늘려준다.
③ 폐의 부피를 증가시킨다.
④ 혈액의 순환 속도를 향상시킨다.
⑤ 코에서 걸러지지 않은 공기 속 이물질을 제거한다.

개념 가이드

기관지 끝에 연결되어 있는 ☐는 폐의 ☐을 늘려서 기체 교환이 효율적으로 일어나게 한다. 답 폐포, 표면적

대표 예제 2 호흡 운동의 원리

숨을 내쉴 때 나타나는 현상을 옳게 짝 지은 것은?

	가로막	갈비뼈	흉강의 부피
①	위로	아래로	커진다.
②	위로	아래로	작아진다.
③	위로	아래로	변화없다.
④	아래로	위로	커진다.
⑤	아래로	위로	작아진다.

개념 가이드

호흡 운동은 ☐와 가로막의 움직임을 통해 일어난다.

답 갈비뼈

대표 예제 3 호흡 운동의 모형

그림은 사람의 호흡 운동 원리를 알아보기 위한 실험 장치이다. 빈칸에 알맞은 말을 쓰시오.

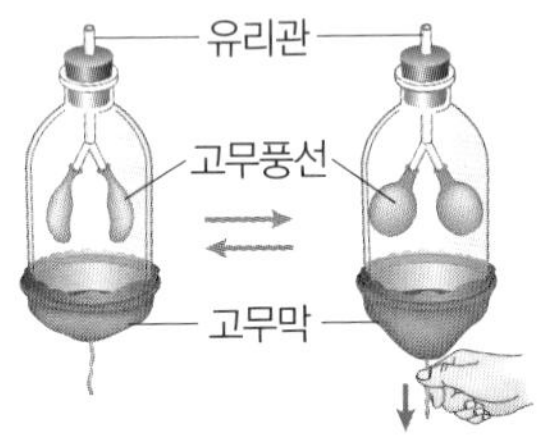

(1) 고무막을 아래로 잡아당기면 유리병 내부의 부피가 (　　　)고, 내부의 압력이 (　　　)진다.
(2) 잡아당긴 고무막을 놓으면 유리병 내부의 부피는 (　　　)고, 내부의 압력은 (　　　)진다.

개념 가이드

고무막을 잡아당기는 것은 ☐을, 잡아당긴 고무막을 놓는 것은 ☐을 나타낸 것이다. 답 들숨, 날숨

대표 예제 4 기체 교환

그림은 폐와 조직 세포에서 일어나는 기체 교환 과정을 나타낸 것이다.

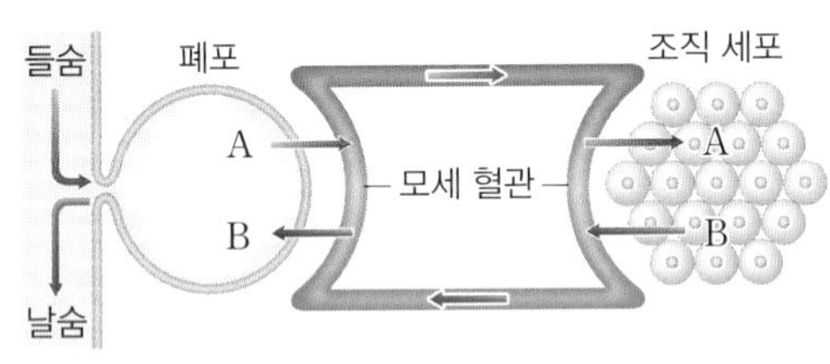

(1) 기체 A와 B 중 세포 호흡에 이용되는 것의 기호와 이름을 쓰시오. (　　　)
(2) 기체 A와 B 중 들숨보다 날숨에 더 많이 들어 있는 것의 기호와 이름을 쓰시오.(　　　)

개념 가이드

산소는 ☐ → 모세 혈관 → 조직 세포로 이동하고, 이산화탄소는 ☐ → 모세 혈관 → 폐포로 이동한다.

답 폐포, 조직 세포

대표 예제 5 노폐물의 생성

그림은 영양소의 분해 과정에서 생성되는 노폐물이 배설되는 경로를 나타낸 것이다.

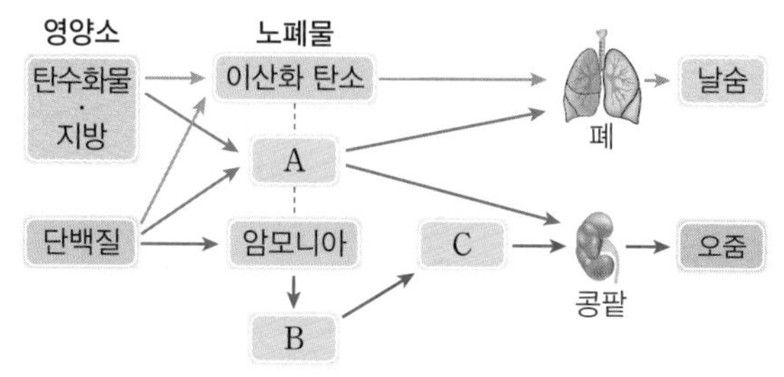

A~C에 해당하는 물질이나 기관의 이름을 쓰시오.

A: (　　　　　), B: (　　　　　), C: (　　　　　)

개념 가이드

혈액 속 노폐물은 콩팥에서 [　　]으로 걸러진 후 오줌관을 통해 [　　]으로 이동한다. 답 오줌, 방광

대표 예제 6 콩팥의 구조

그림은 사람의 배설 기관의 일부를 나타낸 것이다. 각 구조에 대한 설명으로 옳지 않은 것은?

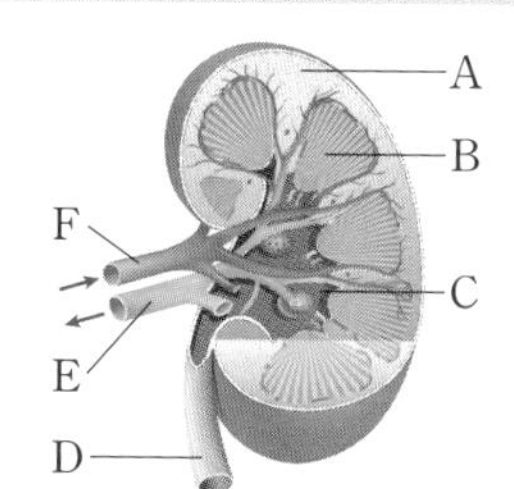

① A－콩팥 겉질이다.
② B－콩팥 속질이다.
③ C－네프론에서 생성된 오줌이 일시적으로 모인다.
④ D－콩팥 정맥이다.
⑤ E－F보다 요소의 농도가 낮다.

개념 가이드

콩팥의 내부 구조는 콩팥 겉질, 콩팥 속질, [　　]로 이루어져 있다. 답 콩팥 깔때기

대표 예제 7 오줌의 생성 과정

그림은 오줌의 생성 과정을 모식도로 나타낸 것이다.

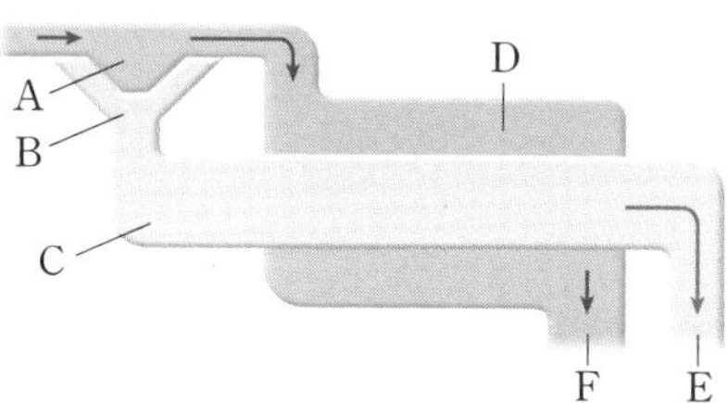

요소의 농도가 가장 높은 곳을 그림에서 찾아 기호를 쓰시오.

(　　　　　)

개념 가이드

콩팥 동맥의 요소는 [　　], 분비 과정을 거친 후 [　　]로 이동한다. 답 여과, 콩팥 깔때기

대표 예제 8 세포 호흡

세포 호흡을 하는 근본적인 목적으로 옳은 것은?

① 폐포에서 산소와 이산화 탄소를 교환하기 위해
② 깨끗한 공기를 마시고 더러운 공기를 내보내기 위해
③ 영양소를 분해하고 흡수하여 온몸의 세포에 전달하기 위해
④ 세포에 산소를 공급하고 이산화 탄소를 받아 내보내기 위해
⑤ 세포에서 영양소를 분해하여 생명 활동에 필요한 에너지를 얻기 위해

개념 가이드

세포 호흡은 생물이 살아가면서 일어나는 여러 가지 [　　]에 필요한 [　　]를 얻기 위한 과정이다. 답 생명 활동, 에너지

4일 물질의 특성

그림으로 개념 잡기

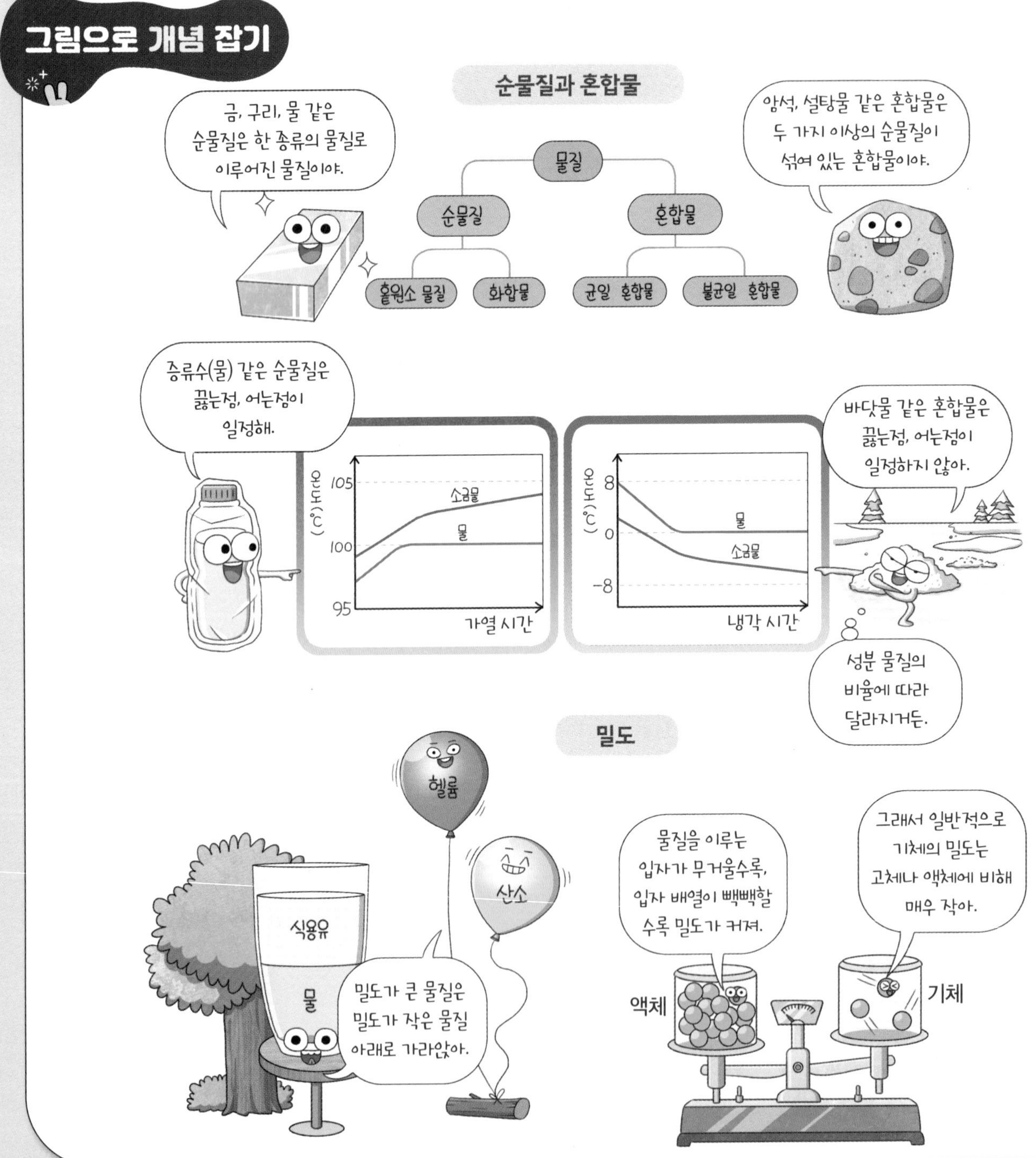

공부할 내용

❶ 물질의 분류
❷ 밀도
❸ 끓는점, 녹는점, 어는점
❹ 용해도

끓는점, 녹는점

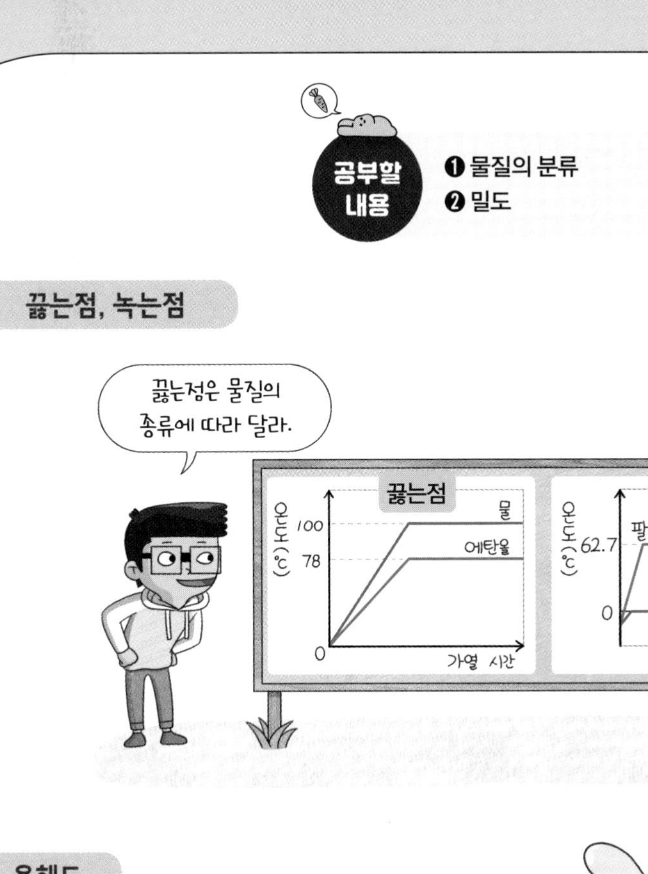
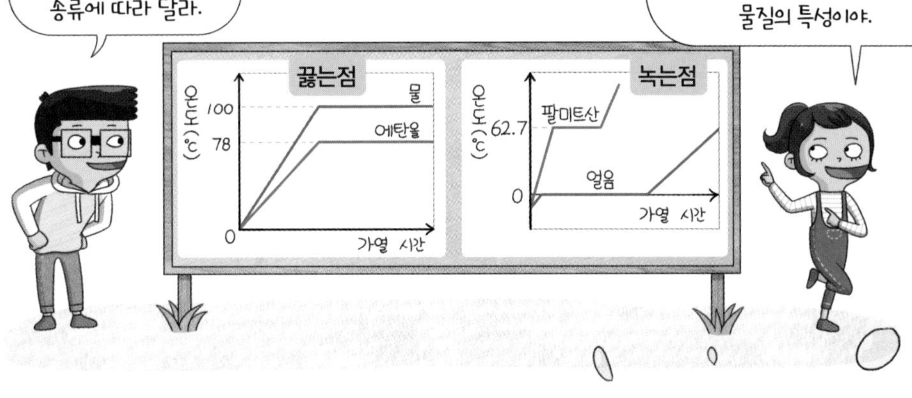

용해도

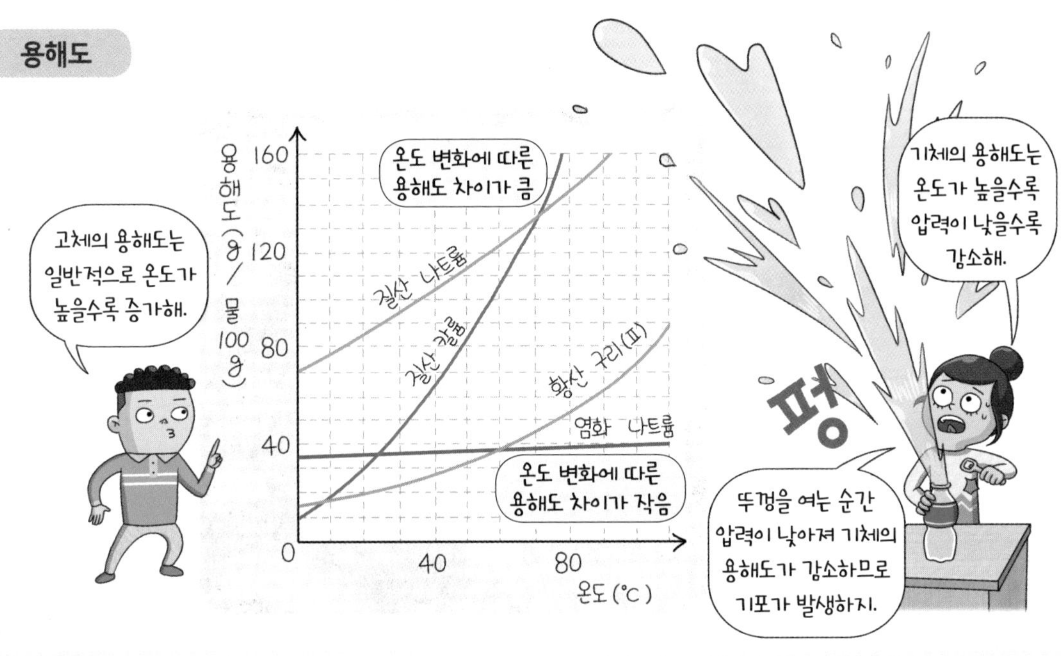

Quiz

1. 밀도가 큰 물질은 밀도가 작은 물질의 ❶ (위, 아래)쪽으로 이동한다.
2. 끓는점은 물질의 ❷ (종류, 양)에 따라 다르고, 외부 압력의 영향을 받는다.

답 ❶ 아래 ❷ 종류

교과서 **핵심 정리 ①**

개념 1 물질의 분류

1. 순물질과 혼합물 ─ 순물질에는 한 가지 원소로 이루어진 홑원소 물질과 두 가지 이상의 원소가 결합하여 이루어진 물질(화합물)이 있다.

구분	순물질	혼합물	
정의	한 가지의 물질로만 이루어진 물질	두 가지 이상의 순물질이 섞여 있는 물질	
		균일 혼합물	**불균일 혼합물**
		성분 물질이 ❶ [　　] 섞여 있는 혼합물	성분 물질이 고르지 않게 섞여 있는 혼합물
예	물, 금, 산소 등	공기, 설탕물, 소금물 등	우유, 암석, 흙탕물 등
성질	물질의 특성이 ❷ [　　].	• 혼합물을 이루는 순물질은 본래의 성질을 그대로 가진다. • 혼합 비율에 따라 성질이 ❸ [　　] 나타난다.	

❶ 고르게
❷ 일정하다
❸ 다르게

2. 순물질과 혼합물의 구별 ─ 순물질은 끓는점, 어는점, 녹는점이 일정하지만, 혼합물은 일정하지 않다.

물과 소금물의 가열 곡선	물과 소금물의 냉각 곡선
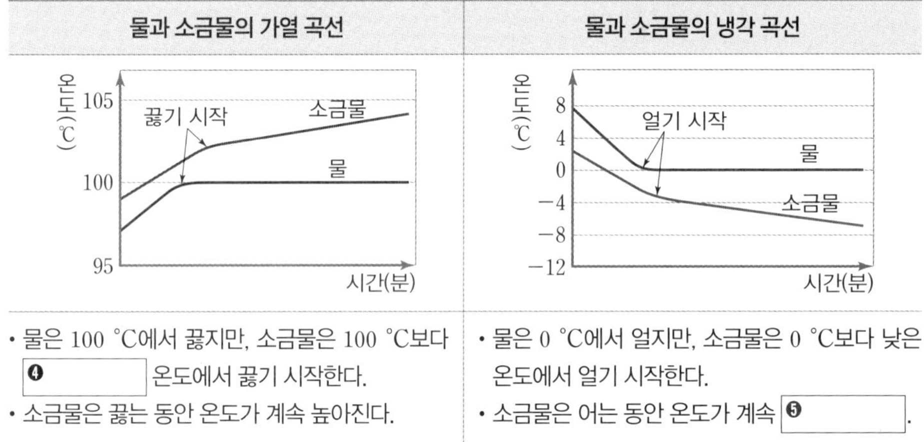	
• 물은 100 ℃에서 끓지만, 소금물은 100 ℃보다 ❹ [　　] 온도에서 끓기 시작한다. • 소금물은 끓는 동안 온도가 계속 높아진다.	• 물은 0 ℃에서 얼지만, 소금물은 0 ℃보다 낮은 온도에서 얼기 시작한다. • 소금물은 어는 동안 온도가 계속 ❺ [　　].

❹ 높은
❺ 낮아진다

개념 2 밀도

1. 물질의 특성 물질의 여러 가지 성질 중 그 물질만이 나타내는 고유한 성질로, 같은 물질인 경우 물질의 양에 관계없이 ❻ [　　]. (예) 밀도, 끓는점, 녹는점, 어는점, 용해도, 겉보기 성질 등

❻ 일정하다

2. 밀도 물질의 질량을 ❼ [　　]로 나눈 값

❼ 부피

$$\text{밀도} = \frac{\text{질량}}{\text{부피}} \text{ (단위: g/cm}^3\text{, g/mL 등)}$$

─ 밀도는 물질의 종류에 따라 다르므로 물질의 특성이다.

3. 밀도의 비교 밀도가 큰 물질은 아래로 가라앉고, 밀도가 ❽ [　　] 물질은 위로 뜬다.

(예) • 사해는 일반 바닷물에 비해 밀도가 커서 사람이 물 위에 쉽게 뜬다.
• LNG 누출 경보기는 천장에 가깝게 설치하고, LPG 누출 경보기는 바닥에 가깝게 설치한다.

❽ 작은

기초 확인 문제

정답과 해설 9쪽

01 다음 물질을 각각 순물질, 균일 혼합물, 불균일 혼합물로 옳게 짝 지은 것은?

공기	수소	흙탕물

	순물질	균일 혼합물	불균일 혼합물
①	수소	공기	흙탕물
②	수소	흙탕물	공기
③	흙탕물	공기	수소
④	공기	흙탕물	수소
⑤	공기	수소	흙탕물

02 순물질에 대한 설명에는 '순', 혼합물에 대한 설명에는 '혼'이라고 쓰시오.

(1) 두 종류 이상의 순물질로 이루어진다. ( )

(2) 성분 물질의 비율에 따라 물질의 성질이 달라진다. ( )

(3) 물질의 양에 관계없이 녹는점과 끓는점이 일정하다. ( )

(4) 물, 금, 산소, 이산화 탄소 등이 해당된다. ( )

03 물질을 구별할 수 있는 특성이 아닌 것은?

① 밀도 ② 부피 ③ 끓는점 ④ 용해도 ⑤ 녹는점

04 표는 물질 A~C의 질량과 부피를 나타낸 것이다.

물질	A	B	C
질량(g)	40	10	30
부피(cm^3)	10	10	30

(1) A~C의 밀도를 각각 구하시오.

A: ( ) g/cm^3

B: ( ) g/cm^3

C: ( ) g/cm^3

(2) A~C 중 같은 물질로 예상되는 것을 모두 고르시오. ( )

05 그림은 여러 가지 액체 물질과 고체 물질 A~E를 비커에 넣었을 때의 모습을 나타낸 것이다. A~E의 밀도를 등호나 부등호로 비교하시오.

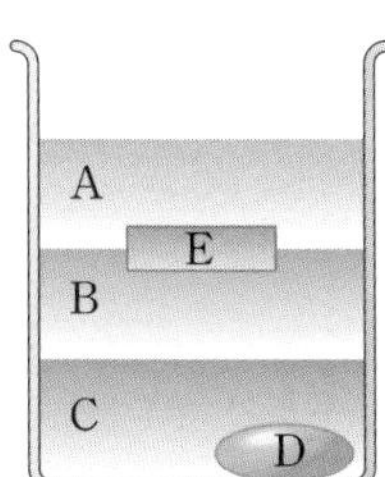

① A > B > C > E > D

② B > E > C > D > A

③ C > B > A > D > E

④ D > C > B > E > A

⑤ D > E > C > B > A

4일 교과서 핵심 정리 ②

개념 3 끓는점, 녹는점, 어는점

└ 같은 물질의 녹는점과 어는점은 같다.

1. 끓는점, 녹는점, 어는점

물질의 종류와 끓는점·녹는점의 관계	물질의 양과 끓는점·녹는점의 관계
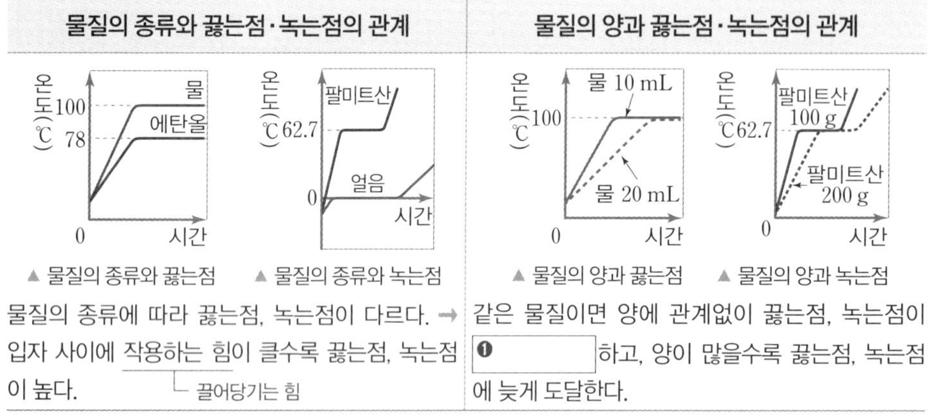	
▲ 물질의 종류와 끓는점 ▲ 물질의 종류와 녹는점	▲ 물질의 양과 끓는점 ▲ 물질의 양과 녹는점
물질의 종류에 따라 끓는점, 녹는점이 다르다. → 입자 사이에 작용하는 힘이 클수록 끓는점, 녹는점이 높다. (작용하는 힘: 끌어당기는 힘)	같은 물질이면 양에 관계없이 끓는점, 녹는점이 ❶ [　　] 하고, 양이 많을수록 끓는점, 녹는점에 늦게 도달한다.

2. 끓는점과 외부 압력 — 외부 압력에 따라 달라지므로 압력을 함께 표시한다.

외부 압력이 높아질 때	외부 압력이 낮아질 때
끓는점이 ❷ [　　] 진다. 예 압력솥으로 밥을 하면 밥이 빨리 된다.	끓는점이 낮아진다. 예 높은 산에서는 밥이 설익는다.

3. 끓는점, 녹는점, 어는점이 물질의 특성인 까닭

같은 물질에서는 끓는점, 녹는점(어는점)이 각각 양에 관계없이 일정하고, 물질의 ❸ [　　] 에 따라 다르므로 물질의 특성이다.

개념 4 용해도

┌ 일정한 온도에서 같은 용매에 대한 용해도는 물질의 종류에 따라 다르다. → 용해도는 물질의 특성이다.

1. 용해도

어떤 온도에서 용매 ❹ [　　] 에 최대로 녹을 수 있는 용질의 질량(g)

2. 용해도 곡선

온도에 따른 물질의 용해도를 나타낸 그래프

- 용해도 곡선 상은 포화 용액, 곡선 아래쪽은 불포화 용액이다.
- 용해도 곡선의 기울기가 ❺ [　　] 온도 변화에 따른 용해도 차가 크다.
- 용액을 냉각할 때 석출되는 용질의 양

석출량 = (처음 녹아 있던 용질의 양) − (냉각한 온도에서 최대로 녹을 수 있는 용질의 양)

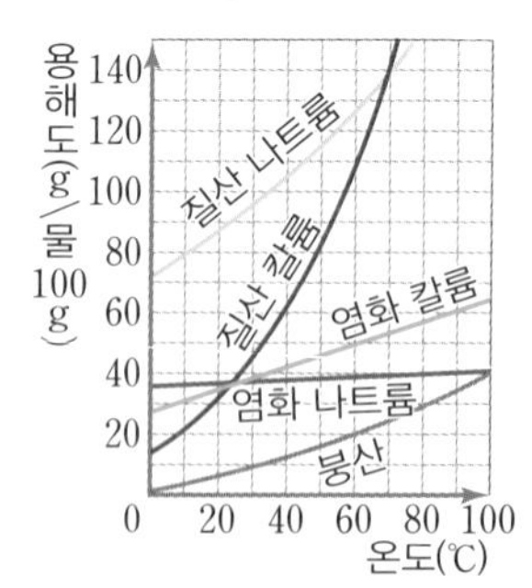

3. 용질의 상태와 용해도

① 고체의 용해도: 대부분 온도가 높을수록 ❻ [　　] 하며, 압력의 영향을 거의 받지 않는다.

② 기체의 용해도: 온도가 높을수록, 압력이 낮을수록 용해도가 ❼ [　　] 한다.

예
- 더운 여름철 어항 속의 금붕어가 수면 가까이 올라와 입을 뻐끔거린다. — 온도가 상승하여 기체의 용해도가 감소하였기 때문이다.
- 탄산음료의 마개를 따면 거품이 흘러나온다. — 압력이 감소하여 이산화 탄소의 용해도가 감소하였기 때문이다.

❶ 일정
❷ 높아
❸ 종류
❹ 100 g
❺ 클수록
❻ 증가
❼ 감소

기초 확인 문제

정답과 해설 9쪽

06 물질의 끓는점과 녹는점에 대한 설명이다. (　　) 안에서 알맞은 말을 고르시오.

(1) 녹는점으로 물질을 구별할 수 (있다, 없다).

(2) 녹는점은 물질의 양이 많아지면 (변한다, 변하지 않는다).

(3) 끓는점은 외부 압력이 높아지면 (변한다, 변하지 않는다).

(4) 종류가 같은 물질의 녹는점과 어는점은 서로 (같다, 다르다).

07 끓는점과 외부 압력의 관계에 대한 설명이다. 빈칸에 알맞은 말을 쓰시오.

(1) 압력솥으로 밥을 하면 솥 내부의 압력이 높아 물의 끓는점이 (　　　　)지므로 밥이 빨리 된다.

(2) 높은 산에서 밥을 하면 기압이 낮아 물의 끓는점이 (　　　　)지므로 쌀이 설익는다.

08 그래프는 순수한 액체 물질 A~D의 가열 곡선을 나타낸 것이다. (단, 가열하는 불꽃의 세기는 모두 같다.)

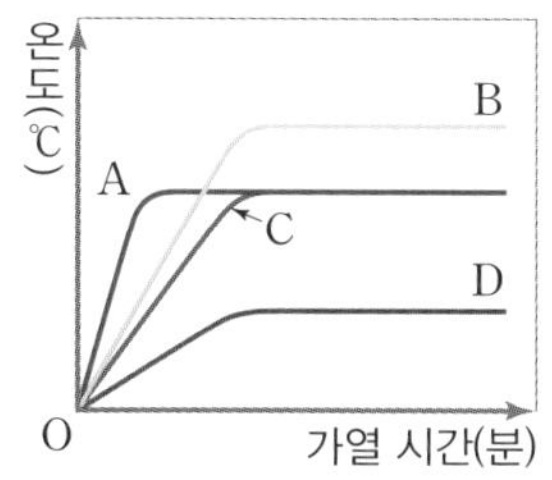

(1) 같은 종류의 물질을 모두 고르시오. (　　　　)

(2) 끓는점이 가장 높은 물질을 고르시오.

(　　　　)

(3) 가장 먼저 끓기 시작하는 물질을 고르시오.

(　　　　)

09 그래프는 고체 물질 X의 용해도 곡선을 나타낸 것이다. (　　) 안에서 알맞은 말을 고르시오.

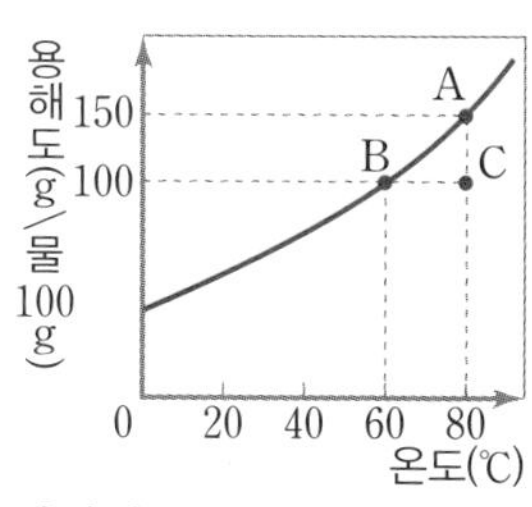

(1) A는 (포화, 불포화) 용액이다.

(2) C 용액을 60 ℃로 냉각시키면 (포화, 불포화) 용액이 된다.

(3) 60 ℃의 물에 대한 고체 물질 X의 용해도는 (50, 100) g/물 100 g이다.

(4) 80 ℃의 물 100 g에 고체 물질 X를 최대 (100, 150) g 녹일 수 있다.

10 용해도에 대한 설명으로 옳은 것은?

① 온도에 따라 다르므로 물질의 특성이 아니다.

② 일반적으로 고체의 용해도는 온도가 높을수록 감소한다.

③ 용해도는 어떤 온도에서 용매 200 g에 최대로 녹을 수 있는 용질의 질량(g)이다.

④ 용매 100 g에 용해도만큼의 용질을 녹이면 포화 용액이 된다.

⑤ 탄산음료의 뚜껑을 열면 거품이 나는 현상은 압력이 낮아져 이산화 탄소의 용해도가 증가하기 때문이다.

4일 내신 기출 베스트

대표 예제 1 순물질과 혼합물의 구별

그래프는 물과 소금물의 가열 곡선이다. 이에 대한 설명으로 옳지 않은 것은?

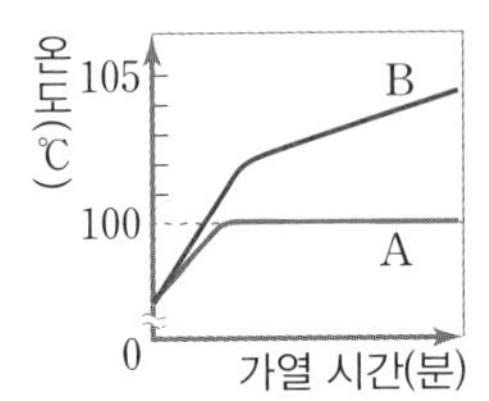

① A는 물의 가열 곡선이다.
② B는 균일 혼합물이다.
③ B는 끓는점이 일정하다.
④ 소금물은 물보다 높은 온도에서 끓기 시작한다.
⑤ B는 끓는 동안 성분 물질의 비율이 계속 달라진다.

개념 가이드

물은 끓는점 등의 물질의 특성이 [ ], 소금물은 혼합 비율에 따라 물질의 성질이 [ ].

답 일정하고, 달라진다

대표 예제 2 물질의 분류

그림과 같이 물질을 분류하였다. 이에 대한 설명으로 옳은 것은?

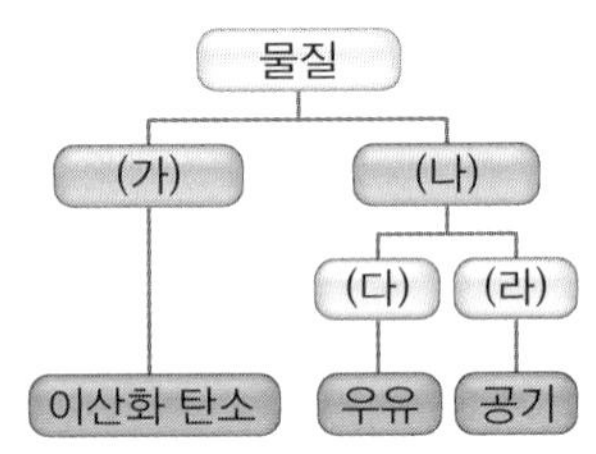

① (가)는 한 가지 원소로 이루어져 있다.
② (나)는 물질의 특성이 일정하지 않다.
③ (다)는 균일 혼합물이다.
④ (라)는 불균일 혼합물이다.
⑤ 암석은 (라)에 속하는 물질이다.

개념 가이드

[ ]은 한 가지 물질로 이루어져 있고, [ ]은 두 가지 이상의 물질이 섞여 있다.

답 순물질, 혼합물

대표 예제 3 밀도의 비교

그래프는 물에 녹지 않는 고체 물질 A~E의 질량과 부피를 측정한 결과이다. 이에 대한 설명으로 옳은 것을 〈보기〉에서 모두 고르시오. (단, 물의 밀도는 1 g/cm^{3}이다.)

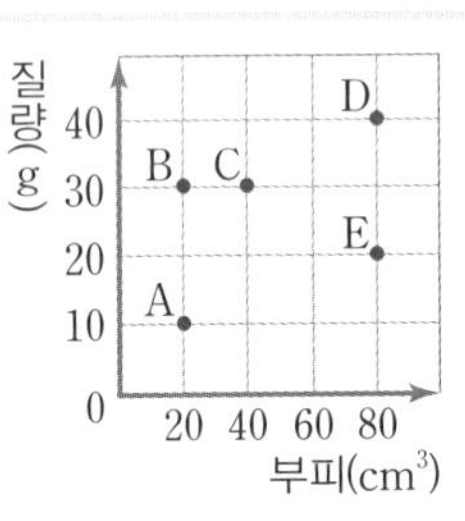

보기

ㄱ. A와 D는 같은 종류의 물질이다.
ㄴ. 밀도가 가장 작은 물질은 B이다.
ㄷ. C는 물 위에 뜬다.

( )

개념 가이드

물질 B와 D를 물에 넣으면 밀도가 물보다 큰 [ ]는 아래로 가라앉고 밀도가 물보다 작은 [ ]는 물 위로 뜬다.

답 B, D

대표 예제 4 밀도

표는 여러 가지 고체의 밀도를 나타낸 것이다.

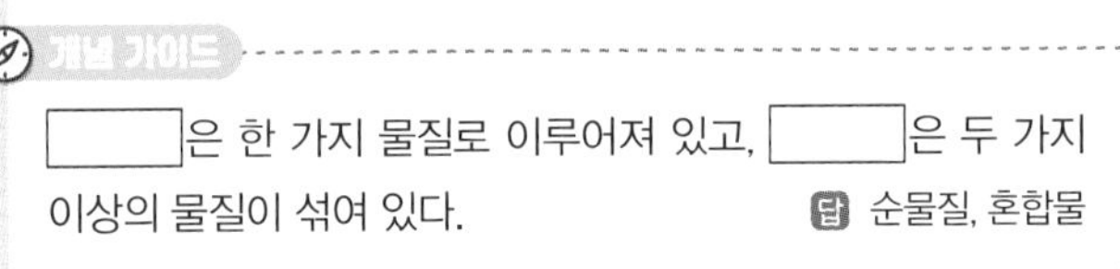

물질	알루미늄	철	구리	납	금
밀도(g/mL)	2.7	7.9	9.0	11.3	19.3

어떤 고체의 질량과 부피를 측정한 결과가 다음과 같을 때, 이 고체로 예상되는 물질을 쓰시오.

- 고체의 질량: 18 g
- 물 10 mL를 넣은 눈금실린더에 고체를 넣은 후의 부피: 12 mL

( )

개념 가이드

밀도는 질량을 [ ]로 나눈 값으로, 같은 물질에서는 물질의 양에 관계없이 [ ].

답 부피, 일정하다

대표 예제 5 끓는점과 물질의 종류의 관계

그래프는 액체 물질 A~D의 가열 곡선을 나타낸 것이다. 이에 대한 설명으로 옳은 것은?

① B와 C는 같은 물질이다.
② B의 질량은 C보다 크다.
③ C와 D는 물질의 양이 같다.
④ 가장 먼저 끓기 시작하는 물질은 D이다.
⑤ 끓는점은 B＜A＝D＜C 순이다.

개념 가이드

물질을 이루는 입자 사이에 끌어당기는 힘이 강할수록 끓는점이 [ ], 물질의 양을 늘려도 끓는점은 [ ].

답 높고, 변하지 않는다

대표 예제 6 끓는점과 외부 압력

압력솥으로 밥을 하면 냄비를 이용하는 경우보다 밥이 빨리 된다. 이러한 현상이 나타나는 이유로 옳은 것은?

① 질량이 클수록 끓는점이 높아지기 때문이다.
② 압력이 높을수록 끓는점이 높아지기 때문이다.
③ 기온이 낮을수록 끓는점이 높아지기 때문이다.
④ 산소가 부족하면 끓는점이 낮아지기 때문이다.
⑤ 물질의 양이 적을수록 끓는점이 낮아지기 때문이다.

개념 가이드

높은 산에서 밥을 지을 때 냄비 뚜껑 위에 돌을 올리면 압력이 [ ] 물의 끓는점이 [ ]지므로 밥이 설익지 않게 된다.

답 높아져, 높아

대표 예제 7 용해도와 용해도 곡선

그래프는 고체 물질의 용해도 곡선이다. 이에 대한 설명으로 옳은 것을 〈보기〉에서 모두 고르시오.

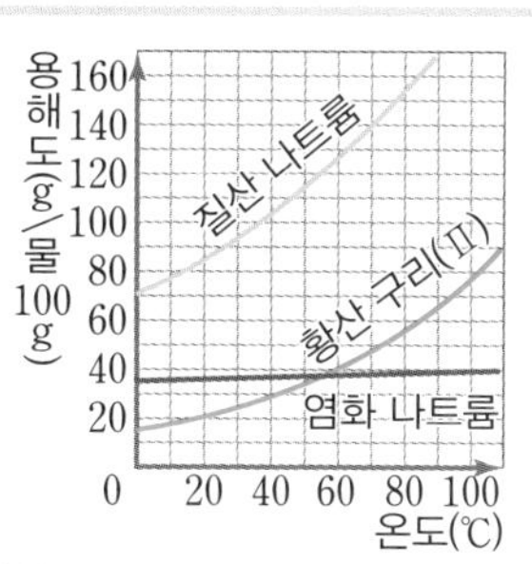

보기

ㄱ. 질산 나트륨은 온도에 따른 용해도 변화가 크다.
ㄴ. 염화 나트륨은 온도가 높을수록 용해도가 감소한다.
ㄷ. 70 ℃에서 용해도가 가장 큰 물질은 질산 나트륨이다.

( )

개념 가이드

자료에 제시된 물질 중 [ ]에 따른 용해도의 변화가 가장 큰 물질은 [ ]이다.

답 온도, 질산 나트륨

대표 예제 8 기체의 용해도

그림과 같이 온도가 다른 물에 같은 양의 사이다를 넣은 시험관을 각각 넣고, 발생하는 기포를 관찰하였다. 이에 대한 설명으로 옳은 것을 〈보기〉에서 모두 고르시오.

(가) 얼음물 (나) 25 ℃의 물 (다) 50 ℃의 물

보기

ㄱ. 기체의 용해도가 클수록 기포가 많이 발생한다.
ㄴ. 발생하는 기포 수는 (가)＜(나)＜(다)이다.
ㄷ. 기체의 용해도와 온도와의 관계를 알 수 있다.

( )

개념 가이드

기체의 용해도는 온도가 [ ]수록, 압력이 [ ]수록 감소한다.

답 높을, 낮을

5일 혼합물의 분리

그림으로 개념 잡기

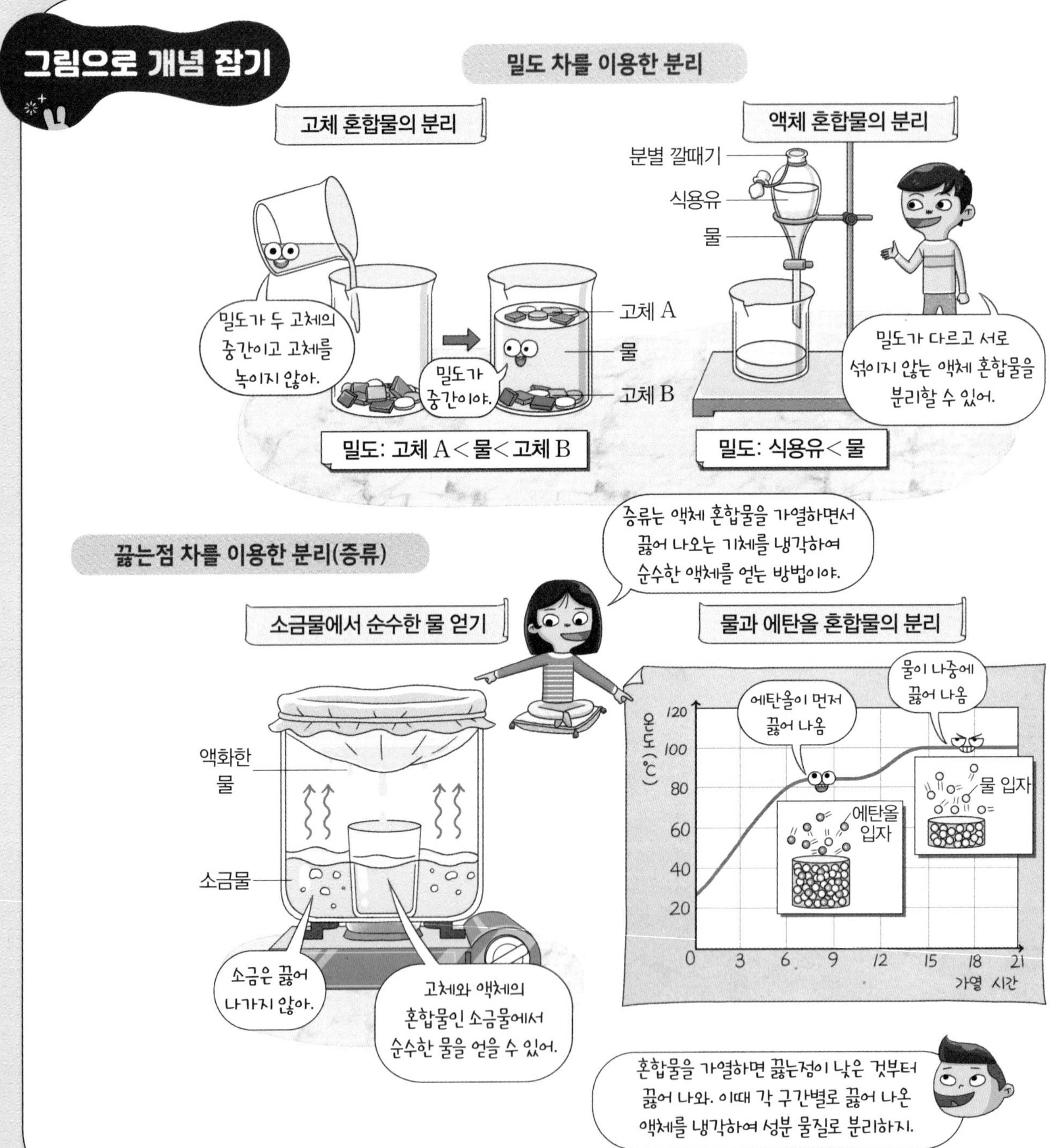

공부할 내용

❶ 끓는점 차를 이용한 혼합물 분리 ❷ 밀도 차를 이용한 혼합물 분리 ❸ 용해도 차를 이용한 혼합물 분리 ❹ 크로마토그래피

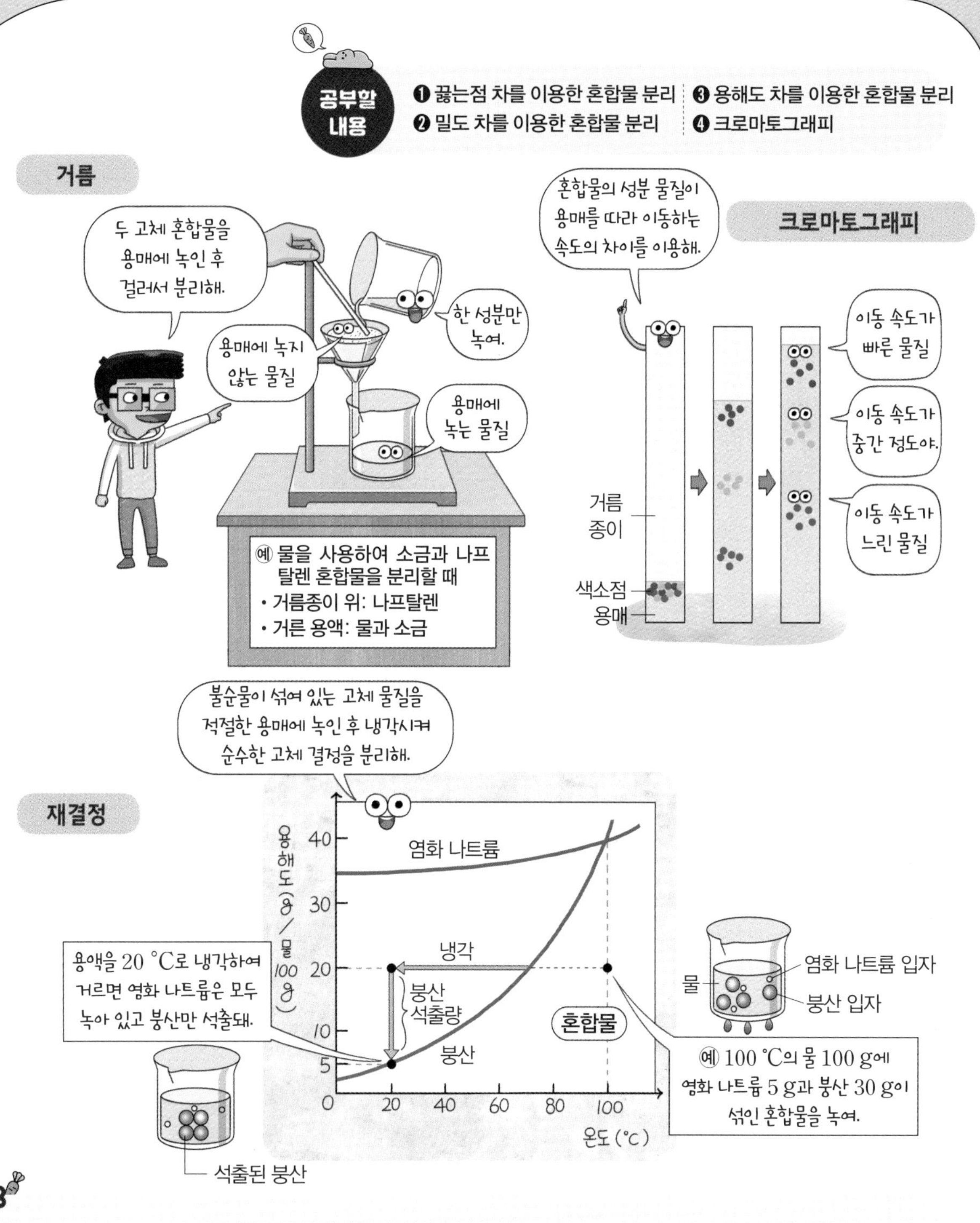

Quiz

1. 서로 섞이지 않으며 밀도가 다른 액체 혼합물은 ❶ (거름 장치, 분별 깔때기)를 사용하여 분리한다.
2. 물과 에탄올의 혼합물 같은 액체 혼합물은 ❷ (용해도, 끓는점) 차를 이용하여 분리할 수 있다.

답 ❶ 분별 깔때기 ❷ 끓는점

5일 교과서 핵심 정리 ①

개념 1 끓는점 차를 이용한 혼합물의 분리

1. **증류** 액체 혼합물을 가열하여 끓어 나오는 기체를 ❶ ______ 하여 순수한 액체를 얻는 방법
   → 고체와 액체의 혼합물이나 서로 잘 섞이는 액체 혼합물도 분리할 수 있다.

❶ 냉각

바닷물에서 식수 얻기	물과 에탄올 혼합물의 분리

소금보다 끓는점이 낮은 물이 먼저 기화하고, 이 수증기를 냉각하면 순수한 물을 얻을 수 있다.	끓는점이 ❷ ______ 에탄올이 먼저 끓어 나오고, 끓는점이 높은 물이 ❸ ______ 끓어 나온다.

❷ 낮은

❸ 나중에

2. **원유의 분리** 원유를 높은 온도로 가열하여 증류탑으로 보내면 끓는점이 낮은 물질이 증류탑의 위쪽에서 먼저 증류되어 나오고, 끓는점이 높은 물질은 증류탑의 아래쪽에서 나중에 분리된다.

개념 2 밀도 차를 이용한 혼합물의 분리

1. **고체 혼합물의 분리** 고체 물질을 녹이지 않고, 밀도가 두 성분 물질의 중간 정도인 액체에 넣어 분리한다.

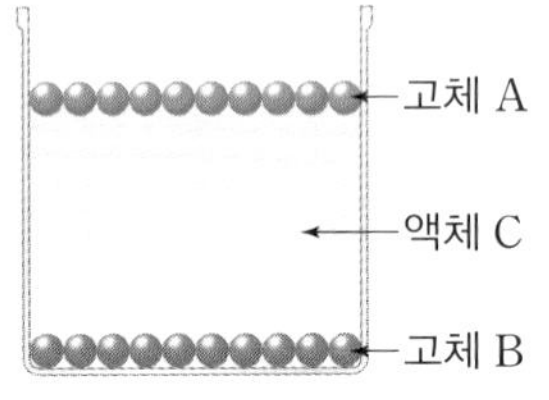

분리 원리	• 액체보다 밀도가 작은 고체는 위로 뜨고, 액체보다 밀도가 큰 고체는 아래로 가라앉는다. • 밀도 크기: ❹ ______ > 액체 C > ❺ ______
예	좋은 볍씨 고르기, 신선한 달걀 고르기, 폐플라스틱의 분리 등 – 소금물에 넣어 분리한다.

❹ 고체 B
❺ 고체 A

2. **액체 혼합물의 분리** 서로 섞이지 않고 밀도가 다른 액체 혼합물은 ❻ ______ 에 넣어 분리한다.

❻ 분별 깔때기

분리 원리	밀도가 큰 액체는 아래로 ❼ ______, 밀도가 ❽ ______ 액체는 떠서 층을 이룬다.
분리 과정	① 꼭지를 잠그고 액체 혼합물을 분별 깔때기에 넣은 다음, 마개를 닫고 두 손으로 잡은 채 세게 흔든다. ② 분별 깔때기를 세워 두고 층이 분리될 때까지 기다린다. ③ 마개를 연 후 꼭지를 돌려 밀도가 큰 액체(아래층)를 받는다. ④ 경계면의 액체를 따로 받아 낸 후, 밀도가 작은 액체(위층)를 분별 깔때기의 위쪽 입구로 따라낸다. 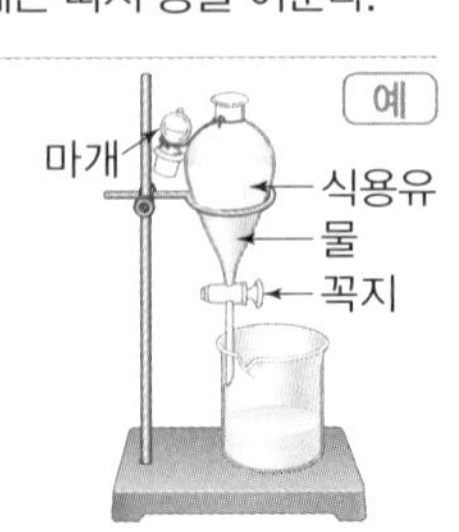
예	물과 식용유의 분리, 바다에 유출된 기름 제거 등

❼ 가라앉고
❽ 작은

기초 확인 문제

정답과 해설 12쪽

01 혼합물의 분리 방법에 대한 설명이다. 빈칸에 알맞은 말을 쓰시오.

(1) 증류는 성분 물질의 (   ) 차를 이용하여 혼합물을 분리하는 방법이다.

(2) 바닷물을 끓여 기화한 수증기를 (   ) 시키면 순수한 물을 얻을 수 있다.

(3) 끓는점이 다른 액체가 섞여 있는 혼합물을 가열하면 끓는점이 (   ) 물질이 먼저 끓어 나온다.

(4) 원유를 높은 온도로 가열하여 증류탑으로 보내면 끓는점이 (   ) 물질이 위쪽에서 먼저 분리된다.

02 그래프는 물과 에탄올 혼합물의 가열 곡선을 나타낸 것이다.

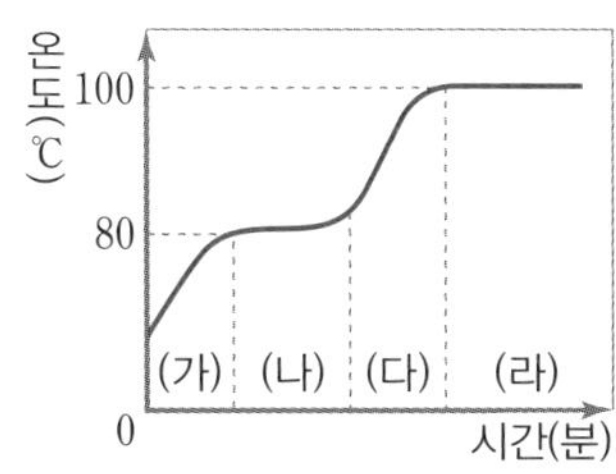

(1) 물이 주로 끓어 나오는 구간을 쓰시오.

(   )

(2) 에탄올이 주로 끓어 나오는 구간을 쓰시오.

(   )

03 다음 예에서 혼합물을 분리하기 위해 공통적으로 이용한 물질의 특성으로 옳은 것은?

- 볍씨에 소금물에 부어 알찬 볍씨를 분리한다.
- 달걀을 소금물에 넣어 신선한 달걀을 골라 낸다.
- 사금이 섞인 모래를 그릇에 담고 물속에서 흔들어 사금을 분리한다.

① 밀도 차이　② 녹는점 차이
③ 어는점 차이　④ 끓는점 차이
⑤ 알갱이의 크기 차이

04 그림은 고체 A, 액체 B, 고체 C의 밀도를 비교한 실험을 나타낸 것이다.

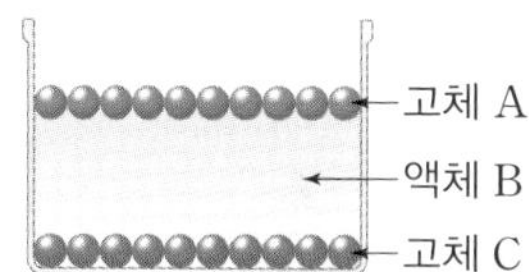

밀도의 크기를 옳게 비교한 것은?

① 고체 A > 액체 B > 고체 C
② 액체 B > 고체 A > 고체 C
③ 액체 B > 고체 C > 고체 A
④ 고체 C > 고체 A > 액체 B
⑤ 고체 C > 액체 B > 고체 A

05 그림과 같은 장치를 이용하여 분리하기에 가장 적당한 혼합물은?

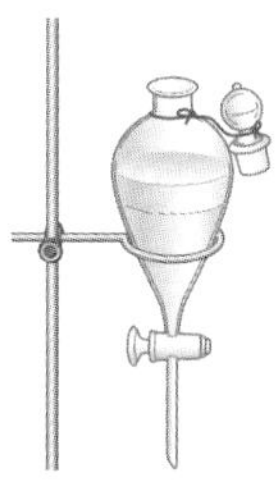

① 설탕과 소금
② 물과 식용유
③ 철가루와 모래
④ 메탄올과 에탄올
⑤ 스타이로폼과 모래

5일 교과서 **핵심 정리 ②**

개념 3 용해도 차를 이용한 혼합물의 분리

1. **거름** 고체 혼합물을 한 가지 성분만 녹이는 용매에 녹여 거름 장치로 걸러 분리하는 방법 → ❶ [ ]에 대한 용해도 차를 이용

거름 종이 / 용매에 녹지 않는 물질 / 용매에 녹는 물질

2. **재결정** ─ 온도에 따른 용해도 차가 큰 물질이 석출된다.
불순물이 섞여 있는 고체 물질을 적절한 용매에 녹인 후 냉각시켜 순수한 고체 결정을 분리하는 방법으로 온도에 따른 ❷ [ ] 차를 이용한다.

예 천일염 정제, 아스피린의 정제, 불순물이 섞인 질산 칼륨에서 순수한 질산 칼륨 분리하기 등
└ 합성한 아스피린은 불순물이 있으므로 재결정을 이용해 순도를 높여 의약품으로 사용한다.

불순물이 섞인 질산 칼륨에서 순수한 질산 칼륨 분리하기 예

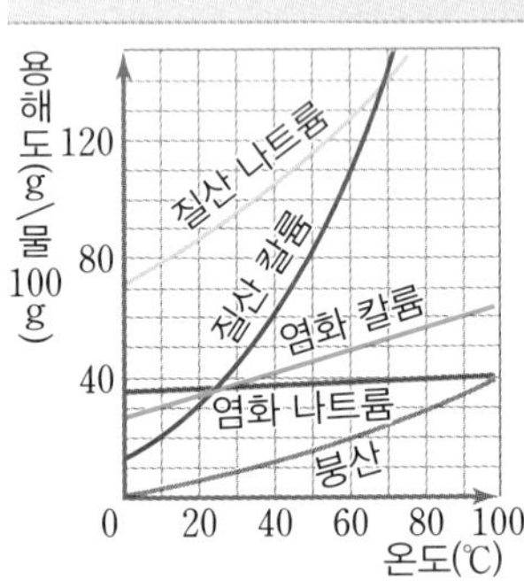

① 소량의 염화 나트륨이 섞여 있는 질산 칼륨 100 g을 높은 온도의 물에 완전히 녹인 후 얼음물이 들어 있는 비커 안에 넣고 식힌다.
② 결정이 더 이상 생기지 않으면 용액을 ❸ [ ]로 거른다.
→ 온도에 따른 용해도 차가 큰 ❹ [ ]이 석출되어 거름종이 위에 남는다.
→ 염화 나트륨은 양이 적어 ❺ [ ] 상태에 이르지 않으므로 용액 속에 그대로 녹아 있다.

개념 4 크로마토그래피

1. **크로마토그래피** 혼합물을 이루는 각 성분 물질이 용매를 따라 이동하는 ❻ [ ]의 차를 이용하여 혼합물을 분리하는 방법으로 ❼ [ ]의 종류에 따라 분리되는 성분 물질의 수 또는 이동한 거리가 달라진다.

예 운동선수들의 도핑 테스트, 과학 수사, 농약 성분 검출, 단백질 성분 검출, 엽록소의 색소 분리, 꽃잎의 색소 분리 등
└ 운동선수가 금지 약물을 복용했는지 알아보기 위해 혈액이나 소변을 채취하여 실시하는 약물 검사

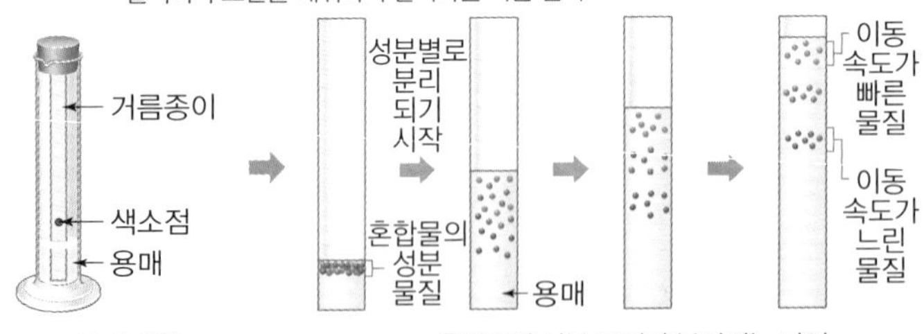

▲ 분리 장치 ▲ 혼합물의 성분 물질이 분리되는 과정

2. **특징**
- 양이 적거나, 특성이 비슷한 성분 물질이 섞여 있는 혼합물도 분리할 수 있다.
- 분리 방법이 간편하며, 분리하는 데 걸리는 시간이 ❽ [ ].
- 많은 종류의 성분이 혼합되어 있어도 한 번에 분리할 수 있다.

❶ 용매
❷ 용해도
❸ 거름 장치
❹ 질산 칼륨
❺ 포화
❻ 속도
❼ 용매
❽ 짧다

기초 확인 문제

06 그림은 염화 나트륨과 나프탈렌의 혼합물을 분리하기 위한 거름 장치를 나타낸 것이다. 이에 대한 설명으로 옳지 않은 것은?

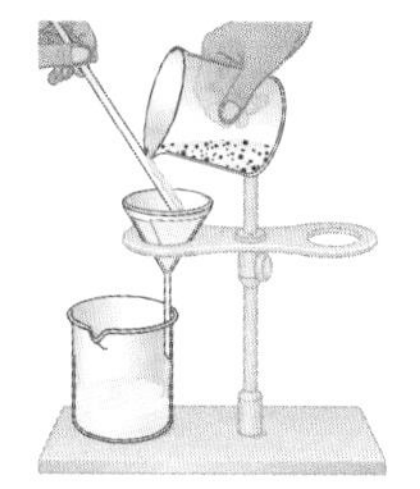

① 물질의 용해도 차이를 이용하여 혼합물을 분리한다.
② 거른 용액에 포함된 물질은 용매에 대한 용해도가 더 크다.
③ 물을 용매로 사용하면 거름종이 위에 나프탈렌이 남는다.
④ 사용하는 용매는 두 고체 혼합물을 모두 녹이는 것이어야 한다.
⑤ 물을 용매로 할 때와 에탄올을 용매로 할 때 거름종이 위에 남는 물질은 다르다.

07 그래프는 염화 나트륨과 붕산의 용해도 곡선을 나타낸 것이다. 염화 나트륨 25 g과 붕산 25 g을 90 ℃의 물 100 g에 모두 녹인 다음 용액의 온도를 20 ℃까지 낮추면 석출되는 물질과 석출되는 양을 쓰시오.

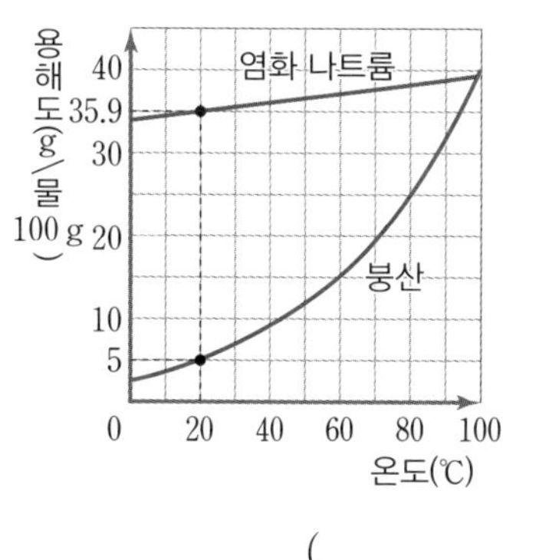

( )

08 다음 혼합물의 분리에 이용된 분리 방법으로 옳은 것은?

> 염전에서 얻은 천일염을 물에 녹여 가열한 뒤 물을 증발시키거나 냉각하면 결정이 석출되고, 이 과정을 반복하여 불순물의 비율이 1~2 % 이하로 매우 낮은 소금을 얻는다.

① 거름 ② 추출 ③ 증류
④ 재결정 ⑤ 크로마토그래피

09 다음과 같은 용도로 이용하기에 적당한 혼합물의 분리 방법을 쓰시오.

> • 농약 성분의 검출
> • 엽록소의 색소 분리
> • 운동선수들의 도핑 테스트

( )

10 크로마토그래피에 대한 설명으로 옳지 않은 것은?

① 성분 물질의 용해도 차를 이용한다.
② 꽃잎의 색소 분리 방법으로 적당하다.
③ 혼합물의 양이 매우 적어도 분리할 수 있다.
④ 분리 방법이 간편하고 시간이 짧게 걸린다.
⑤ 같은 혼합물이라도 용매의 종류에 따라 결과가 다르다.

5일

내신 기출 베스트

대표 예제 1 끓는점 차를 이용한 혼합물 분리

그림은 어떤 액체 혼합물을 분리하기 위한 장치와 이 혼합물의 가열 곡선을 나타낸 것이다. 이와 같은 방법으로 분리하기에 가장 적당한 혼합물은?

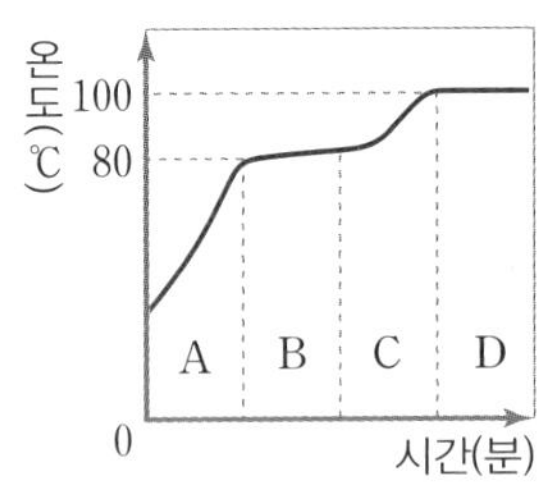

① 물과 메탄올 ② 물과 식용유
③ 소금과 질산 칼륨 ④ 물과 참기름
⑤ 알찬 볍씨와 쭉정이 볍씨

개념 가이드

B와 [ ] 구간은 각각의 성분 물질이 끓어 나오며, B 구간에서 끓는점이 [ ] 물질이 먼저 끓어 나온다. 답 D, 낮은

대표 예제 2 끓는점 차를 이용한 혼합물 분리

그림은 탁한 술을 가열하여 소주를 만드는 데 이용하는 소줏고리의 구조이다. 이에 대한 설명으로 옳은 것을 〈보기〉에서 모두 고르시오.

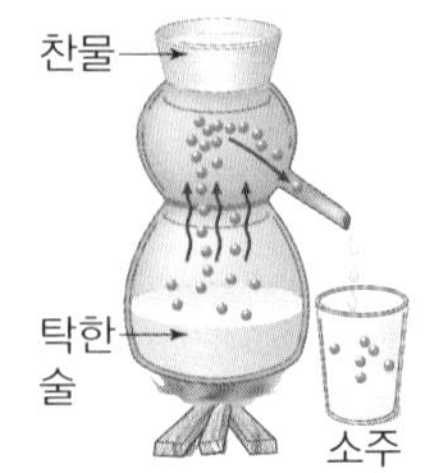

보기
ㄱ. 밀도 차이를 이용한다.
ㄴ. 같은 원리로 바닷물에서 식수를 얻을 수 있다.
ㄷ. 끓는점이 낮은 에탄올이 먼저 끓어 나와 분리된다.

( )

개념 가이드

소줏고리는 물질의 [ ] 차를 이용하여 혼합물을 분리하는 도구로, 이런 분리 방법을 [ ]라고 한다. 답 끓는점, 증류

대표 예제 3 밀도 차를 이용한 고체 혼합물 분리

그림은 신선한 달걀과 오래된 달걀을 분리하기 위해 소금물에 넣은 모습이다. 이에 대한 설명으로 옳지 않은 것은?

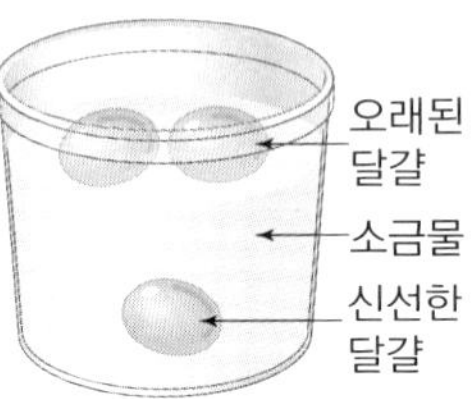

① 밀도 차를 이용한다.
② 사금 채취를 할 때 이용하는 원리와 같다.
③ 오래된 달걀은 신선한 달걀보다 밀도가 크다.
④ 달걀이 모두 떠 있을 때는 물을 더 넣어야 한다.
⑤ 소금물은 오래된 달걀보다 밀도가 크고, 신선한 달걀보다 밀도가 작아야 한다.

개념 가이드

세 물질의 밀도를 비교하면 '오래된 달걀 [ ] 소금물 [ ] 신선한 달걀' 순이다. 답 <, <

대표 예제 4 밀도 차를 이용한 액체 혼합물 분리

그림과 같은 장치로 혼합물을 분리할 때 이용되는 물질의 특성과 분리할 수 있는 혼합물을 옳게 짝 지은 것은?

마개
A
B
꼭지

	물질의 특성	혼합물
①	밀도	물과 에탄올
②	밀도	간장과 참기름
③	용해도	모래와 소금
④	끓는점	물과 에탄올
⑤	용해도	물과 소금

개념 가이드

서로 섞이지 않고 [ ]가 다른 액체 혼합물을 분별 깔때기에 넣으면 밀도가 [ ] 물질은 아래로 가라앉는다. 답 밀도, 큰

대표 예제 5 거름

그림과 같은 방법으로 혼합물을 분리하는 경우는?

① 물과 식용유의 분리
② 사인펜의 색소 분리
③ 포도주의 물과 에탄올 분리
④ 속이 찬 볍씨와 쭉정이 분리
⑤ 불순물이 섞인 질산 칼륨에서 불순물 제거

개념 가이드

온도에 따른 [ ] 차를 이용하여 불순물을 제거하고 순수한 결정을 얻는 방법을 [ ]이라 한다. 답 용해도, 재결정

대표 예제 6 재결정

그래프는 물질 A와 B의 용해도 곡선이다. A 30 g과 B 15 g이 섞여 있는 혼합물을 100 ℃의 물 100 g에 모두 녹인 다음, 20 ℃까지 냉각하여 거름 장치로 걸렀다. 이에 대한 설명으로 옳은 것은?

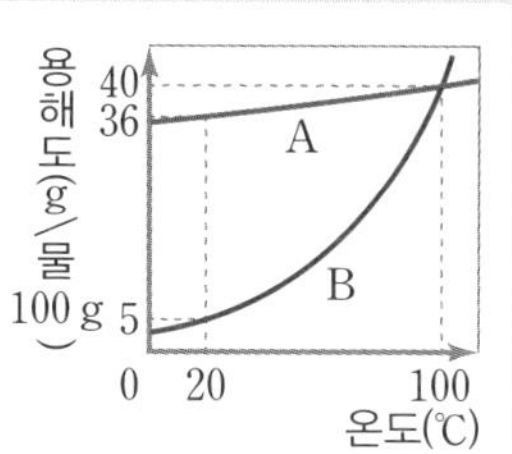

① A만 석출된다.
② 먼저 석출되는 물질의 양은 25 g이다.
③ 온도에 따른 용해도 차가 큰 물질이 석출된다.
④ 두 물질의 밀도 차를 이용하는 분리 방법이다.
⑤ 냉각한 용액을 거르면 거름종이 위에 A가 남는다.

개념 가이드

석출되는 양은 '처음 녹아 있던 [ ]의 양(g) − [ ]한 온도에서 최대로 녹을 수 있는 용질의 양(g)'이다. 답 용질, 냉각

대표 예제 7 크로마토그래피

그림은 사인펜 잉크의 색소를 분리하는 실험 장치이다. 이와 같은 혼합물의 분리 방법에 대한 설명으로 옳은 것을 〈보기〉에서 모두 고른 것은?

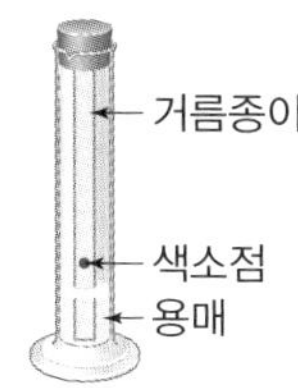

보기
ㄱ. 색소점이 용매에 잠기지 않게 장치한다.
ㄴ. 성질이 비슷한 물질들은 분리할 수 없다.
ㄷ. 용매의 종류에 관계없이 실험 결과는 같다.

① ㄱ ② ㄴ ③ ㄱ, ㄷ
④ ㄴ, ㄷ ⑤ ㄱ, ㄴ, ㄷ

개념 가이드

크로마토그래피는 같은 물질이라도 사용하는 [ ]에 따라 이동 [ ]가 달라지므로 결과가 달라진다. 답 용매, 속도

대표 예제 8 크로마토그래피

그림은 물질 A~E의 크로마토그래피 결과이다. 이에 대한 설명으로 옳은 것을 〈보기〉에서 모두 고르시오.

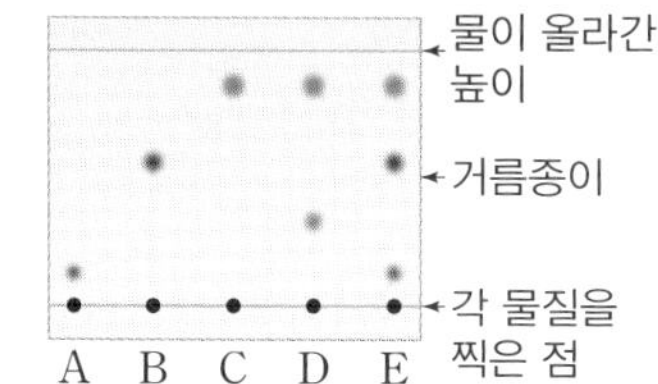

보기
ㄱ. A는 D의 구성 성분이다.
ㄴ. 순물질로 예상되는 것은 A, B, C이다.
ㄷ. E는 최소한 3가지 이상의 순물질을 포함한다.

( )

개념 가이드

크로마토그래피는 혼합물의 성분 물질이 [ ]를 따라 이동하는 [ ]를 이용한 분리 방법이다. 답 용매, 속도 차이

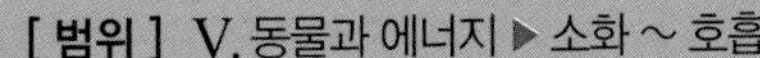

6일 누구나 100점 테스트 1회

01 다음은 어떤 영양소에 대한 설명이다.

- 1 g당 9 kcal의 열량을 낸다.
- 에너지원과 몸의 구성 성분으로 사용된다.
- 땅콩, 버터, 식용유 등에 많이 들어 있다.

이에 해당하는 영양소는?

① 지방 ② 녹말 ③ 단백질
④ 포도당 ⑤ 바이타민

02 그림은 사람의 소화 기관을 나타낸 것이다. 이에 대한 설명으로 옳은 것을 〈보기〉에서 모두 고른 것은?

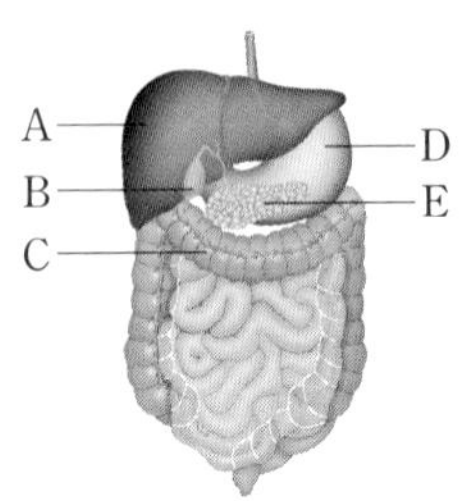

보기
ㄱ. A에서는 소화 효소는 없지만 지방의 소화를 돕는 물질이 생성된다.
ㄴ. B에는 지방 소화 효소가 들어 있다.
ㄷ. C에서는 영양소의 분해는 일어나지 않고, 주로 물의 흡수가 일어난다.
ㄹ. D에서는 염산과 트립신이 분비된다.
ㅁ. E는 음식물이 지나가지 않으며, 이자액을 만들어 소장으로 분비한다.

① ㄱ, ㄴ, ㄷ ② ㄱ, ㄷ, ㅁ ③ ㄴ, ㄷ, ㄹ
④ ㄴ, ㄷ, ㅁ ⑤ ㄷ, ㅁ, ㅂ

03 그림은 소장의 융털을 나타낸 것이다. A와 B로 흡수되는 영양소를 옳게 짝 지은 것은?

	A	B
①	포도당	아미노산
②	포도당	모노글리세리드
③	지방산	아미노산
④	지방산	모노글리세리드
⑤	바이타민 B	무기 염류

04 다음에서 설명하는 소화 기관을 쓰시오.

- 소화 효소가 분비되지 않는다.
- 소장에서 흡수하지 못한 물을 흡수한다.

( )

05 그림은 사람의 심장을 나타낸 것이다. 심장 밖으로 혈액을 내보내는 부분으로 옳은 것은?

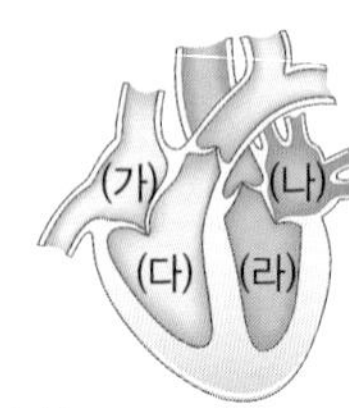

① (가), (나) ② (가), (다)
③ (가), (라) ④ (나), (라)
⑤ (다), (라)

06 그림은 사람의 혈관을 나타낸 것이다. A에 대한 설명으로 옳은 것은?

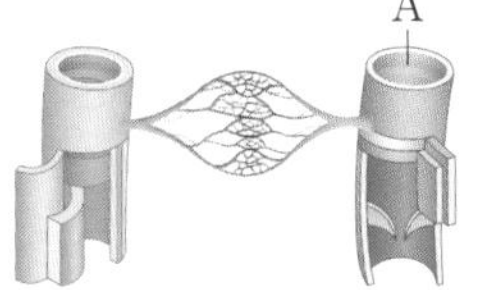

① 판막이 있다.
② 혈관의 탄력성이 가장 크다.
③ 혈류의 속도가 가장 빠르다.
④ 조직 세포와 물질 교환을 한다.
⑤ 한 겹의 세포층으로 이루어져 있다.

07 그림은 혈액의 성분을 나타낸 것이다. A의 기능으로 옳은 것은?

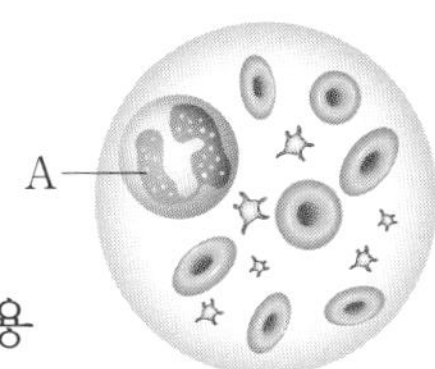

① 산소 운반　　② 식균 작용
③ 혈액 응고　　④ 운반 작용
⑤ 체온 조절

08 그림은 혈액의 순환을 나타낸 것이다. 폐에서 산소를 공급받고 이산화 탄소를 배출하는 순환 경로를 옳게 나타낸 것은?

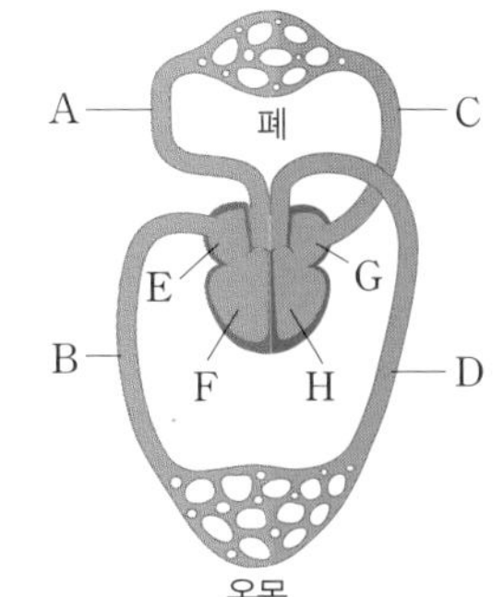

① A → C → D → B
② E → B → D → H
③ F → A → C → G
④ G → C → A → F
⑤ H → D → B → E

09 그림은 공기를 들이마실 때의 호흡 기관을 나타낸 것이다. 이에 대한 설명으로 옳은 것은?

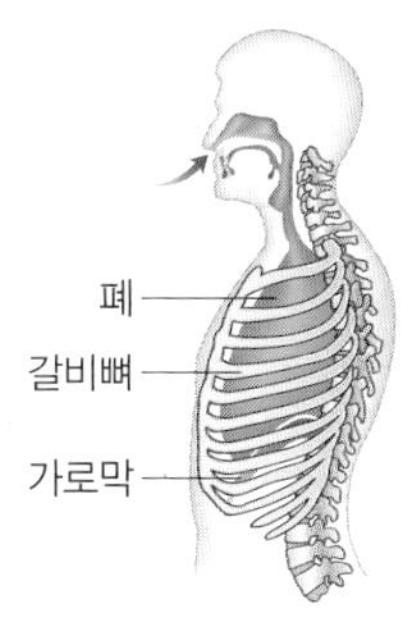

① 폐가 작아진다.
② 날숨을 나타낸 것이다.
③ 흉강의 압력이 낮아진다.
④ 흉강의 부피가 감소한다.
⑤ 공기가 폐에서 외부로 나간다.

10 그림은 폐와 조직 세포에서의 기체 교환을 나타낸 것이다.

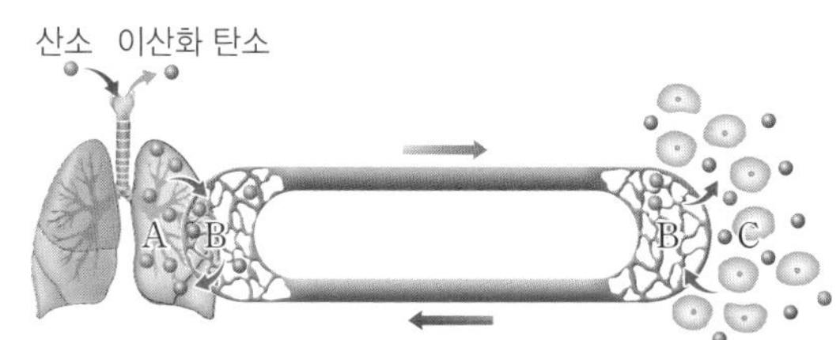

각 부분에서의 산소와 이산화 탄소의 농도를 옳게 나타낸 것은?

	산소	이산화 탄소
①	A=B=C	A=B=C
②	A>B>C	A>B>C
③	A<B<C	A<B<C
④	A>B>C	A<B<C
⑤	A<B<C	A>B>C

6일 누구나 100점 테스트 2회

01 그림은 사람의 배설 기관을 나타낸 것이다. 각 구조에 대한 설명으로 옳지 않은 것은?

① A－네프론이 있다.

② A－혈액 속 노폐물이 걸러진다.

③ B－오줌관으로, A와 C를 연결한다.

④ C－오줌을 생성한다.

⑤ C－오줌이 일정량이 되면 요도를 통해 몸 밖으로 내보낸다.

02 그림은 사람의 콩팥에서 오줌이 생성되는 과정을 나타낸 것이다.

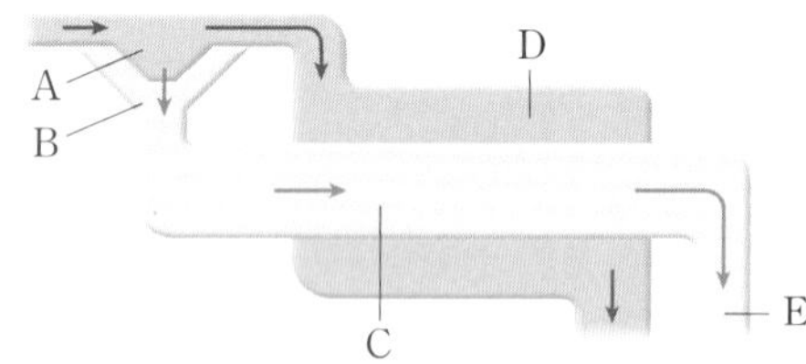

재흡수가 일어나는 방향은?

① A → B　② B → A

③ C → D　④ D → C

⑤ C → E

03 물질의 분류에 맞게 모두 옳게 짝 지은 것은?

	균일 혼합물	불균일 혼합물	순물질
①	식초	공기	우유
②	구리	헬륨	암석
③	산소	공기	흙탕물
④	설탕물	흙탕물	금
⑤	물	식초	공기

04 다음은 세 학생이 순수한 물과 소금물을 가열할 때 나타나는 온도 변화에 대해 이야기를 나눈 것이다.

옳게 말한 학생을 모두 고른 것은?

① 혜원　② 도현　③ 은송

④ 혜원, 도현　⑤ 도현, 은송

05 그래프는 액체 물질 A～C의 가열 곡선이다.

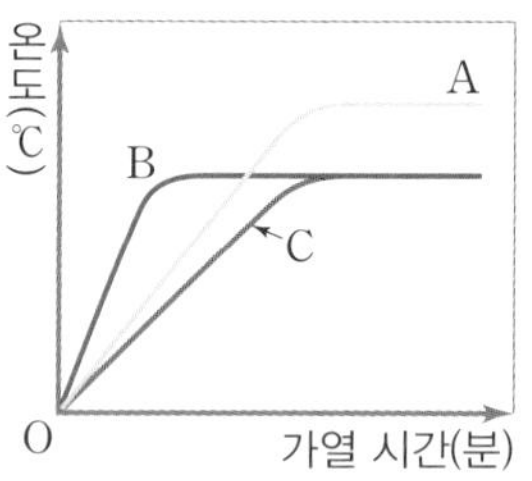

이에 대한 설명으로 옳지 않은 것은? (단, 외부 압력과 가열하는 불꽃의 세기는 모두 같다.)

① A～C는 모두 순물질이다.

② B와 C는 같은 물질이다.

③ C는 B보다 양이 많다.

④ B가 가장 먼저 끓기 시작한다.

⑤ C의 양이 많아지면 가열 곡선에서 수평한 부분의 온도가 높아진다.

06 그림은 액체 A~D를 컵에 넣었더니 층을 이룬 모습이고, 표는 액체 A~D의 밀도를 나타낸 것이다.

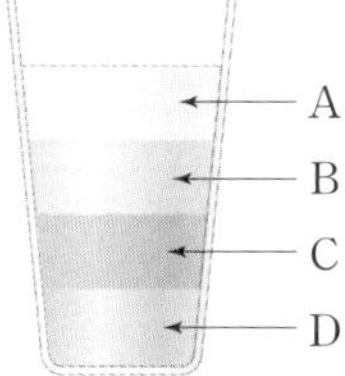

물질	A	B	C	D
밀도(g/cm^3)	0.8	1.0	1.6	5.4

위의 컵에 질량이 8.1 g, 부피가 3.0 cm^{3}인 금속 조각을 넣었을 때 금속 조각의 위치로 옳은 것은?

① A의 위 ② A와 B 사이
③ B와 C 사이 ④ C와 D 사이
⑤ D의 아래

07 다음은 여름철에 외출했다가 집에 돌아온 민수와 윤아의 대화이다.

> 민수: 식탁에 있던 탄산음료를 마셨더니 톡 쏘는 맛이 안 나.
> 윤아: 냉장고에 보관했다면 톡 쏘는 맛이 좀더 강하게 났을 텐데.

탄산음료가 든 병을 차게 보관하면 톡 쏘는 맛이 더 강한 이유로 옳은 것은?

① 압력이 높을수록 기체의 용해도가 증가하기 때문
② 압력이 낮을수록 기체의 용해도가 증가하기 때문
③ 온도가 높을수록 기체의 용해도가 증가하기 때문
④ 온도가 낮을수록 기체의 용해도가 증가하기 때문
⑤ 압력이 높을수록 물질의 끓는점이 높아지기 때문

08 그래프는 어떤 고체 물질의 용해도 곡선이다. 이에 대한 설명으로 옳지 않은 것은? (단, 용액 A~C의 용매는 100 g이다.)

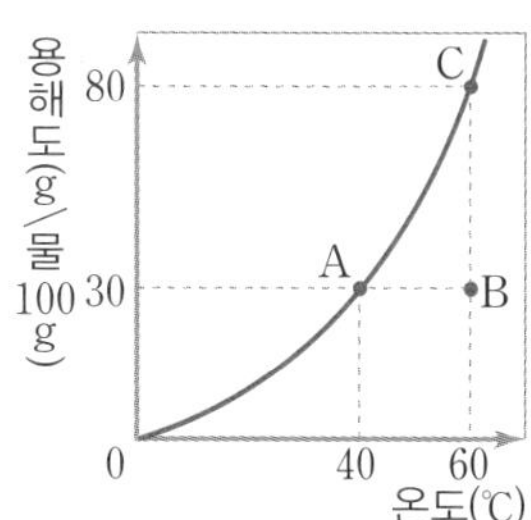

① A는 포화 용액이다.
② B에서 용질 50 g을 더 녹이면 포화 용액이 된다.
③ C 용액을 40 ℃로 낮추면 용질 30 g이 석출된다.
④ 40 ℃일 때 고체 물질의 용해도는 30 g/물 100 g이다.
⑤ 60 ℃ 물 50 g에 용질이 최대 40 g 녹을 수 있다.

09 바다로 유출된 기름을 제거할 때 이용되는 물질의 특성은?

① 밀도 ② 용해도 ③ 녹는점
④ 끓는점 ⑤ 어는점

10 그림은 액체 혼합물을 분리하기 위한 실험 장치와 이 혼합물의 가열 곡선이다.

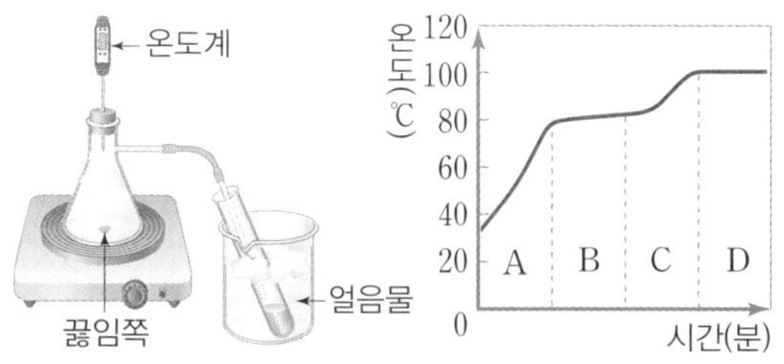

이에 대한 설명으로 옳지 않은 것은?

① 액체 혼합물은 두 종류 이상의 순물질을 포함한다.
② B 구간에서 끓는점이 낮은 물질이 끓어 나온다.
③ D 구간에서 끓는점이 높은 물질이 끓어 나온다.
④ D 구간은 끓는 동안 온도가 계속 높아진다.
⑤ 끓는점 차를 이용하여 증류한 것이다.

서술형·사고력 테스트

01 다음 글을 읽고 물음에 답하시오.

밥을 오래 씹을수록 단맛이 나는 까닭을 다음 용어를 모두 포함하여 서술하시오

침 속	아밀레이스	녹말	엿당

02 그림은 소화 기관에서 단백질이 소화되는 과정을 나타낸 것이다.

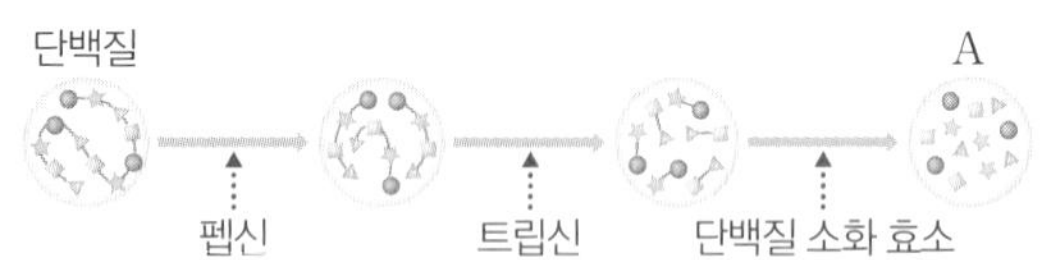

(1) A의 이름을 쓰시오.

( )

(2) 단백질이 A로 소화되어야 하는 까닭을 서술하시오.

03 그림은 사람의 심장을 나타낸 것이다.

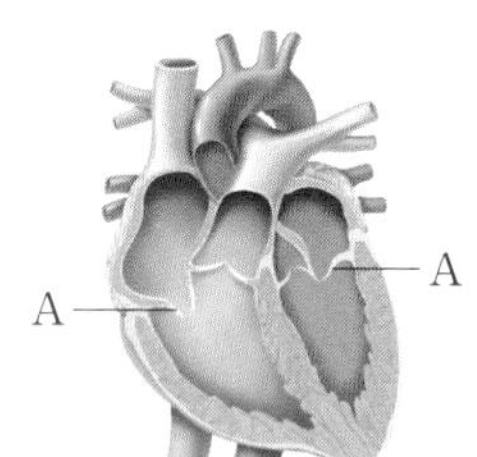

(1) A의 이름을 쓰시오.

( )

(2) A의 기능을 서술하시오.

04 표는 혈장과 여과액 및 오줌의 성분을 비교한 것이다.

(단위: %)

구분	혈장	여과액	오줌
물	92~93	92~93	95
단백질	8.0	0	0
포도당	0.1	0.1	0
요소	0.03	0.03	2.0
아미노산	0.05	0.05	0
무기 염류	0.90	0.90	0.90

포도당과 아미노산이 오줌에서 검출되지 않은 까닭을 다음 용어를 모두 포함하여 서술하시오.

세뇨관	모세 혈관	재흡수

05 다음은 잠수병에 대한 설명이다.

> 깊은 바닷속에 있던 잠수부가 너무 빨리 수면으로 올라오면 ( )이 급격히 낮아져 혈액 속에 녹아 있던 질소 기체가 기포를 형성하면서 통증을 유발하는 잠수병이 나타난다.

(1) 빈칸에 들어갈 알맞은 말을 쓰시오.

( )

(2) 혈액에 녹아 있던 질소가 기포로 변하는 이유를 기체의 용해도와 관련지어 서술하시오.

06 그래프는 염화 나트륨과 붕산의 용해도 곡선이다.

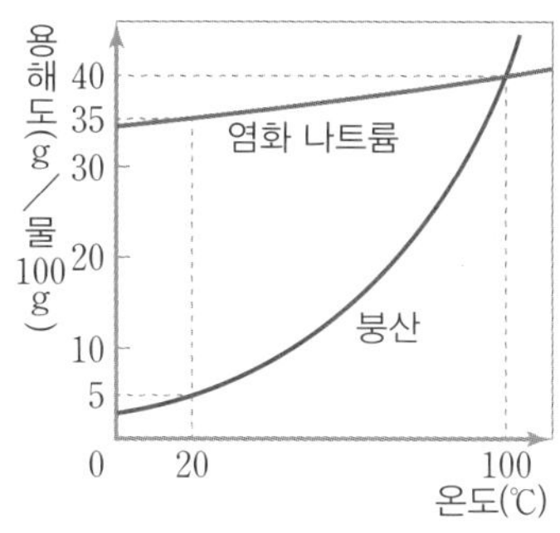

(1) 100 ℃의 물 100 g에 염화 나트륨과 붕산을 각각 30 g씩 녹인 후 20 ℃로 냉각시켰을 때 석출되는 물질을 쓰고, 석출량을 구하시오.

( )

(2) (1)과 같은 현상이 나타나는 까닭을 두 물질의 온도에 따른 용해도 변화와 관련지어 서술하시오.

07 표는 물과 액체 A, B의 성질을 나타낸 것이고, 그림 (가)~(다)는 혼합물을 분리하는 장치를 나타낸 것이다.

구분	밀도(g/cm^3)	끓는점(℃)	용해성
물	1.00	100	A와 잘 섞인다.
A	0.78	56.1	물, B와 잘 섞인다.
B	0.92	270	물과 섞이지 않는다.

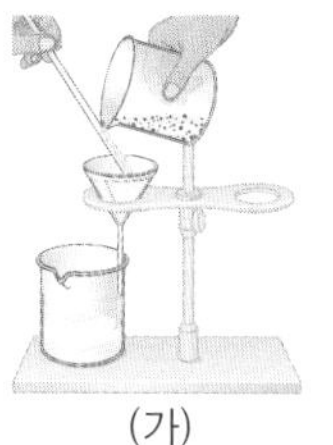
(가)

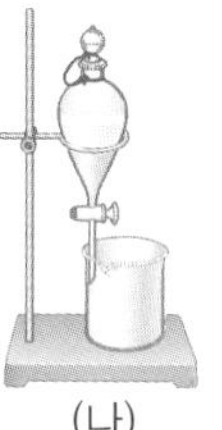
(나)

(다)

(1) 물과 액체 A가 섞인 혼합물을 분리하기에 가장 적절한 장치를 쓰고, 그 이유를 서술하시오.

(2) 물과 액체 B가 섞인 혼합물을 밀도 차를 이용하여 분리하기에 가장 적절한 장치를 쓰고, 그 이유를 서술하시오.

08 그림은 물질 A~E의 크로마토그래피 결과이다. B~E 중에서 혼합물 A에 들어 있는 순물질 성분의 기호를 모두 쓰고, 그렇게 생각한 까닭을 '용매', '속도'라는 용어를 사용하여 서술하시오.

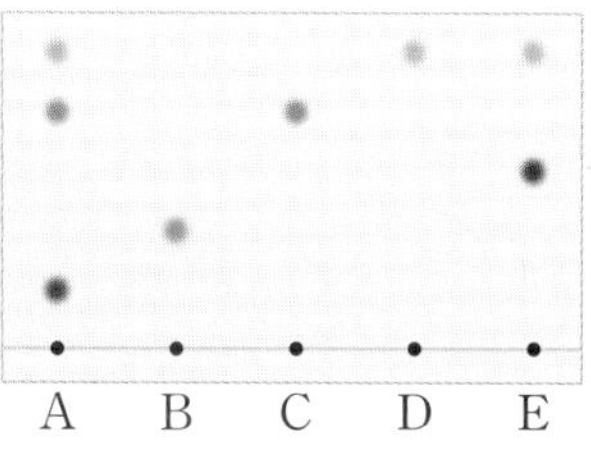

[범위] Ⅴ. 동물과 에너지 ▸ 소화 ~ Ⅵ. 물질의 특성 ▸ 혼합물의 분리

6일 창의·융합·코딩 테스트

창의

01 다음은 영양소에 대한 세 학생의 대화 내용이다.

옳지 않게 말한 학생을 쓰고, 내용을 옳게 고치시오.

코딩

02 그림은 영양소를 소화 과정에 따라 구분하는 과정을 나타낸 것이다.

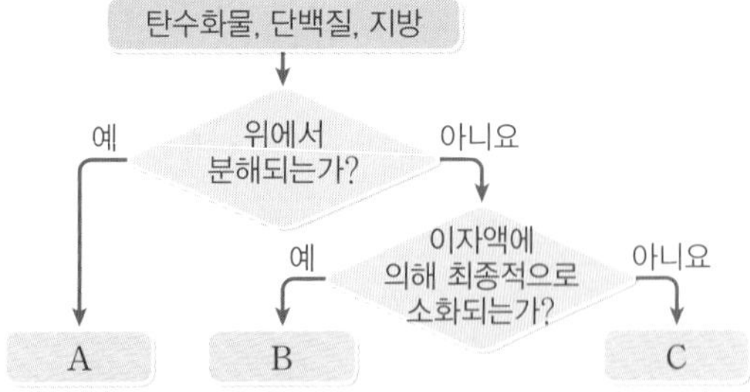

A~C에 해당하는 영양소를 쓰시오.

A: ( )

B: ( )

C: ( )

창의 융합

03 다음 글은 셰르파에 대한 내용이고, 표는 두 사람 A와 B의 혈액 1 mm^3에 들어 있는 혈구의 수를 정상인과 비교하여 나타낸 것이다.

셰르파는 히말라야 산악인들의 짐을 들어 주는 사람들로, 네팔과 인도 시킴 주의 고산지대에 사는 산악 부족을 가리키는 말이다. 이들은 평지에 비해 산소가 희박한 곳에서도 잘 살아가기 때문에 일반인들이 겪게 되는 고산병을 겪지 않는다.

(단위: 개)

사람	A	B	정상인
적혈구	750만	490만	450만~500만
백혈구	8천	2만	7천~1만
혈소판	29만	30만	20만~30만

(1) A와 B 중 고산지대에 사는 사람이라고 추정되는 사람은 누구이며, 그렇게 생각한 까닭을 서술하시오.

(2) B의 혈구 구성을 통해서 추측할 수 있는 사실을 그렇게 생각한 까닭과 함께 서술하시오.

창의

04 다음은 눈이 온 다음 날 은하와 영수가 나눈 대화이다.

눈 쌓인 도로에 염화 칼슘을 뿌리면 눈이 녹은 물이 쉽게 얼지 않는 이유를 어는점과 관련지어 서술하시오.

창의

05 다음 대화를 보고 물음에 답하시오.

(1) 신선한 달걀(A), 오래된 달걀(B), 소금물(C)의 밀도를 비교하시오.

( )

(2) 소금물을 이용하여 신선한 달걀과 오래된 달걀을 구별하는 방법을 서술하시오.

코딩

06 표는 물, 식용유, 소금, 모래의 성질을 나타낸 것이고, 그림은 이 물질들이 섞여 있는 혼합물을 분리하는 과정을 나타낸 것이다.

구분	물질의 특성
물	어는점은 0 °C, 끓는점은 100 °C, 밀도는 약 1 g/cm^{3}이다.
식용유	물과 잘 섞이지 않으며 물보다 밀도가 작다.
소금	물에 잘 녹으며, 녹는점은 801 °C이다. 온도에 따른 용해도 차가 작다.
모래	물에 녹지 않으며 물보다 밀도가 크다.

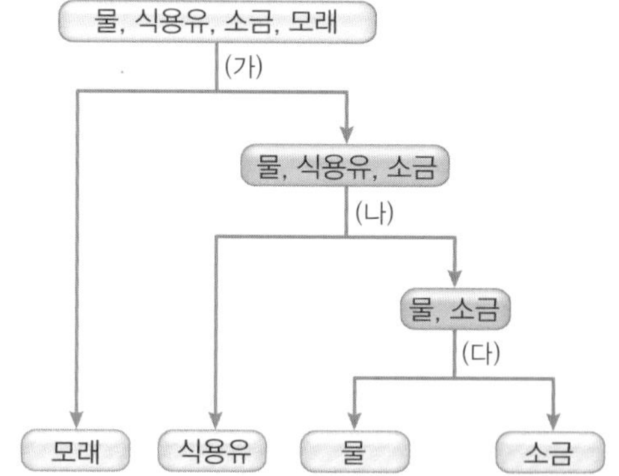

(1) (가), (다)에서 혼합물을 분리할 때 사용하는 물질의 특성을 쓰시오.

(가): ( )

(다): ( )

(2) (나)에서 혼합물을 분리하는 방법을 아래 내용을 포함하여 서술하시오.

- 이용하는 물질의 특성
- 분리에 사용하는 도구

7일 학교시험 기본 테스트 1회

[범위] V. 동물과 에너지 ▶ 소화 ~ VI. 물질의 특성 ▶ 혼합물의 분리

01 다음은 어떤 음료수에 들어 있는 영양소를 검출하는 실험 과정이다.

[실험 과정]
(가) 음료수를 시험관 A~D에 각각 4 mL씩 넣는다.
(나) 그림과 같이 각 시험관에 용액을 넣고 시험관 B만 가열한 후 색깔 변화를 관찰한다.

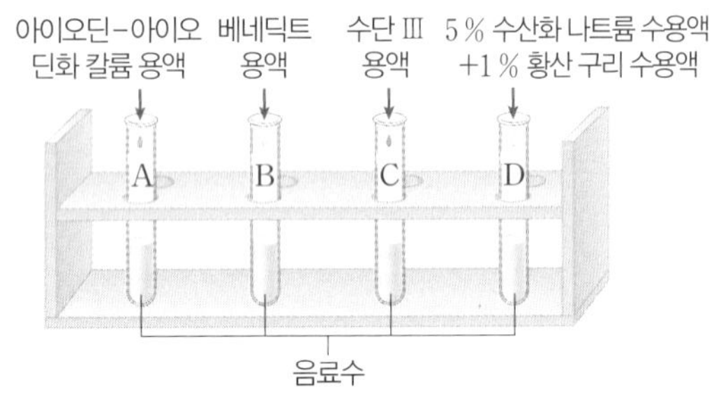

실험 결과가 다음과 같을 때 음료수 속에 들어 있는 영양소를 모두 쓰시오.

시험관	A	B	C	D
색깔 변화	변화 없음	황적색	선홍색	보라색

( )

02 다음은 지방이 소화되는 과정을 나타낸 것이다.

지방 —라이페이스→ 지방산, 모노글리세리드

이러한 지방의 소화가 일어나는 소화 기관으로 옳은 것은?

① 위 ② 간 ③ 식도
④ 소장 ⑤ 대장

03 그림은 사람의 소화 기관을 나타낸 것이다. A에서 분비되는 소화액의 이름을 쓰고, 특징을 두 가지 서술하시오.

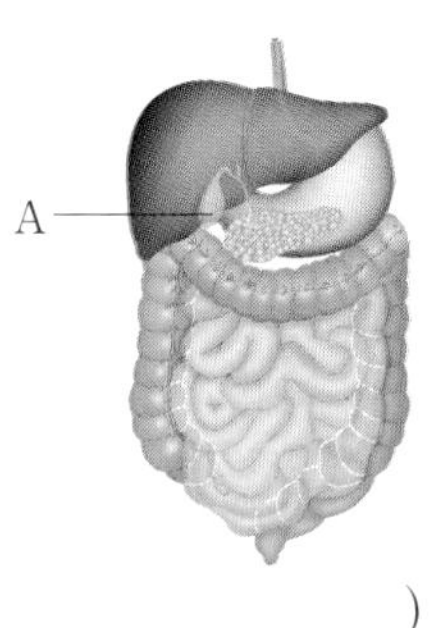

( )

04 그림은 소장의 구조를 나타낸 것이다. 이러한 구조가 갖는 장점으로 옳은 것은?

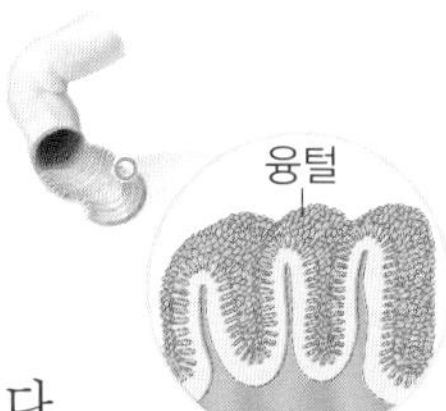

① 음식물이 잘 부숴진다.
② 소화액이 음식물과 잘 섞인다.
③ 음식물을 한 쪽 방향으로 이동시킨다.
④ 음식물을 소장에서 오래 머무르게 한다.
⑤ 영양소가 흡수될 수 있는 표면적이 증가한다.

05 그림은 사람의 혈관을 나타낸 것이다.

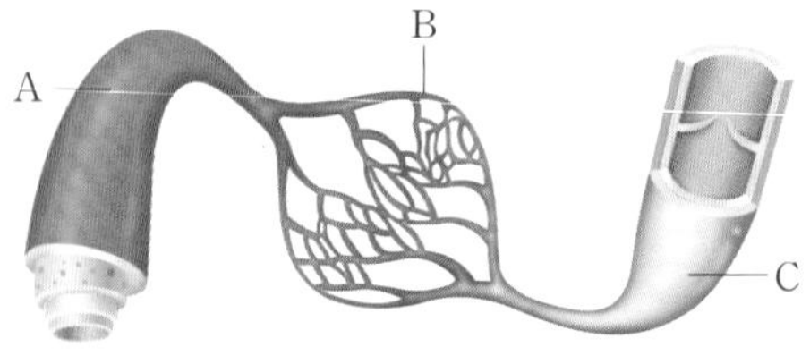

혈압의 크기가 큰 순서대로 기호를 나열한 것은?

① A−B−C ② A−C−B
③ B−A−C ④ B−C−A
⑤ C−B−A

06 그림은 사람의 몸에서 혈액이 순환하는 과정을 나타낸 것이다.

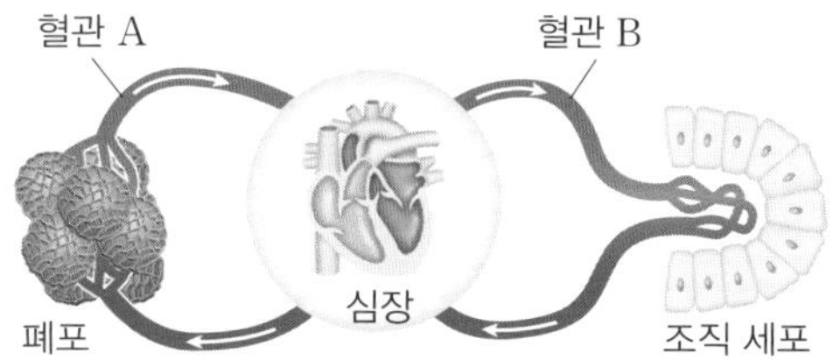

이에 대한 설명으로 옳은 것은? (단, 화살표는 혈액의 이동 방향이다.)

① 폐와 심장을 연결하는 혈관 A는 동맥이다.
② A에 흐르는 혈액은 이산화 탄소가 가장 많이 포함되어 있다.
③ B에는 판막이 있어 혈액이 거꾸로 흐르지 못한다.
④ B는 대동맥으로, 산소가 많이 포함된 동맥혈이 흐른다.
⑤ 혈액이 폐에서 심장을 거쳐 조직으로 흐르는 순환을 온몸 순환이라고 한다.

07 그림은 사람 폐의 일부분을 나타낸 것이다.

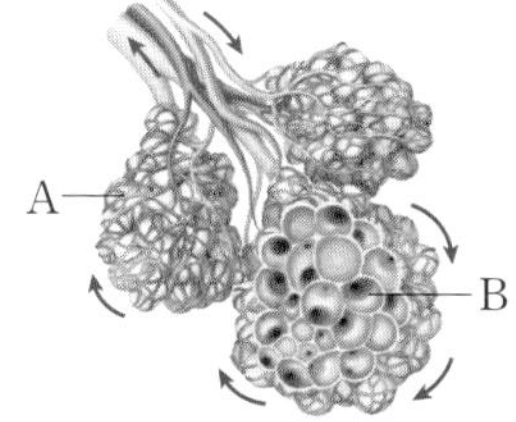

A와 B 사이에서 일어나는 작용으로 옳은 것은?

① 에너지의 생산
② 영양분의 흡수
③ 공기와 수분의 교환
④ 영양분과 노폐물의 교환
⑤ 산소와 이산화 탄소의 교환

08 그림은 호흡 운동의 모형을 나타낸 것이다. 고무막을 아래로 잡아당길 때 나타나는 현상과 이와 관련하여 우리 몸에서 일어나는 호흡의 종류를 옳게 짝 지은 것은?

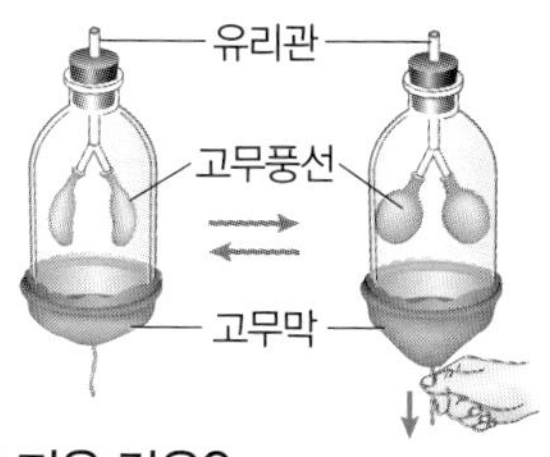

	내부 기압	공기의 이동	호흡의 종류
①	높아진다	안 → 밖	들숨
②	높아진다	밖 → 안	날숨
③	낮아진다	안 → 밖	들숨
④	낮아진다	안 → 밖	날숨
⑤	낮아진다	밖 → 안	들숨

09 그림은 사람의 배설 기관을 나타낸 것이다. 오줌이 생성되는 곳의 기호와 이름을 쓰시오.

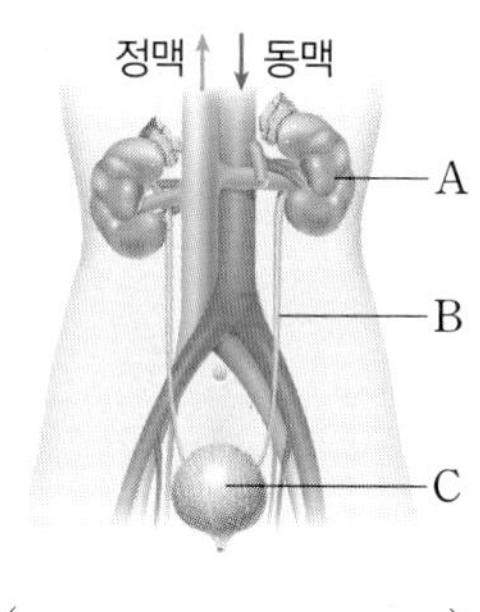

(   )

10 그림은 콩팥의 일부를 나타낸 것이다.

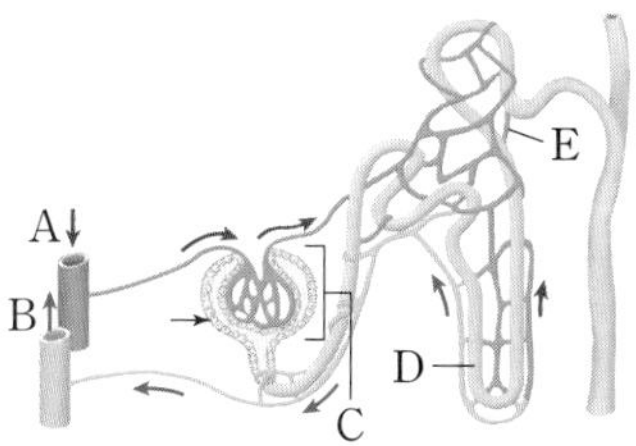

여과 작용이 일어나는 부분은?

① A ② B ③ C ④ D ⑤ E

7일 학교시험 기본 테스트 1회

11 물질의 특성에 대한 설명으로 옳지 않은 것은?

① 물질의 종류를 구별할 수 있는 성질이다.
② 겉보기 성질은 물질의 특성이다.
③ 같은 물질이라도 양에 따라 달라진다.
④ 그 물질만이 나타내는 고유한 성질이다.
⑤ 질량과 부피는 물질의 특성이 될 수 없다.

12 다음은 물질의 분류를 나타낸 것이다.

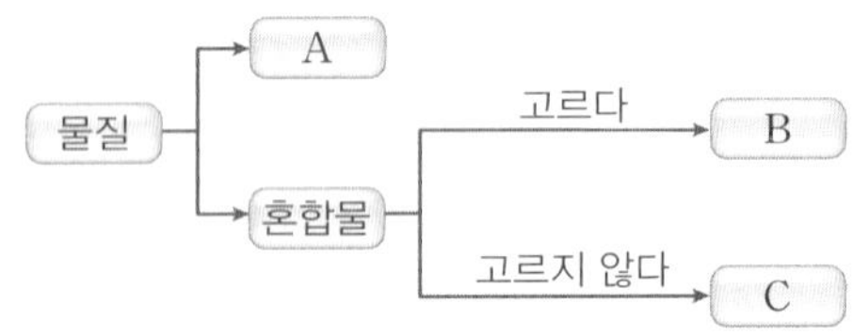

A~C에 해당하는 물질을 옳게 짝 지은 것은?

	A	B	C
①	금	소금물	암석
②	설탕물	우유	사이다
③	공기	소금	에탄올
④	증류수	흙탕물	산소
⑤	식초	구리	과일 주스

13 다음은 생활 속에서 혼합물을 이용하는 사례이다.

- 납과 주석 등의 합금으로 퓨즈를 만든다.
- 눈이 쌓인 도로에 염화 칼슘을 뿌린다.

위 사례에서 공통으로 이용된 혼합물의 성질은?

① 순물질은 끓는점이 일정하다.
② 혼합물은 순물질보다 단단하다.
③ 혼합물은 순물질보다 끓는점이 높다.
④ 혼합물은 순물질보다 어는점이 낮다.
⑤ 혼합물의 밀도는 성분 물질의 혼합 비율에 따라 달라진다.

14 그래프는 어떤 고체 물질의 가열·냉각 곡선이다.

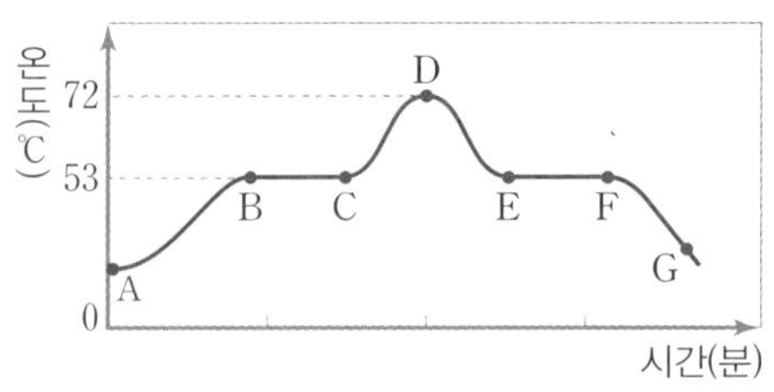

이에 대한 설명으로 옳지 않은 것은?

① 이 물질의 녹는점은 53 ℃이다.
② 이 물질의 녹는점과 어는점은 서로 다르다.
③ AB와 FG 구간에서는 물질이 고체로 존재한다.
④ 물질의 양을 늘리면 BC 구간의 길이가 길어진다.
⑤ BC 구간에서는 가해 준 열에너지가 모두 상태 변화에 쓰인다.

15 그림 (가)와 같이 장치하고 에탄올을 서서히 가열하여 (나)와 같은 가열 곡선을 얻었다.

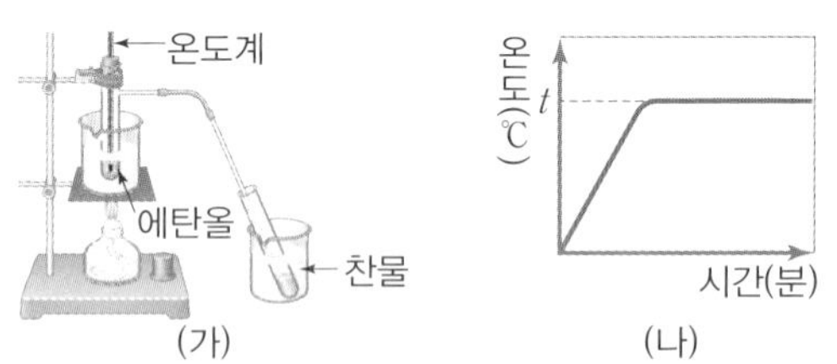

온도 t를 변화시킬 수 있는 요인을 〈보기〉에서 모두 고른 것은?

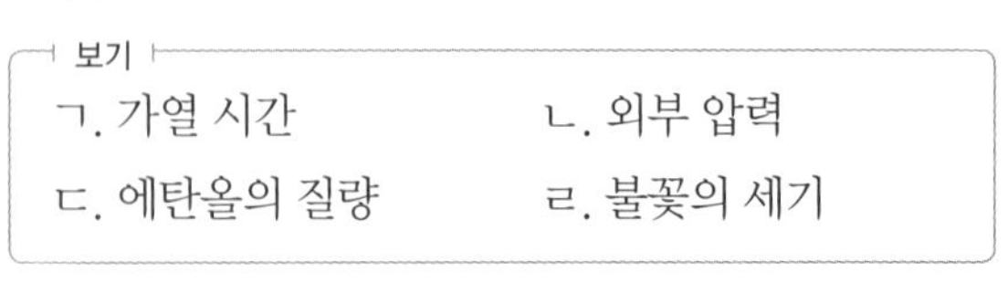
보기
ㄱ. 가열 시간
ㄴ. 외부 압력
ㄷ. 에탄올의 질량
ㄹ. 불꽃의 세기

① ㄱ ② ㄴ ③ ㄱ, ㄷ
④ ㄴ, ㄹ ⑤ ㄷ, ㄹ

16 다음은 압력솥을 이용하면 일반 솥을 이용할 때보다 밥을 더 빨리 지을 수 있는 까닭에 대한 설명이다. ㉠, ㉡에 들어갈 알맞은 말을 쓰시오.

> 압력솥은 일반 솥보다 솥 안의 압력이 (㉠) 때문에 물이 100 ℃보다 (㉡) 온도에서 끓게 되므로 음식을 익히는 데 필요한 시간이 줄어든다.

㉠: ( ), ㉡: ( )

17 영신이는 지우개의 밀도를 측정하려고 지우개 한 개를 그림과 같이 잘라서 밀도를 측정하였다.

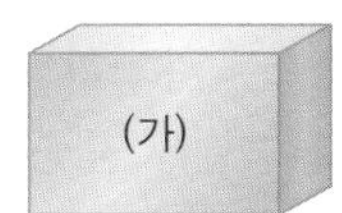

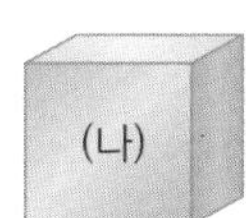

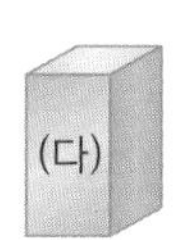

지우개 조각의 부피비가 (가) : (나) : (다)=3 : 2 : 1일 때, 지우개 조각 (가)~(다)의 밀도비를 쓰시오.

(가) : (나) : (다)=( )

18 그래프는 액체 물질 (가)~(라)의 질량과 부피를 측정한 결과이다. 이에 대한 설명으로 옳지 않은 것은?

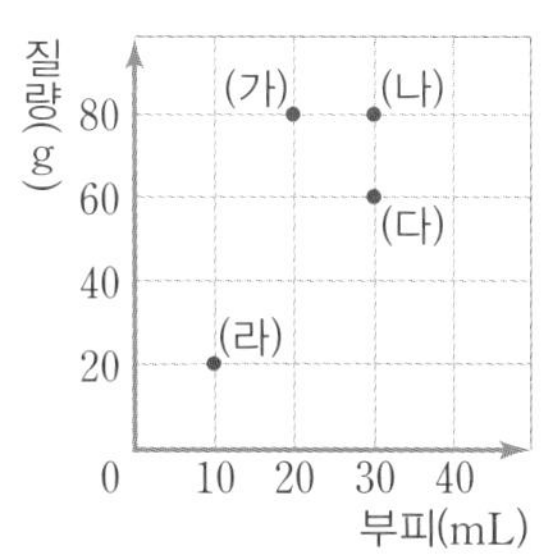

① (가)의 밀도는 4 g/mL이다.
② (가)의 밀도는 (라)의 2배이다.
③ (다)와 (라)는 같은 물질이다.
④ (나)와 (다)를 한 컵에 넣으면 (나)가 위로 뜬다.
⑤ 같은 부피일 때, (가)의 질량은 (라) 질량의 2배이다.

19 물질의 용해도에 대한 설명으로 옳지 않은 것은?

① 저어 주는 시간에 따라 달라진다.
② 용매 100 g에 최대한 녹인 용질의 양을 나타낸다.
③ 같은 용질이라도 용매의 종류에 따라 용해도가 달라진다.
④ 온도나 압력에 따라 변하지만, 물질을 구별하는 특성이 된다.
⑤ 용매 100 g에 용질을 용해도만큼 녹이면 포화 용액이 된다.

20 그림과 같이 (가) 감압 용기에 탄산음료를 넣고 뚜껑을 닫은 후, (나) 감압 용기 안의 공기를 조금씩 빼내면서 발생하는 기포의 양을 관찰하였다.

이 실험에 대한 설명으로 옳은 것은?

① 기체의 용해도는 (가)<(나)이다.
② 기포 발생량은 (가)>(나)이다.
③ 기체의 용해도가 클수록 기포가 많이 발생한다.
④ 탄산음료의 마개를 열면 거품이 올라오는 현상을 설명할 수 있다.
⑤ 더운 여름 물고기들이 수면 위로 입을 내밀고 뻐끔거리는 현상을 설명할 수 있다.

[범위] V. 동물과 에너지 ▶ 소화 ~ VI. 물질의 특성 ▶ 혼합물의 분리

7일 학교시험 기본 테스트 2회

01 그림은 우리가 섭취하는 음식물을 나타낸 것이다.

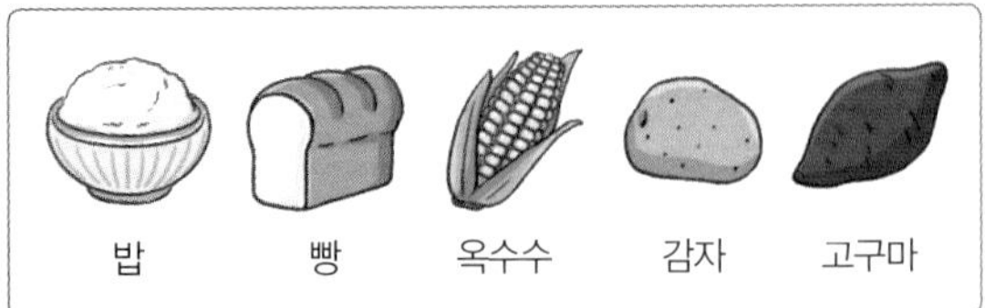

이 음식물에 많이 포함되어 있는 영양소는?

① 지방 ② 물 ③ 단백질
④ 바이타민 ⑤ 탄수화물

02 다음은 침의 소화 작용을 알아보는 실험 과정이다.

(가) 묽은 녹말 용액 5 mL가 든 시험관 A~C에 묽은 침을 1 mL씩 넣은 후 각각 얼음, 35~38 ℃의 물, 100 ℃의 물에 담가 두었다.
(나) 10분 후 그림과 같이 각 시험관의 용액을 덜어내어 아이오딘－아이오딘화 칼륨 용액을 떨어뜨리고 색깔 변화를 관찰하였다.

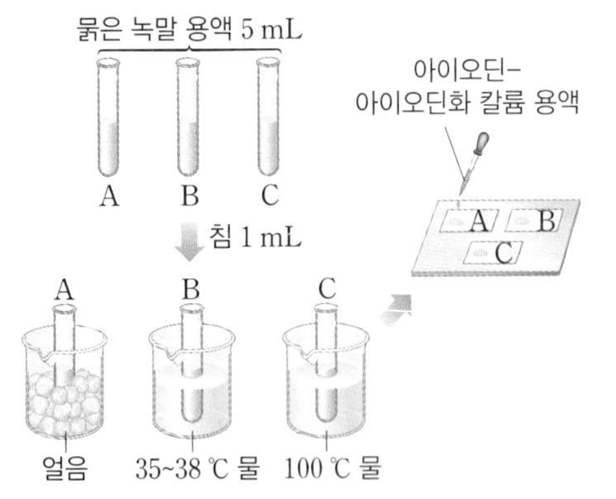

반응 결과 청람색을 나타내는 시험관을 옳게 짝 지은 것은?

① A ② B ③ A, B
④ A, C ⑤ B, C

03 다음 설명에 해당하는 영양소는?

- 부족하면 결핍증이 나타난다.
- 매일 일정한 양을 섭취해야 한다.
- 적은 양으로 몸의 기능 조절에 관여한다.

① 물 ② 단백질 ③ 탄수화물
④ 바이타민 ⑤ 무기 염류

04 그림은 각 소화 기관에서 영양소 A의 소화 과정을 나타낸 것이다. 영양소 A는 녹말, 단백질, 지방 중 하나이다.

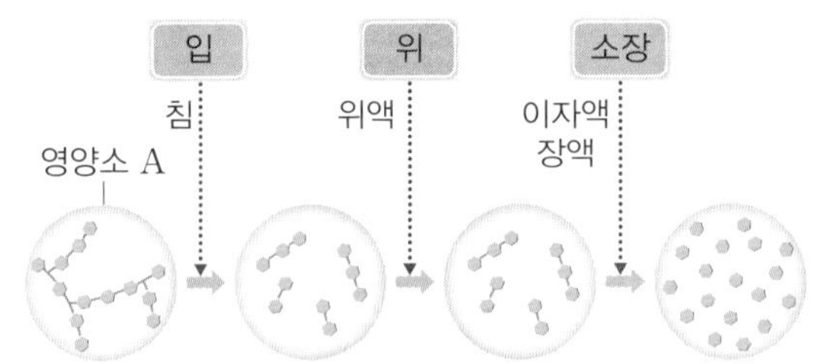

영양소 A의 이름을 쓰시오.

( )

05 그림은 혈액의 구성 성분을 나타낸 것이다. 산소를 운반하는 혈액 성분의 기호와 이름을 쓰시오.

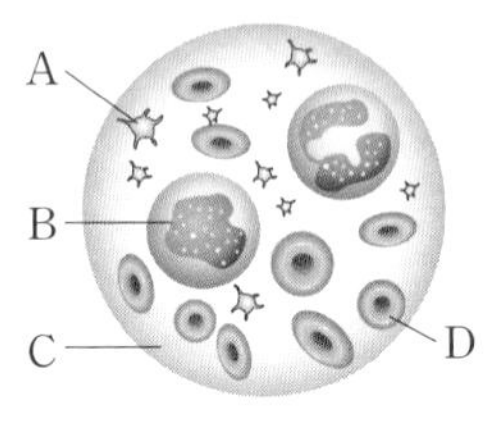

( )

06 그림은 사람의 심장을 나타낸 것이다. 혈액을 받아들이는 곳으로, 정맥과 연결되는 부분을 옳게 나타낸 것은?

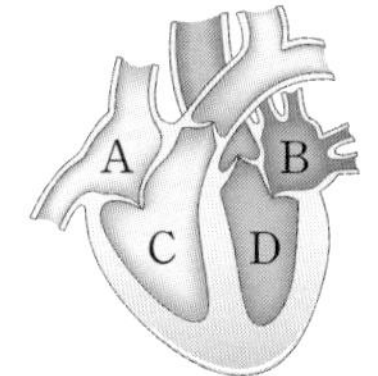

① A, B ② A, C
③ A, D ④ B, D
⑤ C, D

07 그림은 호흡 운동이 일어날 때의 변화를 나타낸 것이다. 폐가 스스로 운동하지 못하고 가로막과 갈비뼈에 의해 호흡 운동이 일어나는 까닭을 서술하시오.

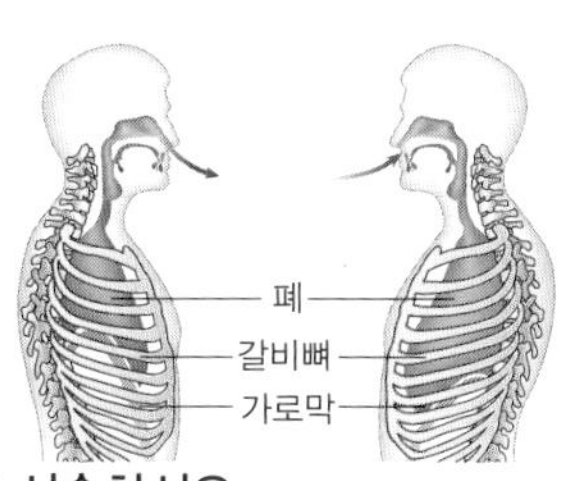

( )

08 그림은 폐포에서의 기체 교환을 나타낸 것이다. A와 B에서의 산소와 이산화 탄소의 농도를 옳게 비교한 것은?

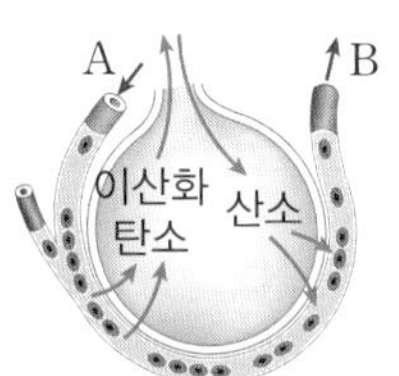

	산소의 농도	이산화 탄소의 농도
①	A＞B	A＞B
②	A＞B	A＜B
③	A＝B	A＝B
④	A＜B	A＞B
⑤	A＜B	A＜B

09 그림은 콩팥의 구조를 나타낸 것이다. 각 구조에 대한 설명으로 옳지 않은 것은?

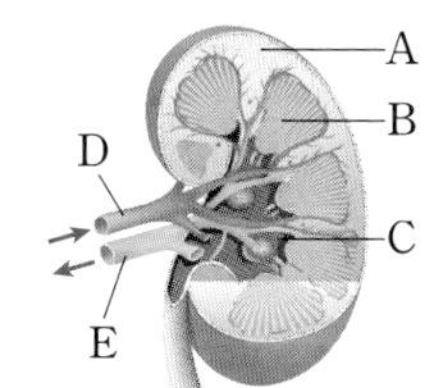

① A－콩팥 겉질이다.
② B－세뇨관이 분포한다.
③ C－네프론에서 생성된 오줌이 모인다.
④ D－콩팥 동맥이다.
⑤ E－노폐물의 농도가 높은 혈액이 흐른다.

10 그림은 기관계의 유기적 작용을 나타낸 것이다.

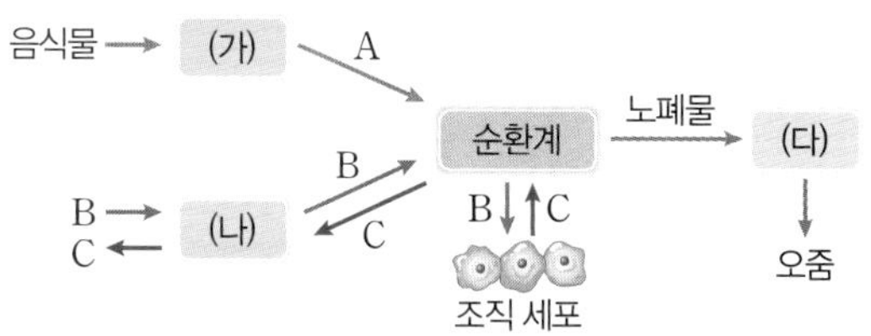

이에 대한 설명으로 옳은 것을 〈보기〉에서 모두 고른 것은?

보기
ㄱ. (가)는 호흡계, (나)는 소화계, (다)는 배설계이다.
ㄴ. A가 세포 호흡에 의해 분해되면 C가 생성된다.
ㄷ. B는 주로 혈장에 녹아 운반된다.

① ㄱ ② ㄴ ③ ㄷ
④ ㄱ, ㄴ ⑤ ㄴ, ㄷ

7일 학교시험 기본 테스트 2회

11 그림과 같이 물이 5 g씩 들어 있는 시험관 A~D에 질산 칼륨을 2 g, 4 g, 6 g, 8 g씩 순서대로 각각 넣고 가열하여 모두 녹인 후, 냉각시키면서 결정이 석출되는 온도를 측정하였다. 이에 대한 설명으로 옳은 것을 〈보기〉에서 모두 고른 것은?

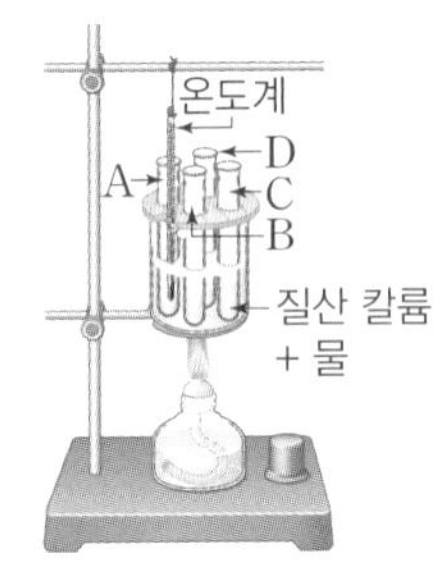

보기
ㄱ. 결정이 가장 먼저 생기는 시험관은 D이다.
ㄴ. 결정이 석출되기 시작할 때의 용액은 포화 상태이다.
ㄷ. A 시험관에서 결정이 석출되기 시작하는 온도가 24 °C였다면, 이 온도에서 질산 칼륨의 용해도는 2이다.

① ㄱ ② ㄴ ③ ㄷ
④ ㄱ, ㄴ ⑤ ㄱ, ㄷ

12 그림은 물이 부족한 섬에서 바닷물을 이용하여 식수를 얻는 과정을 나타낸 것이다.

이와 같은 혼합물의 분리 방법과 이때 이용되는 물질의 특성을 옳게 짝 지은 것은?

	분리 방법	물질의 특성
①	거름	밀도
②	거름	용해도
③	증류	끓는점
④	증류	용해도
⑤	재결정	끓는점

13 그림은 원유의 분리 장치인 증류탑을 나타낸 것이다. 이에 대한 설명으로 옳지 않은 것은?

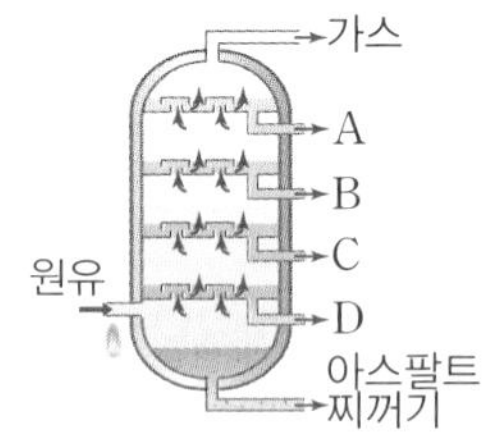

① 증류탑 내부의 온도는 위로 갈수록 낮다.
② 많은 양의 원유를 분리할 수 있다.
③ 물질의 끓는점은 A > B > C > D 순이다.
④ 증류탑의 높이가 높을수록 효과적이다.
⑤ 끓는점 차이를 이용하여 증류가 여러 번 일어난다.

14 그림과 같은 실험 장치를 사용하여 분리할 수 있는 혼합물의 조건으로 옳은 것은? (정답 2개)

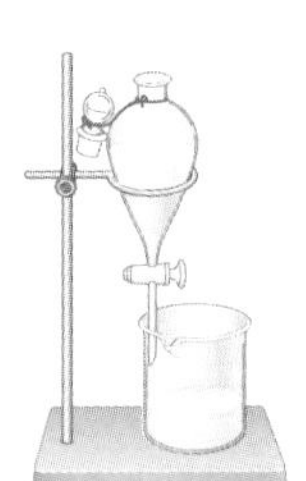

① 두 액체의 밀도가 다르다.
② 두 액체의 용해도 차이가 크다.
③ 두 액체의 끓는점 차이가 크다.
④ 두 액체가 서로 잘 섞인다.
⑤ 두 액체가 서로 잘 섞이지 않는다.

15 밀도 차를 이용하여 혼합물을 분리하는 경우로 옳은 것을 〈보기〉에서 모두 고른 것은?

보기
ㄱ. 사금 채취 ㄴ. 키질로 곡물 분리하기
ㄷ. 원유 분리하기 ㄹ. 탁한 술에서 소주 얻기

① ㄱ, ㄴ ② ㄱ, ㄷ ③ ㄱ, ㄹ
④ ㄴ, ㄷ ⑤ ㄷ, ㄹ

16 다음 방법으로 분리하는 혼합물 분리의 예로 옳은 것은?

> 불순물이 섞여 있는 물질을 용매에 녹인 후 냉각하거나 증발시켜 순수한 물질을 얻는다.

① 나물의 쓴 맛 제거하기
② 폐플라스틱 혼합물의 분리
③ 천일염에서 정제 소금 만들기
④ 속이 꽉 찬 볍씨와 쭉정이의 분리
⑤ 신선한 달걀과 오래된 달걀 분리하기

17 그래프는 물질 A~D의 용해도 곡선을 나타낸 것이다. A~D 중 재결정으로 분리하기 가장 쉬운 혼합물의 성분 물질 두 가지를 고르고, 그 이유를 서술하시오.

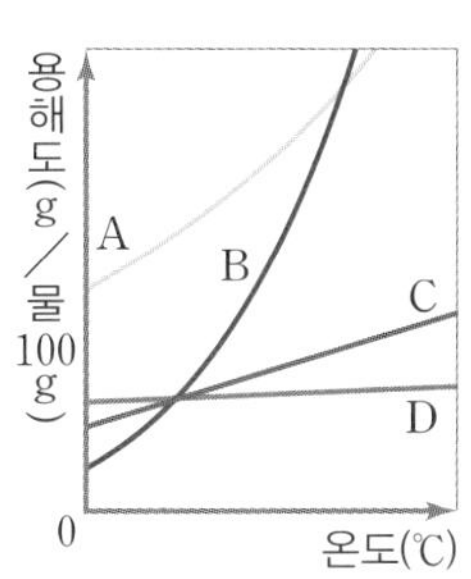

____

____

18 다음과 같은 혼합물 분리에 공통적으로 사용되는 분리 방법에 대한 설명으로 옳지 않은 것은?

> 사인펜 잉크의 색소 분리, 시금치 색소의 분리

① 매우 적은 양의 혼합물도 분리할 수 있다.
② 혼합물을 분리하는 데 걸리는 시간이 짧다.
③ 성질이 비슷한 물질의 혼합물도 분리할 수 있다.
④ 실험 방법이 간단하여 복잡한 혼합물을 분리하기에 적합하지 않다.
⑤ 성분 물질마다 용매를 따라 퍼져 나가는 속도가 다른 성질을 이용한다.

19 그래프는 질산 칼륨과 황산 구리(Ⅱ)의 용해도 곡선이다. 질산 칼륨 100 g과 황산 구리(Ⅱ) 10 g의 혼합물을 60 ℃ 물 100 g에 녹인 후 20 ℃로 냉각하였다. 이에 대한 설명으로 옳은 것을 〈보기〉에서 모두 고른 것은?

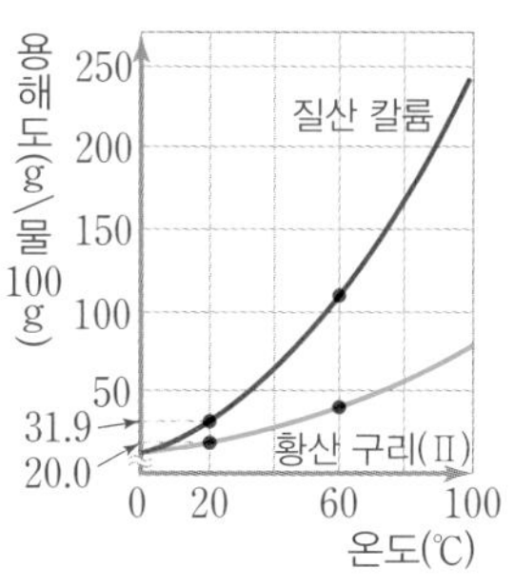

> 보기
> ㄱ. 재결정을 이용한 혼합물의 분리 방법이다.
> ㄴ. 온도에 따른 용해도 차가 작은 물질이 결정으로 석출된다.
> ㄷ. 20 ℃로 냉각하면 68.1 g의 결정이 석출된다.
> ㄹ. 20 ℃로 냉각 후 혼합물을 거름종이로 거르면 거름종이 위에 순수한 황산 구리(Ⅱ)가 남는다.

① ㄱ, ㄴ　② ㄱ, ㄷ　③ ㄴ, ㄷ
④ ㄴ, ㄹ　⑤ ㄷ, ㄹ

20 그림은 물질 A~E를 종이 크로마토그래피로 분리한 결과를 나타낸 것이다.

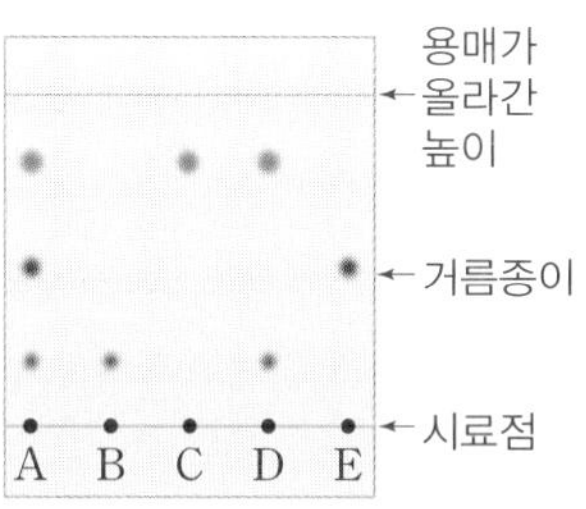

이에 대한 설명으로 옳지 않은 것은?

① B, C, E는 순물질이다.
② A는 최소 세 가지 성분을 가지는 혼합물이다.
③ A와 D는 모두 B, C 성분을 포함한다.
④ 다른 용매를 사용해도 같은 결과가 나온다.
⑤ E는 B보다 용매를 따라 이동하는 속도가 빠르다.

memo

핵심 정리 01 동물의 구성 단계

● 동물의 구성 단계

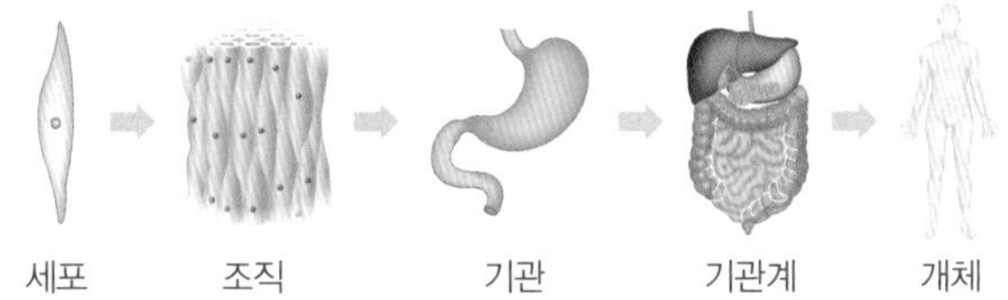

● 사람의 기관계

① 세포: 생물의 몸을 구성하는 기본 단위 예 근육 세포, 상피 세포, 혈구 등

② 조직: 모양과 기능이 비슷한 ❶ [　　] 가 모인 단계 예 근육 조직, 상피 조직, 혈액 등

③ 기관: 여러 조직이 모여 고유한 모양과 기능을 갖춘 단계 예 위, 간 등

④ 기관계: 서로 연관된 기능을 하는 여러 기관이 모여 유기적 기능을 수행하는 단계 예 소화계, 순환계 등

⑤ 개체: 여러 ❷ [　　] 가 모여 이루어진 독립된 생물체 예 사람

답 ❶ 세포 ❷ 기관계

핵심 정리 02 영양소

● 영양소

① 3대 영양소: ❶ [　　] 으로 사용되는 영양소 예 탄수화물, 지방, 단백질

② 부영양소: 에너지원으로 사용되지 않지만 몸의 구성 성분이거나 기능을 조절하는 영양소 예 물, 바이타민, 무기염류

● 영양소 검출

영양소	검출 용액	색깔
포도당, 엿당 (당분)	베네딕트 용액(가열)	황적색
녹말	아이오딘－아이오딘화 칼륨 용액	청람색
지방	❷ [　　] 용액	선홍색
단백질	뷰렛 용액(5 % 수산화 나트륨 수용액＋1 % 황산 구리 수용액)	보라색

답 ❶ 에너지원 ❷ 수단 III

핵심 정리 03 소화와 흡수

● 소화 과정

소화 기관	입	위	소장	최종 분해 산물
탄수화물(녹말)	아밀레이스 → 엿당		아밀레이스, 엿당 → 탄수화물 소화 효소	❶ [　　]
단백질		펩신	트립신 → 단백질 소화 효소	아미노산
지방			쓸개즙, 라이페이스	지방산, 모노글리세리드

● 영양소의 흡수

① 최종 소화 산물은 소장 내벽의 ❷ [　　] 에서 흡수된다.

• 수용성 영양소: 융털의 모세 혈관으로 흡수된다.

• 지용성 영양소: 융털의 암죽관으로 흡수된다.

② 대장: 소화 작용은 거의 일어나지 않고 주로 물이 흡수된다.

답 ❶ 포도당 ❷ 융털

핵심 정리 04 심장

● 심장의 구조

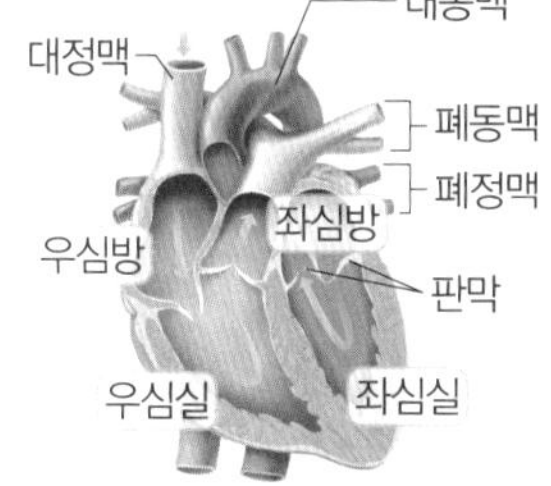

① 우심방: 대정맥과 연결, 온몸을 지나온 혈액을 받아들인다.

② 우심실: 폐동맥과 연결, 혈액을 폐로 내보낸다.

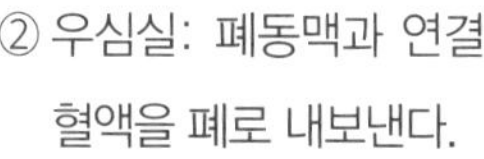

③ 좌심방: 폐정맥과 연결, ❶ [　　] 를 지나온 혈액을 받아들인다.

④ 좌심실: 대동맥과 연결, 혈액을 온몸으로 내보낸다.

● 판막

심방과 심실 사이, 심실과 ❷ [　　] 사이에 판막이 있어 혈액이 거꾸로 흐르는 것을 막는다.

답 ❶ 폐 ❷ 동맥

02 이것만은 꼭! **영양소**

[예제] 다음은 우리가 섭취하는 영양소를 2개의 집단으로 구분한 것이다.

(가)	탄수화물, 단백질, 지방
(나)	물, 바이타민, 무기 염류

(가)군이 (나)군의 영양소와 가장 차이 나는 점은?

✓① 에너지원으로 사용된다.
② 몸의 생리 작용을 조절한다.
③ 몸의 구성 성분으로 사용된다.
④ 에너지원으로 사용되지 않는다.
⑤ 몸의 구성 성분으로 사용되지 않는다.

기억해요!

탄수화물, 지방, 단백질은 [ ]으로 사용되고, [ ], 바이타민, 무기 염류는 에너지원으로 사용되지 않는다.

답 에너지원, 물

01 이것만은 꼭! **동물의 구성 단계**

[예제] 그림은 동물의 구성 단계를 나타낸 것이다.

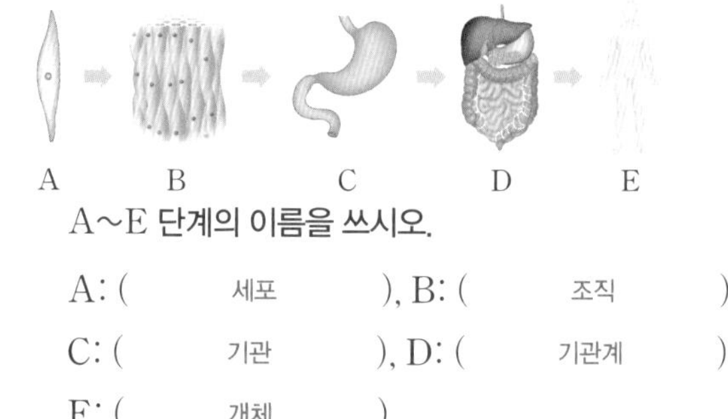

A~E 단계의 이름을 쓰시오.

A: (세포), B: (조직)
C: (기관), D: (기관계)
E: (개체)

기억해요!

식물의 구성 단계는 '세포 → 조직 → [ ] → 기관 → 개체'로 이루어져 있고, 동물의 구성 단계는 '세포 → 조직 → 기관 → [ ] → 개체'로 이루어져 있다.

답 조직계, 기관계

04 이것만은 꼭! **심장**

[예제] 그림은 사람의 심장 구조를 나타낸 것이다.

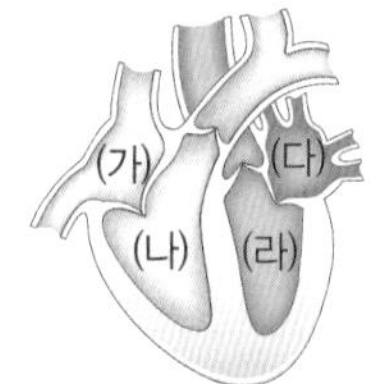

동맥과 연결되어 있는 부분의 기호를 모두 쓰시오.

((나), (라))

 기억해요!

심장에서 [ ]은 혈액이 들어오는 곳으로 정맥과 연결되어 있고, [ ]은 혈액이 나가는 곳으로 동맥과 연결되어 있다.

답 심방, 심실

03 이것만은 꼭! **소화와 흡수**

[예제] 그림은 사람의 소화 기관을 나타낸 것이다. 아래와 같은 소화 작용이 일어나는 곳의 기호와 이름을 쓰시오.

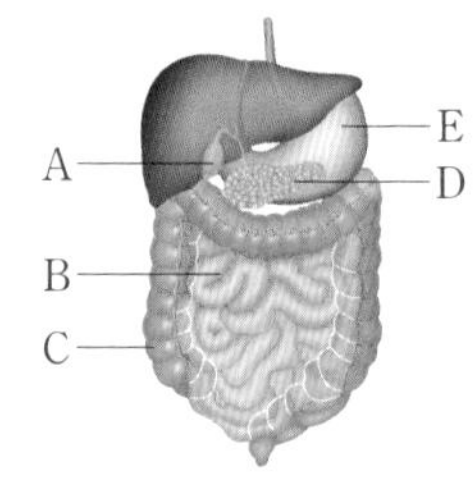

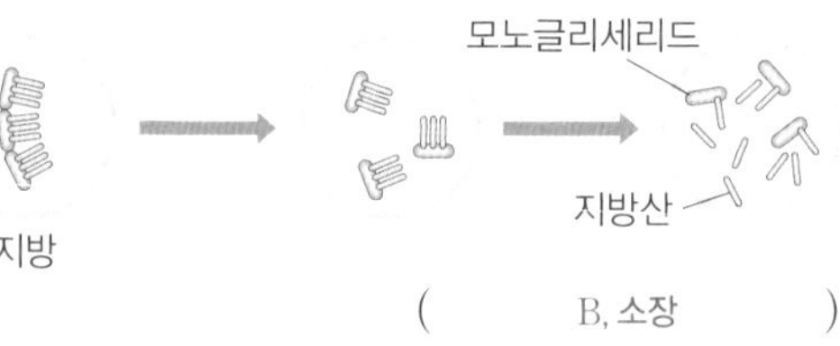

(B, 소장)

기억해요!

입에서는 녹말, 위에서는 [ ]의 소화가 일어나며 소장에서는 탄수화물, 지방, 단백질의 소화가 모두 일어난다. 지방은 라이페이스에 의해 [ ]과 모노글리세리드로 소화된다.

답 단백질, 지방산

핵심 정리 05 혈관

● 혈관의 종류

동맥	심장에서 ❶ ______ 혈액이 흐르는 혈관으로, 혈관 벽이 두껍고 탄력성이 강하다.
모세 혈관	동맥과 정맥을 연결하며, 혈관 벽이 얇고 혈류 속도가 느려 혈액과 주변의 조직 세포와 물질 교환이 일어난다.
정맥	심장으로 들어오는 혈액이 흐르는 혈관으로, 혈압이 낮아 군데군데 ❷ ______ 이 있다.

● 혈관의 특징

① 혈관 벽의 두께: 동맥 > 정맥 > 모세 혈관

② 혈압: 동맥 > 모세 혈관 > 정맥

③ 혈액이 흐르는 속도: 동맥 > 정맥 > 모세 혈관

답 ❶ 나가는 ❷ 판막

핵심 정리 06 혈액과 혈액 순환

● 혈액의 구성

① 혈장: 혈액의 액체 성분으로, 물이 주성분이며 영양소, 이산화 탄소, 노폐물 등을 운반한다.

② 혈구: 혈액의 세포 성분(적혈구, 백혈구, 혈소판)

● 혈구의 특징

① 적혈구: 핵이 없다. 붉은색을 띤다. ❶ ______ 운반 작용

② 백혈구: 핵이 있다. 혈구 중 가장 크다. 식균 작용

③ 혈소판: 핵이 없다. 혈액 응고 작용

● 혈액 순환

① 온몸 순환: 좌심실 → ❷ ______ → 온몸의 모세 혈관 → 대정맥 → 우심방

② 폐순환: 우심실 → 폐동맥 → 폐의 모세 혈관 → 폐정맥 → 좌심방

답 ❶ 산소 ❷ 대동맥

핵심 정리 07 호흡

● 공기의 이동

코 → 기관 → 기관지 → 폐(폐포)

● 호흡 운동

구분	가로막	갈비뼈	흉강	흉강 압력	공기 이동
들숨	내려감	❶ ______	커짐	낮아짐	외부 → 폐
날숨	올라감	❷ ______	작아짐	높아짐	폐 → 외부

● 폐와 조직에서의 기체 교환

폐	폐포 ⇄ 모세 혈관 (산소: 폐포 → 모세 혈관, 이산화 탄소: 모세 혈관 → 폐포)
조직 세포	모세 혈관 ⇄ 조직 세포 (산소: 모세 혈관 → 조직 세포, 이산화 탄소: 조직 세포 → 모세 혈관)

답 ❶ 올라감 ❷ 내려감

핵심 정리 08 배설

● 오줌의 생성 과정

과정	이동 방향	이동 물질 및 특징
여과	❶ ______ → 보먼주머니	• 포도당, 아미노산, 무기 염류, 물, 요소 • 혈구, 단백질 등 크기가 큰 물질은 여과되지 못한다.
재흡수	세뇨관 → 모세 혈관	• 포도당과 아미노산은 100 %, 물과 무기 염류는 필요한 만큼만 재흡수된다.
분비	❷ ______ → 세뇨관	• 미처 여과되지 않고 혈액에 남아 있던 노폐물이 분비된다.

● 오줌의 배설 경로

콩팥 → 오줌관 → 방광 → 요도 → 몸 밖

답 ❶ 사구체 ❷ 모세 혈관

06 이것만은 꼭! 혈액과 혈액 순환

[예제] 그림은 사람의 혈액을 나타낸 것이다. 다음과 같은 작용을 하는 혈액 성분의 기호와 이름을 쓰시오.

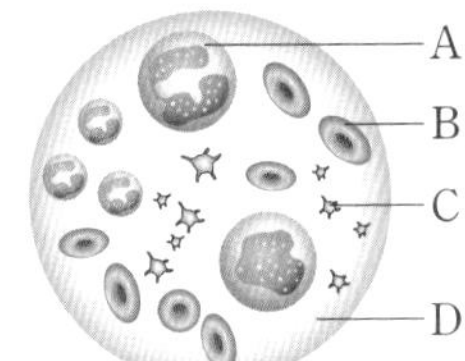

- 핵이 없는 세포 조각이다.
- 상처가 생겨 출혈이 생기면 출혈을 멎게 해 준다.

(C, 혈소판)

기억해요!

적혈구는 [ ]를 운반하고, [ ]는 식균 작용을 하며, 혈소판은 혈액 응고 작용을 한다. 혈장은 혈구를 비롯한 여러 물질을 운반한다.

답 산소, 백혈구

05 이것만은 꼭! 혈관

[예제] 그림은 사람의 혈관을 나타낸 것이다.

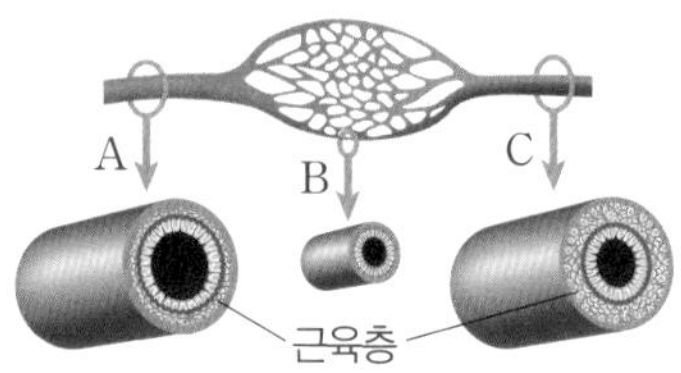

(가) 혈압이 가장 높은 곳과, (나) 혈류의 속도가 가장 느린 곳의 기호를 쓰시오.

(가) (C)

(나) (B)

기억해요!

혈압은 [ ]에서 멀어질수록 낮아진다. 정맥은 낮은 혈압으로 발생될 수 있는 혈액의 역류를 방지하기 위해 [ ]이 있다.

답 심장, 판막

08 이것만은 꼭! 배설

[예제] 그림은 오줌의 생성 과정을 나타낸 것이다.

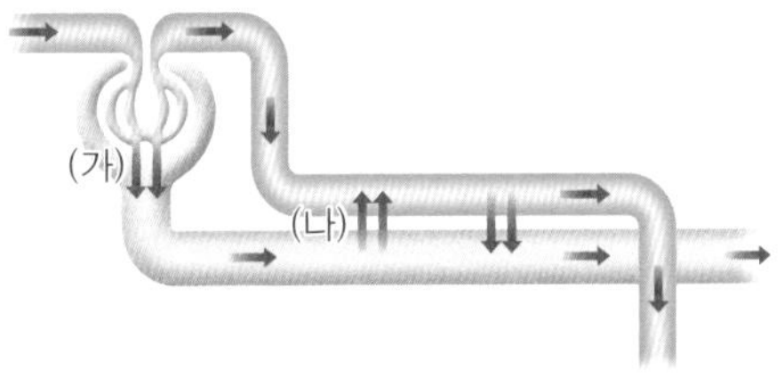

(가)에서 여과된 후 (나)에서 모두 재흡수되는 물질 두 가지를 쓰시오.

(포도당, 아미노산)

기억해요!

사구체에서 보먼주머니로 물질이 여과된 후, 몸에 필요한 물질은 세뇨관에서 모세 혈관으로 [ ]된다. 미처 여과되지 않은 노폐물은 모세 혈관에서 세뇨관으로 [ ]된다.

답 재흡수, 분비

07 이것만은 꼭! 호흡

[예제] 그림은 호흡 운동의 원리를 알아보는 실험 장치를 나타낸 것이다.

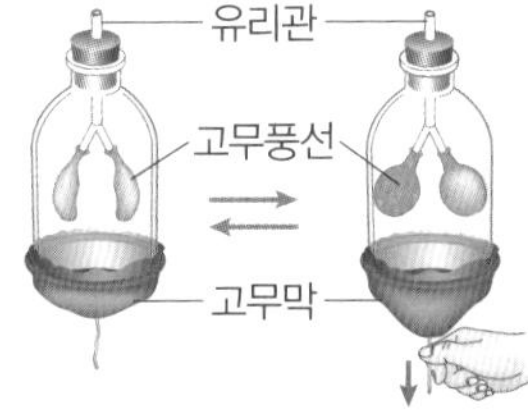

고무막을 아래로 잡아당길 때 (가) 병 속 압력의 변화와 (나) 공기의 이동 방향을 쓰시오.

(가) (낮아진다)

(나) (외부 → 병 속)

기억해요!

숨을 들이마실 때 갈비뼈는 올라가고, [ ]은 내려간다. 그 결과 흉강 내부의 부피가 커져서 압력이 [ ] 공기가 외부에서 폐로 들어온다.

답 가로막, 낮아지면

핵심 정리 09 순물질과 혼합물

- **순물질** 한 가지 물질로 이루어진 물질로 물질의 특성이 ❶ . 예 산소, 구리, 물, 염화 나트륨 등
- **혼합물** 두 가지 이상의 순물질이 섞여 있는 물질. ➡ 성분 물질의 혼합 비율에 따라 물질의 성질이 다르다.
  - 균일 혼합물: 성분 물질이 고르게 섞여 있다. 예 소금물
  - 불균일 혼합물: 성분 물질이 고르지 않게 섞여 있다. 예 우유
- **순물질과 혼합물의 구별**

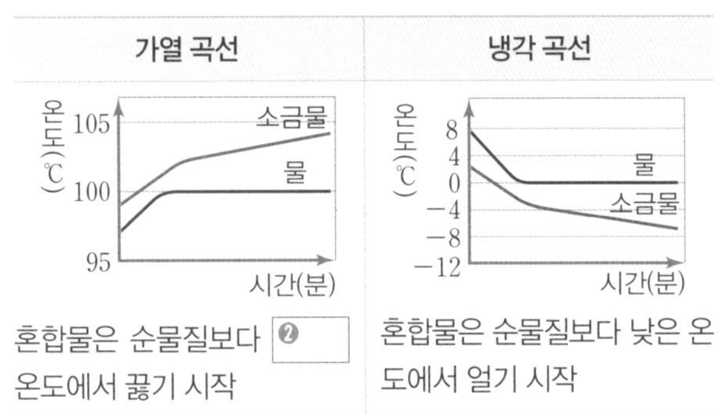

가열 곡선	냉각 곡선
혼합물은 순물질보다 ❷ 온도에서 끓기 시작	혼합물은 순물질보다 낮은 온도에서 얼기 시작

답 ❶ 일정하다 ❷ 높은

핵심 정리 10 밀도

- **물질의 특성** 다른 물질과 구별되는 것으로 그 물질만이 나타내는 고유한 성질. ➡ 같은 물질이면 물질의 양에 관계없이 일정하다.
  예 밀도, 끓는점, 녹는점, 어는점, 용해도 등
- **밀도** 단위 ❶ 당 질량으로 물질의 특성이다.
  $밀도 = \frac{질량}{부피}$ (단위: g/cm^3, g/mL 등)
- **밀도의 비교** 밀도가 큰 물질은 밀도가 작은 물질 아래로 가라앉고, 밀도가 작은 물질은 밀도가 큰 물질 ❷ 뜬다.
  예 사해는 일반 바닷물에 비해 밀도가 커서 사람이 물 위에 쉽게 뜬다.
  예 LNG의 밀도는 공기보다 작고 LPG의 밀도는 공기보다 크므로 LNG 누출 경보기는 천장에 가깝게 설치하고 LPG 누출 경보기는 바닥에 가깝게 설치한다.

답 ❶ 부피 ❷ 위로

핵심 정리 11 끓는점, 녹는점, 어는점

- **물질의 종류와 끓는점·녹는점의 관계** 끓는점·녹는점은 물질의 종류에 따라 ❶ , 입자 사이에 작용하는 힘(인력)이 클수록 높다. → 끓는점·녹는점은 물질의 특성이다.

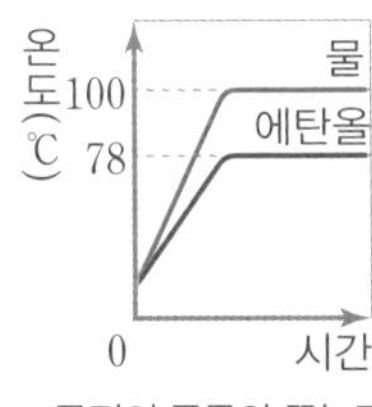

▲ 물질의 종류와 끓는점

▲ 물질의 종류와 녹는점

- **물질의 양과 끓는점·녹는점의 관계** 같은 물질이면 양에 관계없이 끓는점, 녹는점이 각각 일정하다. 단, 물질의 양이 많을수록 끓는점이나 녹는점에 늦게 도달한다.
- **압력과 끓는점의 관계**
  - 압력이 높아지면 끓는점이 ❷ .
  - 압력이 낮아지면 끓는점이 낮아진다.
- **녹는점과 어는점** 한 물질의 녹는점과 어는점은 같다.

답 ❶ 다르고 ❷ 높아진다

핵심 정리 12 용해도와 용해도 곡선

- **용해도** 어떤 온도에서 용매 100 g에 최대로 녹을 수 있는 용질의 질량(g). ➡ 일정한 온도에서 같은 용매에 대한 용해도는 물질의 종류에 따라 다르다.
- **용해도 곡선**

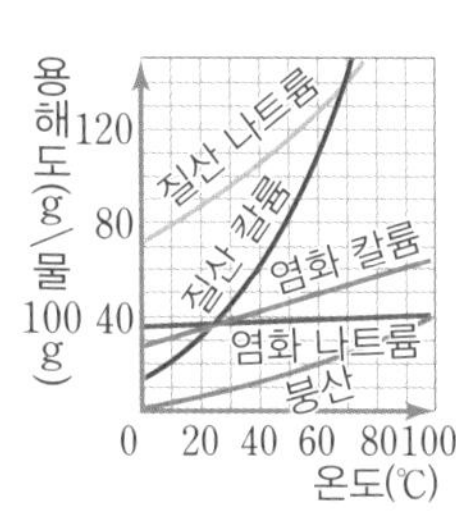

  - 용해도 곡선 상은 ❶ , 곡선 아래쪽은 불포화 용액이다.
  - 용해도 곡선의 기울기가 클수록 온도에 따른 용해도 차이가 크다.
  - 석출되는 용질의 양 = 처음 녹아 있던 용질의 양 − 냉각 온도에서 최대로 녹을 수 있는 용질의 양
- **용질의 상태와 용해도**
  - 고체의 용해도: 대부분 온도가 높을수록 용해도가 ❷ .
  - 기체의 용해도: 온도가 높을수록, 압력이 낮을수록 용해도가 감소한다.

답 ❶ 포화 용액 ❷ 증가한다

10 이것만은 꼭! 밀도

[예제] 물에 녹지 않는 물질 A의 부피와 질량을 측정하였더니, 부피가 10 cm^3, 질량이 5 g이었다. 이 물질 A의 밀도와 물 위에 뜨는지, 가라앉는지를 옳게 짝 지은 것은?

	밀도(g/cm^3)	물에 뜨고 가라앉는 여부
✓①	0.5	뜬다
②	0.5	가라앉는다
③	2.0	뜬다
④	2.0	가라앉는다
⑤	5.0	가라앉는다

기억해요!

밀도는 단위 ______당 질량이다. 또한 밀도가 작은 물질은 밀도가 큰 물질 위로 ______.

답 부피, 뜬다

09 이것만은 꼭! 순물질과 혼합물

[예제] 그림은 순물질과 혼합물의 냉각 곡선이다. 이에 대한 설명으로 옳은 것을 〈보기〉에서 모두 고르시오.

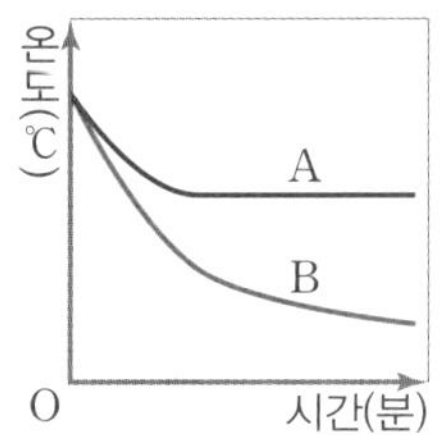

보기
ㄱ. A는 혼합물, B는 순물질이다.
✓ㄴ. 혼합물은 순물질보다 낮은 온도에서 얼기 시작한다.
✓ㄷ. 겨울철 자동차의 냉각수가 얼지 않도록 부동액을 넣는 것을 설명할 수 있다.

기억해요!

순물질은 어는 동안 온도가 ______하게 유지되지만, ______은 어는 동안 혼합물의 비율이 계속 달라지므로 온도가 계속 낮아진다.

답 일정, 혼합물

12 이것만은 꼭! 용해도

[예제] 그림은 어떤 고체 물질의 용해도 곡선이다. 이에 대한 설명으로 옳지 않은 것은?

① A는 포화 용액이다.
② C는 불포화 용액이다.
③ B 용액을 냉각하면 결정이 석출된다.
✓④ C점의 용액 140 g에 용질을 최대 70 g을 더 녹일 수 있다.
⑤ B점의 용액 170 g을 30 °C로 냉각하면 고체 50 g이 석출된다.

기억해요!

어떤 온도에서 용매 ______ g에 최대로 녹을 수 있는 용질의 질량(g)을 ______라고 한다.

답 100, 용해도

11 이것만은 꼭! 끓는점, 녹는점, 어는점

[예제] 그래프는 어떤 액체 물질의 가열·냉각 곡선을 나타낸 것이다.

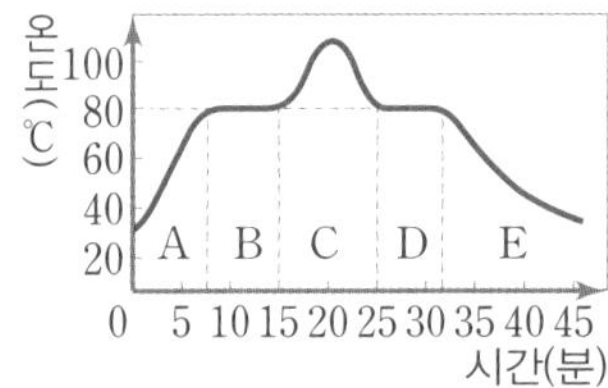

이에 대한 설명으로 옳은 것은?

보기
✓ㄱ. 이 물질의 끓는점은 80 °C이다.
ㄴ. 불꽃의 세기가 세어지면 끓는점이 높아진다.
ㄷ. 물질의 양에 따라 B, D 구간의 온도가 달라진다.

기억해요!

끓는점, 녹는점, 어는점은 물질의 종류에 따라 ______ 양에 관계없이 ______한 물질의 특성이다.

답 다르고, 일정

핵심 정리 13 끓는점 차를 이용한 분리

● **증류**

액체 상태의 혼합물을 가열할 때 끓어 나오는 ❶ ______ 를 냉각하여 순수한 액체 물질을 얻는 방법

예 바닷물에서 식수 얻기, 탁한 술에서 맑은 소주 얻기 등

● **물과 에탄올 혼합물의 분리**

끓는점이 낮은 에탄올이 먼저 끓어 나오고, 끓는점이 높은 물이 나중에 끓어 나온다.

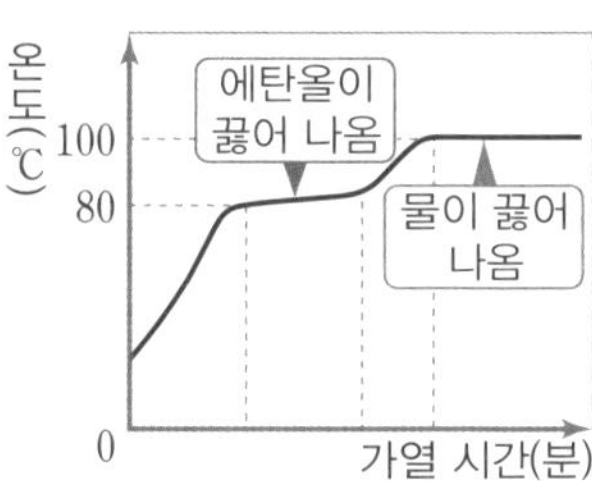

● **원유의 분리**

원유를 가열하여 증류탑으로 보내면 끓는점이 ❷ ______ 물질일수록 증류탑의 위쪽에서 분리되어 나온다.

답 ❶ 기체 ❷ 낮은

핵심 정리 14 밀도 차를 이용한 분리

● **고체 혼합물의 분리**

• 고체 물질을 녹이지 않고, 밀도가 두 성분 물질의 중간 정도인 ❶ ______ 에 넣어 분리한다.

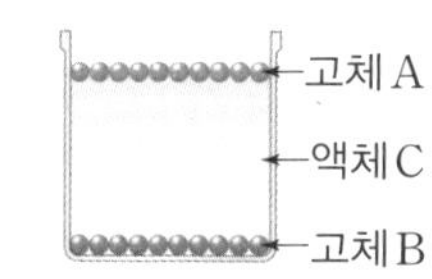

• 밀도: 고체 B > 액체 C > 고체 A

예 좋은 볍씨 고르기, 신선한 달걀 고르기, 폐플라스틱의 분리 등

● **액체 혼합물의 분리**

• 서로 섞이지 않고 밀도가 다른 액체 혼합물은 ❷ ______ 를 사용하여 분리한다.

• 밀도가 큰 액체는 아래로, 밀도가 작은 액체는 위로 떠서 층을 이룬다.

예 물과 식용유의 분리, 참기름과 간장의 분리 등

답 ❶ 액체 ❷ 분별 깔때기

핵심 정리 15 용해도 차를 이용한 분리

● **재결정**

• 불순물이 섞여 있는 고체를 용매에 녹인 후 용매를 증발시키거나 냉각하여 순수한 고체를 분리하는 방법

• 온도에 따른 용해도 차가 ❶ ______ 물질이 석출된다.

예 소량의 황산 구리(Ⅱ)가 섞인 질산 칼륨에서 순수한 질산 칼륨 분리하기, 천일염에서 정제 소금 얻기 등

● **염화 나트륨 20 g과 붕산 20 g이 섞인 혼합물의 분리**

혼합물을 100 ℃의 물 100g에 녹인 후, 20 ℃로 냉각시키면 순수한 ❷ ______ 이 석출된다.

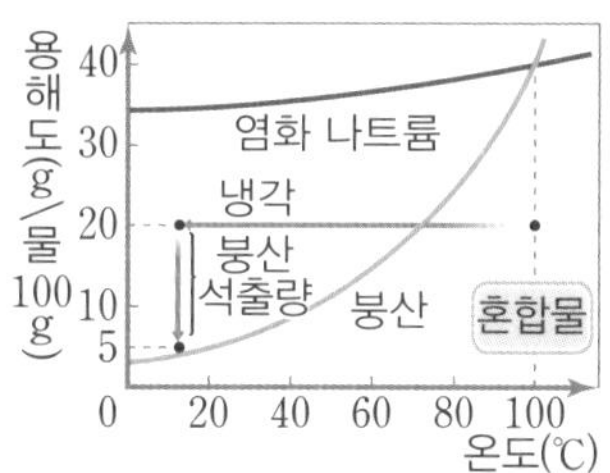

답 ❶ 큰 ❷ 붕산

핵심 정리 16 크로마토그래피

● **크로마토그래피**

• 혼합물을 이루는 각 물질이 용매를 따라 이동하는 ❶ ______ 의 차를 이용하여 혼합물을 분리하는 방법

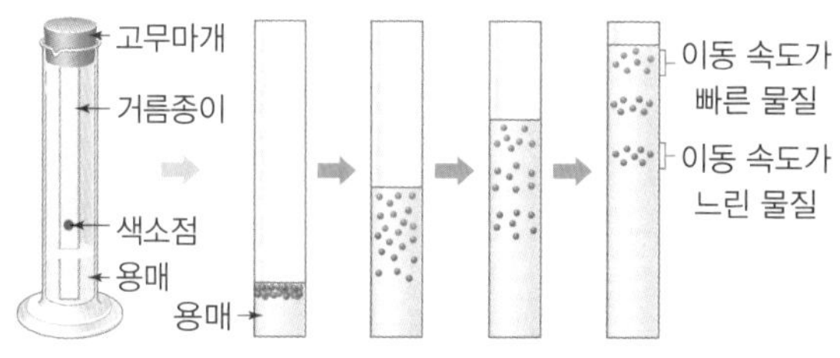

• 용매의 종류에 따라 분리되는 성분 물질의 수 또는 이동한 거리가 ❷ ______ .

● **크로마토그래피의 이용** 운동선수의 도핑 테스트, 과학 수사, 농약 성분 검출, 단백질 성분의 검출, 엽록소의 색소 분리, 꽃잎의 색소 분리 등

답 ❶ 속도 ❷ 다르다

14 이것만은 꼭! 밀도 차를 이용한 분리

[예제] 표는 여러 가지 액체의 밀도를 나타낸 것이다.

액체	수은	사염화 탄소	물	벤젠	에탄올
밀도 (g/cm^3)	13.6	1.6	1.0	0.88	0.79

밀도가 1.2 g/cm^3인 고체 A와 밀도가 1.9 g/cm^3인 고체 B의 혼합물을 표에 있는 액체에 넣어 밀도 차를 이용하여 분리할 때 이용할 액체로 가장 적당한 것을 쓰시오. (단, 두 고체는 모두 제시된 액체에 녹지 않는다.)

(사염화 탄소)

기억해요!

밀도 차를 이용하여 고체 혼합물을 분리할 때는 밀도가 두 물질의 [ ] 정도이며, 두 물질을 모두 [ ] 액체에 넣어 분리한다.

답 중간, 녹이지 않는

13 이것만은 꼭! 끓는점 차를 이용한 분리

[예제] 증류에 대한 설명으로 옳지 않은 것은?

① 끓는점 차를 이용한 분리 방법이다.
② 끓는점이 높은 물질이 먼저 끓어 나온다.
③ 서로 잘 섞이는 액체 혼합물의 분리 방법이다.
④ 성분 물질이 분리될 때 온도는 거의 일정하다.
⑤ 소줏고리는 탁한 술을 증류하여 맑은 소주를 얻는 도구이다.

기억해요!

액체 상태의 혼합물을 가열할 때 끓어 나오는 [ ]를 냉각하여 순수한 액체를 얻는 방법을 [ ]라고 한다.

답 기체, 증류

16 이것만은 꼭! 크로마토그래피

[예제] 그림은 물을 이용한 수성펜 잉크의 크로마토그래피 결과를 나타낸 것이다.

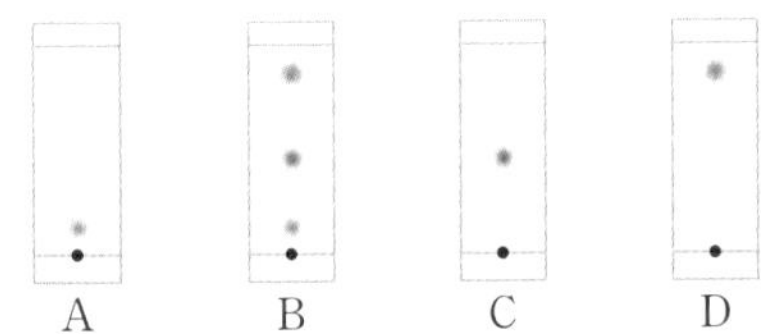

이에 대한 설명으로 옳은 것을 〈보기〉에서 모두 고르시오. (단, 혼합물은 모두 순물질로 분리되었다.)

보기
ㄱ. A, C, D는 순물질이다.
ㄴ. B는 A, C, D가 섞여 있는 혼합물이다.
ㄷ. 물을 따라 이동하는 속도는 D>C>A 순이다.

기억해요!

크로마토그래피는 용매가 혼합물의 성분 물질을 [ ], 위로 올라갈 때 성분 물질이 [ ]를 따라 이동하는 속도가 다른 것을 이용하여 분리하는 방법이다.

답 녹이며, 용매

15 이것만은 꼭! 용해도 차를 이용한 분리

[예제] 표는 염화 나트륨과 붕산의 용해도를 나타낸 것이다.

온도(°C)	0	20	40	60	80	100
염화 나트륨	35.7	36.3	36.6	37.3	38.4	39.8
붕산	2.8	4.9	8.9	14.9	23.5	38.0

80 °C의 물 100 g에 염화 나트륨 5 g과 붕산 20 g을 녹인 다음 온도를 20 °C로 냉각시켰을 때 석출되는 물질과 그 질량을 옳게 나타낸 것은?

① 붕산 10 g
② 붕산 15.1 g
③ 염화 나트륨 2 g
④ 염화 나트륨 5 g
⑤ 붕산 10 g과 염화 나트륨 2 g

기억해요!

온도에 따른 용해도 차가 [ ] 물질이 먼저 석출되고, 석출되는 양은 '처음 녹아 있던 용질의 양 − 냉각한 온도에서 최대로 녹을 수 있는 [ ]의 양'이다.

답 큰, 용질

중학 내신 대비 단기완성 교재

2021 신간

중간·기말시험, 7일 안에 확실히 끝내 줄게!

7일 끝 시리즈

초단기 시험 대비

시험에 꼭 나오는 핵심만 콕콕!
학습량은 줄이고 효율은 높여
7일 안에 중간·기말고사 최적 대비!

중하위권 기초 다지기

시험이 두려운 중하위권들을 위해
쉽지만 꼭 풀어봐야 할 문제들만 모아
기초를 확실하게 다져주는 교재!

다양한 기출·예상 문제

학교 내신 빈출 문제는 물론,
창의·융합형, 서술형, 신유형 등
다양한 문제 수록으로 철저한 시험 대비!

아직 늦지 않았다, "7일 끝"으로 7일 안에 결판 내자!

국어: 중2~3 (학기별, 박영목/노미숙)
수학: 중1~3 (학기별)
영어: 영문법1~3 (내신 기반 다지기)

사회: 중1~3 (사회 ①, ②/역사 ①, ②)
과학: 중1~3 (학기별)

book.chunjae.co.kr

교재 내용 문의 ························· 교재 홈페이지 ▸ 중등 ▸ 교재상담
교재 내용 외 문의 ····················· 교재 홈페이지 ▸ 고객센터 ▸ 1:1문의
발간 후 발견되는 오류 ················ 교재 홈페이지 ▸ 중등 ▸ 학습지원 ▸ 학습자료실

7일 끝

기말고사

7일 끝으로 끝내자!

중학 **과학 2-2**

BOOK 2

천재교육

언제나 만점이고 싶은 친구들

Welcome!

숨 돌릴 틈 없이 찾아오는 시험과 평가,
성적과 입시 그리고 미래에 대한 걱정.
중·고등학교에서 보내는 6년이란 시간은
때때로 힘들고, 버겁게 느껴지곤 해요.

그런데 여러분, 그거 아세요?
지금 이 시기가 노력의 대가를
가장 잘 확인할 수 있는 시간이라는 걸요.

안 돼, 못하겠어, 해도 안 될 텐데-
어렵게 생각하지 말아요. 천재교육이 있잖아요.
첫 시작의 두려움을 첫 마무리의 뿌듯함으로 바꿔줄게요.

펜을 쥐고 이 책을 펼친 순간
여러분 앞에 무한한 가능성의 길이 열렸어요.

우리와 함께 꽃길을 향해 걸어가 볼까요?

#시험대비
#핵심정복

7일 끝
중간고사
기말고사

Chunjae
Makes
Chunjae

[7일 끝] 중학 과학 2-2

개발총괄 김은숙
편집개발 이강순, 김설희, 이영웅
제작 황성진, 조규영

발행일 2021년 7월 15일 초판 2021년 7월 15일 1쇄
발행인 (주)천재교육
주소 서울시 금천구 가산로9길 54
신고번호 제2001-000018호
고객센터 1577-0902
교재 내용문의 (02)3282-8718

※ 정답 분실 시에는 천재교육 홈페이지에서 내려받으세요.

7일 끝으로 끝내자!

중학 **과학 2-2**

BOOK 2

기 말 고 사 대 비

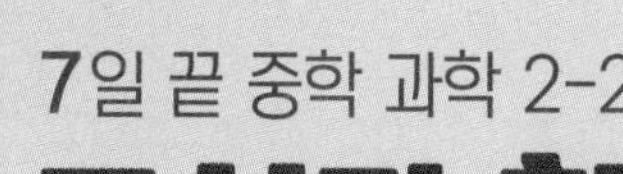

7일 끝 중학 과학 2-2
구성과 활용

시험 공부 시작

생각 열기

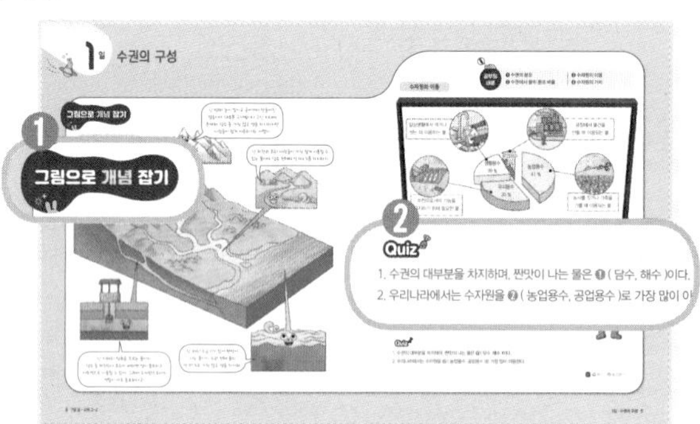

공부할 내용을 그림과 퀴즈로 쉽게 살펴보며 학습을 준비해 보세요.

❶ 그림으로 개념 잡기　학습할 개념을 그림과 만화로 재미있게 알아보세요.

❷ Quiz　공부할 내용을 그림과 관련된 퀴즈 문제로 확인해 보세요.

본격 공부 중

교과서 핵심 정리 + 기초 확인 문제

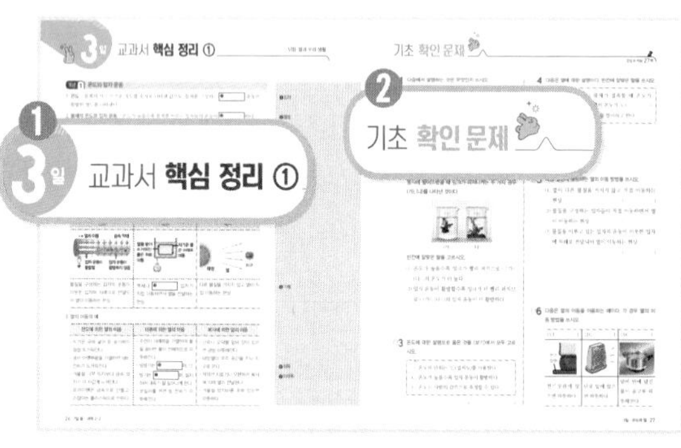

꼭 알아야 할 교과서 핵심 개념을 익히고 기초 확인 문제를 풀며 제대로 이해했는지 확인해 보세요.

❶ 교과서 핵심 정리　빈칸을 채워 보며 교과서 핵심 개념을 다시 한번 체크해 보세요.

❷ 기초 확인 문제　교과서 핵심 정리와 관련된 문제를 풀며 공부한 내용을 확인해 보세요.

내신 기출 베스트

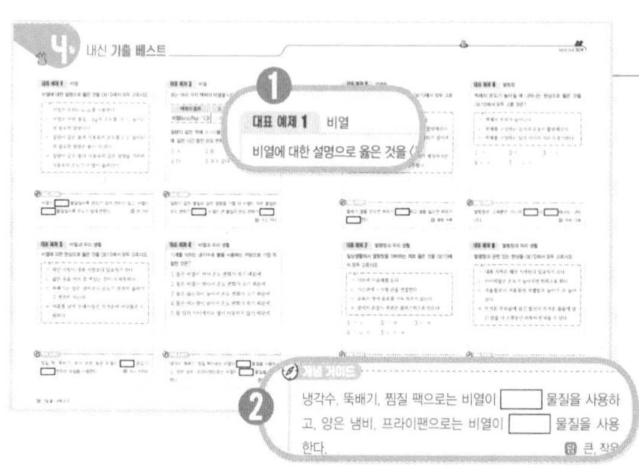

다양한 유형의 문제를 풀어 보며 공부한 내용을 점검해 보세요.

❶ 대표 예제　시험에 자주 나오는 빈출 유형 필수 문제를 풀어 보세요.

❷ 개념 가이드　대표 예제와 관련된 핵심 개념을 익혀 보세요.

누구나 100점 테스트

5일 동안 공부한 내용을 바탕으로 기초 이해력을 점검해 보세요.

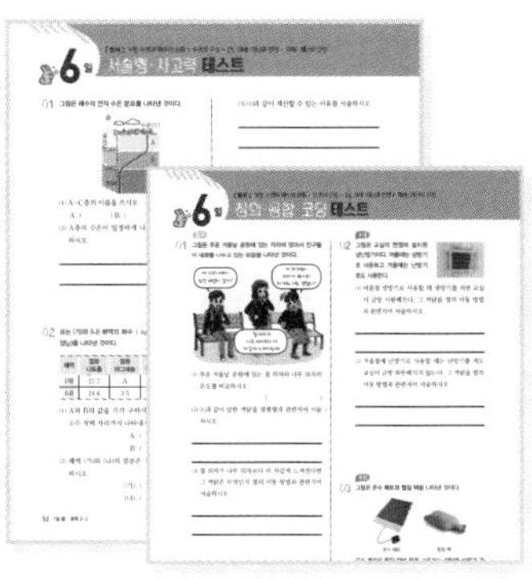

서술형·사고력 테스트
창의·융합·코딩 테스트

서술형·사고력 문제와 창의·융합·코딩 문제를 풀어 보면서 창의력과 문제 해결력을 길러 보세요.

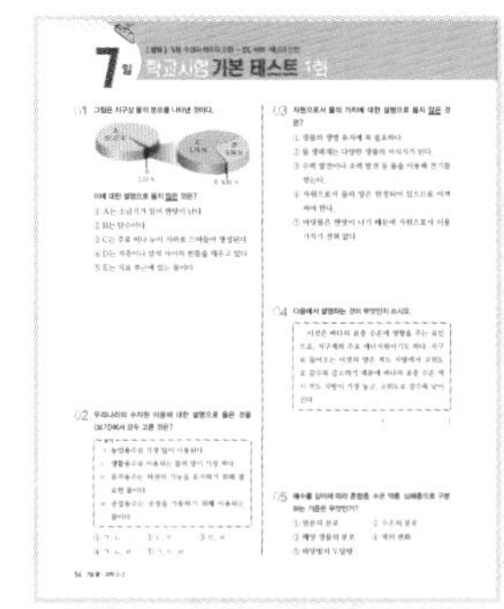

학교시험 기본 테스트

중간·기말고사 예상 문제를 최종으로 풀며 실전에 대비해 보세요.

튼튼이·짝짝이 공부하기

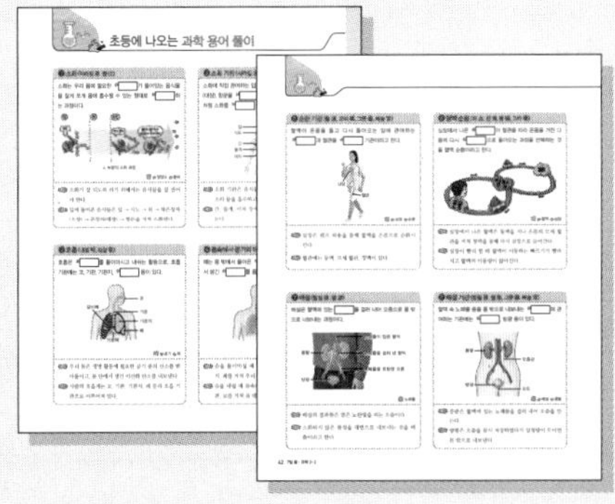

초등학교에서 배운 과학 용어로 선수 학습을 확인할 수 있어요.

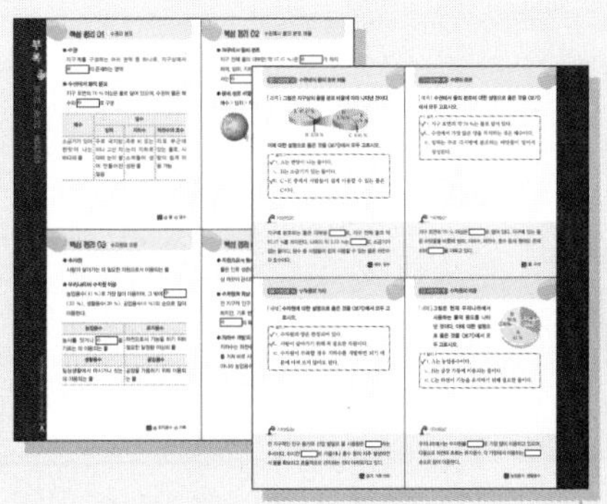

시험 직전이나 틈틈이 암기 카드를 휴대하여 활용해 보세요.

7일 끝 중학 과학 2-2

차례

7일 끝

과학 2-2와 내 교과서 비교하기

학교 시험 범위와 내 교과서의 출판사명을 확인하고 7일 끝 교재 범위를 체크해 공부해요.
예를 들어, 〈천재교과서〉의 과학 교과서를 사용하는 내 학교의 2학기 기말고사 범위가 'Ⅶ. 수권과 해수의 순환-해수의 특성과 순환 ~ Ⅸ. 재해·재난과 안전'(243~301쪽)까지라고 하면, 7일 끝 BOOK2 16~47쪽 을 학습하면 돼요!

	대단원	일별 학습 주제	7일 끝 과학 2-2(쪽)	천재교과서(쪽)
BOOK 1	V. 동물과 에너지	1일 소화	8~15	155~167
		2일 순환	16~23	168~173
		3일 호흡과 배설	24~31	177~188
	Ⅵ. 물질의 특성	4일 물질의 특성	32~39	197~211
		5일 혼합물의 분리	40~47	215~225
BOOK 2	Ⅶ. 수권과 해수의 순환	1일 수권의 구성	8~15	235~240
		2일 해수의 특성과 순환	16~23	243~254
	Ⅷ. 열과 우리 생활	3일 온도와 열	24~31	263~272
		4일 비열과 열팽창	32~39	275~281
	Ⅸ. 재해·재난과 안전	5일 재해·재난과 안전	40~47	290~301

비상교육(쪽)	미래엔(쪽)	동아출판(쪽)	YBM(쪽)
152~161	158~167	151~159	158~168
166~171	168~172	160~166	170~175
176~183	174~185	169~180	178~189
200~213	196~212	191~201	202~211
218~230	214~227	205~213	214~225
238~244	238~242	225~227	238~243
248~258	244~254	228~240	246~253
266~274	266~275	251~260	266~276
280~285	276~282	263~270	280~287
294~302	294~306	280~291	298~307

1일 수권의 구성

그림으로 개념 잡기

지구에서 물의 분포

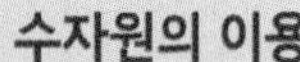

공부할 내용

❶ 수권의 분포
❷ 수권에서 물의 분포 비율
❸ 수자원의 이용
❹ 수자원의 가치

수자원의 이용

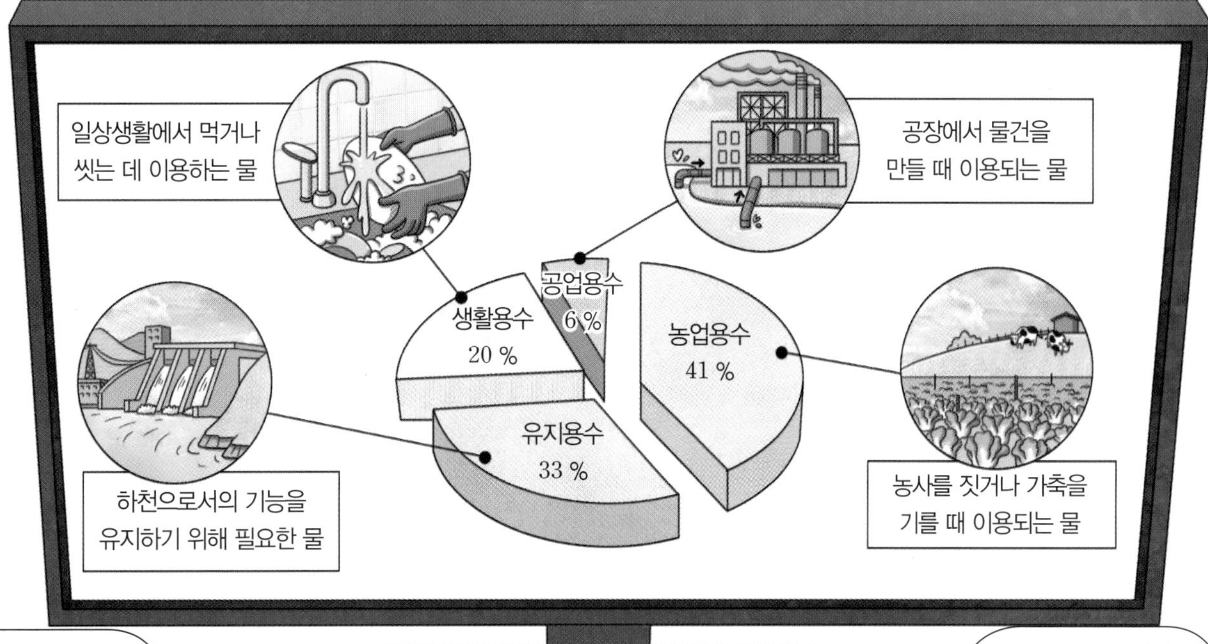

Quiz

1. 수권의 대부분을 차지하며, 짠맛이 나는 물은 ❶ (담수, 해수)이다.
2. 우리나라에서는 수자원을 ❷ (농업용수, 공업용수)로 가장 많이 이용한다.

답 ❶ 해수 ❷ 농업용수

1일 교과서 **핵심 정리 ①**

개념 1 수권의 분포

1. 수권 지구계를 구성하는 여러 권역 중 하나로, 지구에서 ❶ ______ 이 존재하는 영역

2. 수권에서 물의 분포 지구 표면의 70 % 이상은 물로 덮여 있으며, 수권의 물은 ❷ ______ 와 담수로 구분

① 해수: 지구 전체 물의 대부분을 차지

② 담수: 빙하, 만년설, 지하수, 호수, 하천수 등으로 이루어져 있으며, 그중 빙하가 약 69.6 %를 차지

③ 사람이 직접적으로 이용할 수 있는 물: 하천수와 호수로, 수권 전체에서 매우 적은 양을 차지

해수	담수		
	빙하	지하수	하천수와 호수
• 바다에 분포 • 소금기가 있어 ❸ ______ 이 나는 물	• 대부분 ❹ ______ 이나 고산 지대에 분포 • 눈이 쌓여 만들어진 얼음	• 주로 비 또는 눈이 ❺ ______ 로 스며들어 생성 • 지층이나 암석 사이의 빈틈을 채우고 있는 물	• 지표 부근에 있는 물 • 사람이 직접적으로 이용 가능

❶ 물
❷ 해수
❸ 짠맛
❹ 극지방
❺ 지하

개념 2 수권에서 물의 분포 비율

1. 물의 분포 비율 비교 ❻ ______ (약 97.47 %) > 빙하(약 1.76 %) > 지하수(약 0.76 %) > 하천수와 호수(약 0.01 %)

❻ 해수

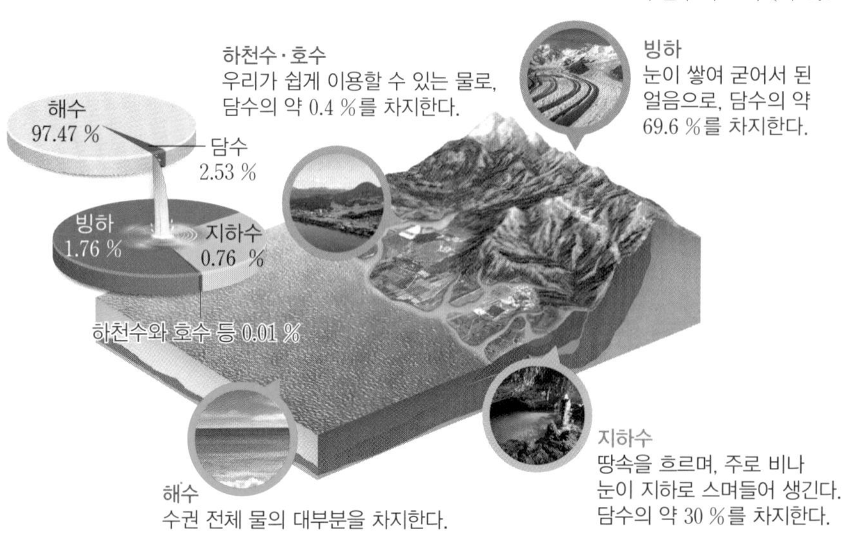

정답과 해설 23쪽

01 수권의 분포에 대한 설명에서 빈칸에 알맞은 말을 쓰시오.

(1) 바다에 분포하며 소금기가 있어 짠맛이 나는 물은 (　　　　)이다.

(2) 대부분 극지방이나 고산 지대에 분포하며, 눈이 쌓여 만들어진 얼음은 (　　　　)이다.

(3) 지표 부근에 있는 물로, 사람이 직접적으로 이용할 수 있는 물은 (　　　　)와 (　　　　)이다.

02 수권에 대한 설명으로 옳은 것은 ○, 옳지 않은 것은 × 표 하시오.

(1) 수권은 지구계의 구성 요소 중 하나이다. (　　　　)

(2) 지구 표면의 70 % 이상은 물로 덮여 있다. (　　　　)

(3) 지하수는 외부의 물 유입 없이 지하 깊은 곳에서 만들어진 물이다. (　　　　)

(4) 지구에 분포하는 물 중에서 가장 높은 비율을 차지하는 것은 빙하이다. (　　　　)

03 담수에 해당하는 것을 〈보기〉에서 모두 고르시오.

보기
ㄱ. 지하수　　ㄴ. 바닷물　　ㄷ. 호수
ㄹ. 하천수　　ㅁ. 빙하

(　　　　)

04 그림은 수권에서 물의 분포 비율을 나타낸 것이다.

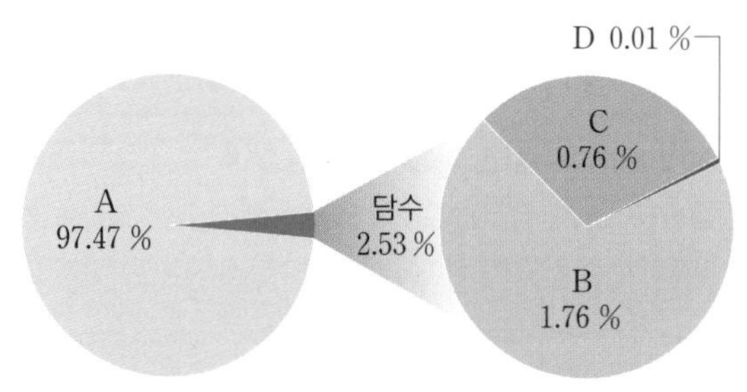

A~D에 알맞은 것을 〈보기〉에서 골라 쓰시오.

보기
하천수와 호수, 빙하, 해수, 지하수

A: (　　　　)
B: (　　　　)
C: (　　　　)
D: (　　　　)

05 수권에서 물의 분포에 대한 설명으로 옳은 것은?

① 지하수는 땅속에서 흐를 수 없다.
② 빙하는 대부분 바닷물이 얼어서 만들어진다.
③ 담수 중에는 지하수의 분포 비율이 가장 높다.
④ 지구상의 물 중에서 하천수와 호수는 가장 적은 양을 차지한다.
⑤ 해수는 수권 전체 물의 대부분을 차지하므로 인간이 가장 쉽게 이용할 수 있다.

1일 교과서 핵심 정리 ②

개념 3 수자원의 이용

1. 수자원 사람이 살아가는 데 필요한 ❶ ______으로서 이용되는 물

2. 우리나라의 수자원 이용 수자원을 ❷ ______용수(41 %)로 가장 많이 이용하며, 그 외 유지용수(33 %), 생활용수(20 %), 공업용수(6 %)의 순으로 이용

농업용수	유지용수	생활용수	공업용수
농사를 짓거나 가축을 사육하는 데 이용되는 물	❸ ______으로서 기능을 하기 위해 필요한 일정량 이상의 물	일상생활에서 마시거나 씻는 데 이용되는 물	공장을 가동하기 위해 이용되는 물

개념 4 수자원의 가치

1. 자원으로서 물의 가치 물은 인류 생존에 꼭 필요하지만, ❹ ______이 한정되어 있으므로 항상 깨끗이 관리하고 아껴 써야 한다.

2. 수자원 확보 문제

① 전 지구적 인구 증가, 산업 발달로 물 사용량이 점점 ❺ ______한다.

② ❻ ______로 가뭄, 홍수 등이 빈번해지면서 수자원 확보와 효율적 관리가 어려워진다.

3. 지하수 개발의 중요성

① 하천수에 비해 양이 ❼ ______하며, 간단한 정수를 거쳐 바로 사용 가능하다.

② 마시는 물, 농업용수뿐만 아니라 냉난방 등에도 활용 가능하다.

물은 다양한 공산품 생산에 직접 이용되며, 상하수도 사업 등 물 관련 산업의 비중도 높아지고 있다.

물은 생명 유지에 꼭 필요하며, 물 생태계는 다양한 생물의 서식지가 된다.

문명은 물을 중심으로 발달했으며, 인간이 여가를 즐기고 풍족하게 사는 데 물은 많은 역할을 한다.

수력 발전이나 조력 발전 등 물을 이용하여 전기를 얻는다.

바다는 지구 표면의 70 % 정도를 덮고 있으며, 지구의 급격한 온도 변화를 막아 주는 역할을 한다.

❶ 자원
❷ 농업
❸ 하천
❹ 양
❺ 증가
❻ 기후 변화
❼ 풍부

06 수자원에 대한 설명으로 옳은 것은 ○, 옳지 않은 것은 ×표 하시오.

(1) 인간이 살아가는 데 필요한 자원으로서 이용되는 물이다. (　　　)

(2) 수자원은 매우 풍부하여 그 양이 거의 무한하다. (　　　)

(3) 전 지구적 인구 증가로 수자원의 사용량이 늘어나고 있다. (　　　)

(4) 안정적인 수자원 확보를 위해 지하수 개발이 필요하다. (　　　)

(5) 수자원을 이용하여 전기를 생산할 수 있다. (　　　)

07 수자원이 이용되는 용도를 정리한 표에서 빈칸에 알맞은 말을 쓰시오.

(　　　)용수	농사를 짓거나 가축을 기를 때 이용되는 물
유지용수	(　　　)으로서의 기능을 유지하기 위해 필요한 물
(　　　)용수	일상생활에서 먹거나 씻는 데 이용되는 물
공업용수	(　　　)에서 물건을 만들 때 이용되는 물

08 우리나라에서 이용되는 수자원의 용도를 비율이 높은 것부터 옳게 나열한 것은?

① 공업용수 > 농업용수 > 생활용수 > 유지용수
② 농업용수 > 유지용수 > 생활용수 > 공업용수
③ 생활용수 > 유지용수 > 농업용수 > 공업용수
④ 유지용수 > 농업용수 > 공업용수 > 생활용수
⑤ 농업용수 > 공업용수 > 생활용수 > 유지용수

09 수자원에 대한 설명에서 (　　)에 들어갈 알맞은 말을 쓰시오.

> 수자원을 확보하는 데 (　　)의 개발은 매우 중요하다. (　　)는 하천수에 비해 양이 풍부하고 간단한 정수 과정을 거치면 바로 사용할 수 있다. 하지만 무분별한 개발로 인하여 지반 침하, (　　)의 고갈 또는 오염이 발생하지 않도록 주의해야 한다.

(　　　　　)

10 수자원의 가치에 대한 설명으로 옳은 것을 〈보기〉에서 모두 고르시오.

> 보기
> ㄱ. 다양한 생물의 서식지가 된다.
> ㄴ. 공산품 생산에 직접 이용될 수 있다.
> ㄷ. 지구의 급격한 온도 변화를 막는 역할을 한다.

(　　　　　)

1일 내신 기출 베스트

대표 예제 1 지구에서 물의 분포

지구에 분포하는 물에 대한 설명으로 옳은 것을 〈보기〉에서 모두 고르시오.

보기
ㄱ. 수권은 해수가 대부분을 차지한다.
ㄴ. 짠맛이 나지 않는 물을 담수라고 한다.
ㄷ. 수권은 크게 바다에 있는 물과 육지에 있는 물로 나뉜다.
ㄹ. 해수는 짠맛이 나지만 육지에 있는 물은 모두 짠맛이 나지 않는다.

개념 가이드

지구에 분포하는 물은 소금기가 있어 짠맛이 나는 [ ]와 염류가 거의 포함되지 않은 [ ]로 구분된다. 답 염수, 담수

대표 예제 2 수권에서 물의 분포 비율

그림은 수권에서 물의 분포 비율을 나타낸 것이다.

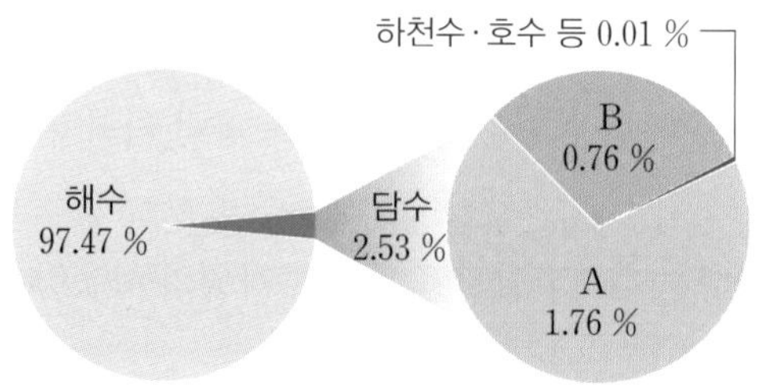

A와 B에 알맞은 것을 쓰시오.

A: ( ), B: ( )

개념 가이드

담수 중 가장 많이 분포하는 것은 [ ]이며, 그 외에는 [ ], 하천수·호수 등의 순으로 많이 분포한다.

답 빙하, 지하수

대표 예제 3 수권의 분포

지구에 분포하는 물 중에서 다음 설명에 해당하는 것을 쓰시오.

지표 부근에 있는 물로, 우리가 직접적으로 이용할 수 있으며, 수권 전체에서 가장 적은 양을 차지하고 있다.

( )

개념 가이드

지구에 있는 물은 여러 형태로 존재하며, 이 중에서 하천수와 호수 등 [ ] 부근에 있는 물은 일상생활에서 쉽게 이용할 수 있다.

답 지표

대표 예제 4 수자원의 가치

지하수에 대한 설명으로 옳은 것을 〈보기〉에서 모두 고르시오.

보기
ㄱ. 땅속 지층이나 암석 사이의 빈틈에 존재한다.
ㄴ. 건조한 지역에서 지하수는 증발하기 쉬워 하천수보다 가치가 낮다.
ㄷ. 가뭄이 자주 발생하는 지역에서 식수로 활용된다.

개념 가이드

지하수는 담수 중 양이 [ ]한 편이고, 지속적으로 활용 가능하며, 간단한 정수 과정을 거쳐 이용할 수 있다. 답 풍부

대표 예제 5 수자원의 활용과 가치

수자원의 활용과 가치에 대한 설명으로 옳은 것은 〈보기〉에서 모두 고르시오.

보기

ㄱ. 수자원은 사람이 살아가는 데 활용되는 물이다.
ㄴ. 지하수는 땅속 암석 사이에서 매우 느리게 흐른다.
ㄷ. 지구의 물은 풍부하므로 물을 절약하지 않아도 된다.
ㄹ. 육지의 물은 대부분 짠맛이 나지 않는 담수이다.

개념 가이드

수자원이란 사람이 살아가는 데 필요한 [ ]으로서 사용되는 물이다.

답 자원

대표 예제 6 수자원의 이용

수자원은 용도에 따라 농업용수, 생활용수, 유지용수, 공업용수로 구분할 수 있다. 우리나라에서 가장 많이 이용하고 있는 용도부터 차례대로 나열하시오.

( )

개념 가이드

하천으로서의 기능을 유지하기 위해 필요한 물을 [ ]라고 한다.

답 유지용수

대표 예제 7 수자원의 확보

물을 절약할 수 있는 방법으로 옳은 것을 〈보기〉에서 모두 고르시오.

보기

ㄱ. 빨랫감은 모아서 한꺼번에 빤다.
ㄴ. 설거지할 때 기름을 휴지로 닦아낸다.
ㄷ. 손 씻을 때 거품을 내는 동안은 물을 잠근다.
ㄹ. 이를 닦을 때에는 컵에 물을 받아 사용한다.

개념 가이드

수자원의 양은 [ ] 않기 때문에 물을 항상 깨끗하게 관리하고 아껴 쓰는 습관을 가져야 한다.

답 무한하지

대표 예제 8 자원으로서 물의 가치

자원으로서의 물에 대한 설명으로 옳은 것을 〈보기〉에서 모두 고르시오.

보기

ㄱ. 지구의 급격한 온도 변화를 유발한다.
ㄴ. 물 생태계는 다양한 생물의 서식지가 된다.
ㄷ. 수력 발전이나 조력 발전 등 물을 이용하여 전기를 얻는다.

개념 가이드

물은 [ ]에 꼭 필요하며, 다양한 생물의 [ ]가 된다.

답 생명 유지, 서식지

2일 해수의 특성과 순환

그림으로 개념 잡기

해수의 연직 수온 분포

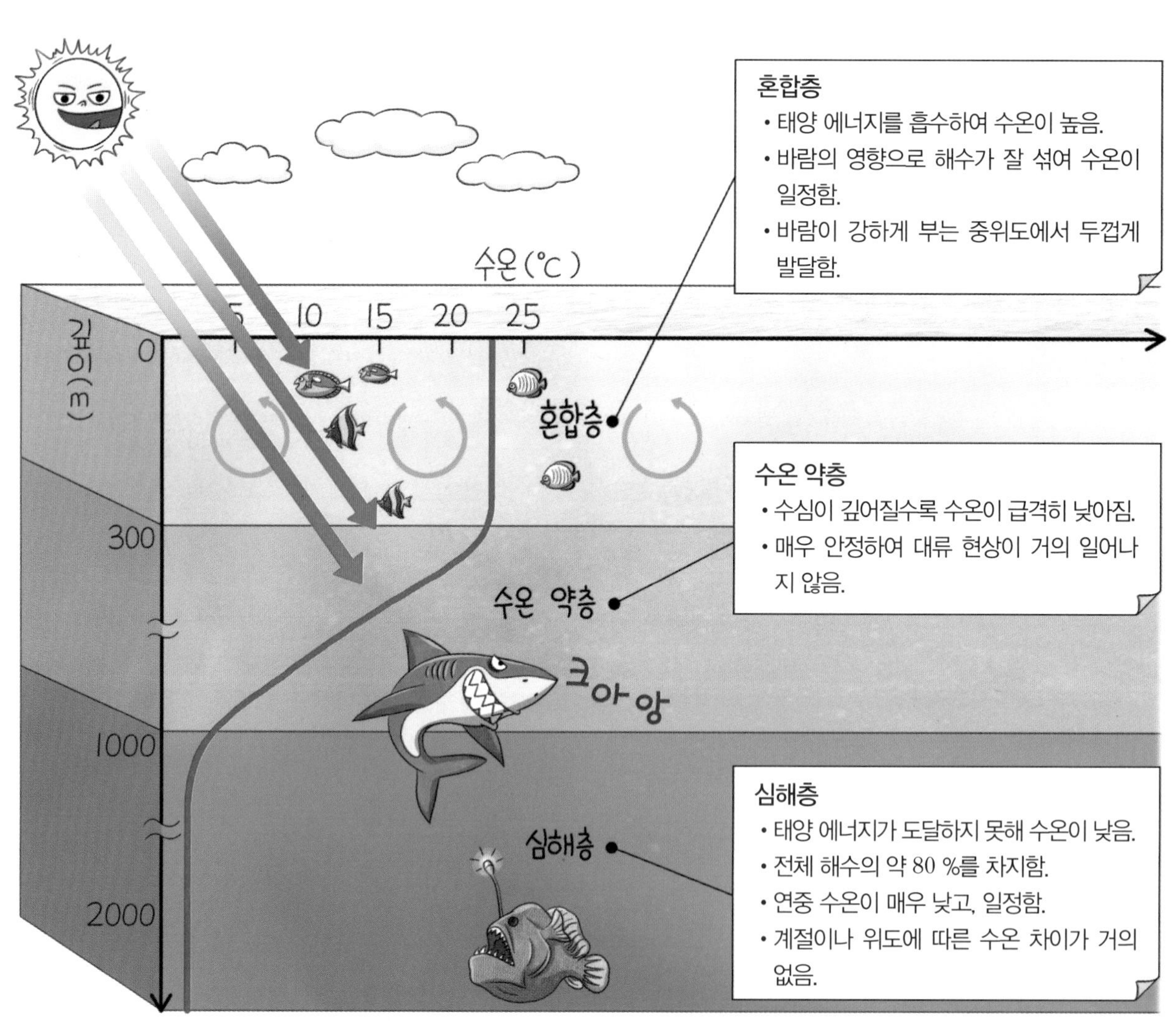

공부할 내용

❶ 해수의 연직 수온 분포
❷ 염분비 일정 법칙
❸ 우리나라 주변의 해류
❹ 조석 현상

염분비 일정 법칙

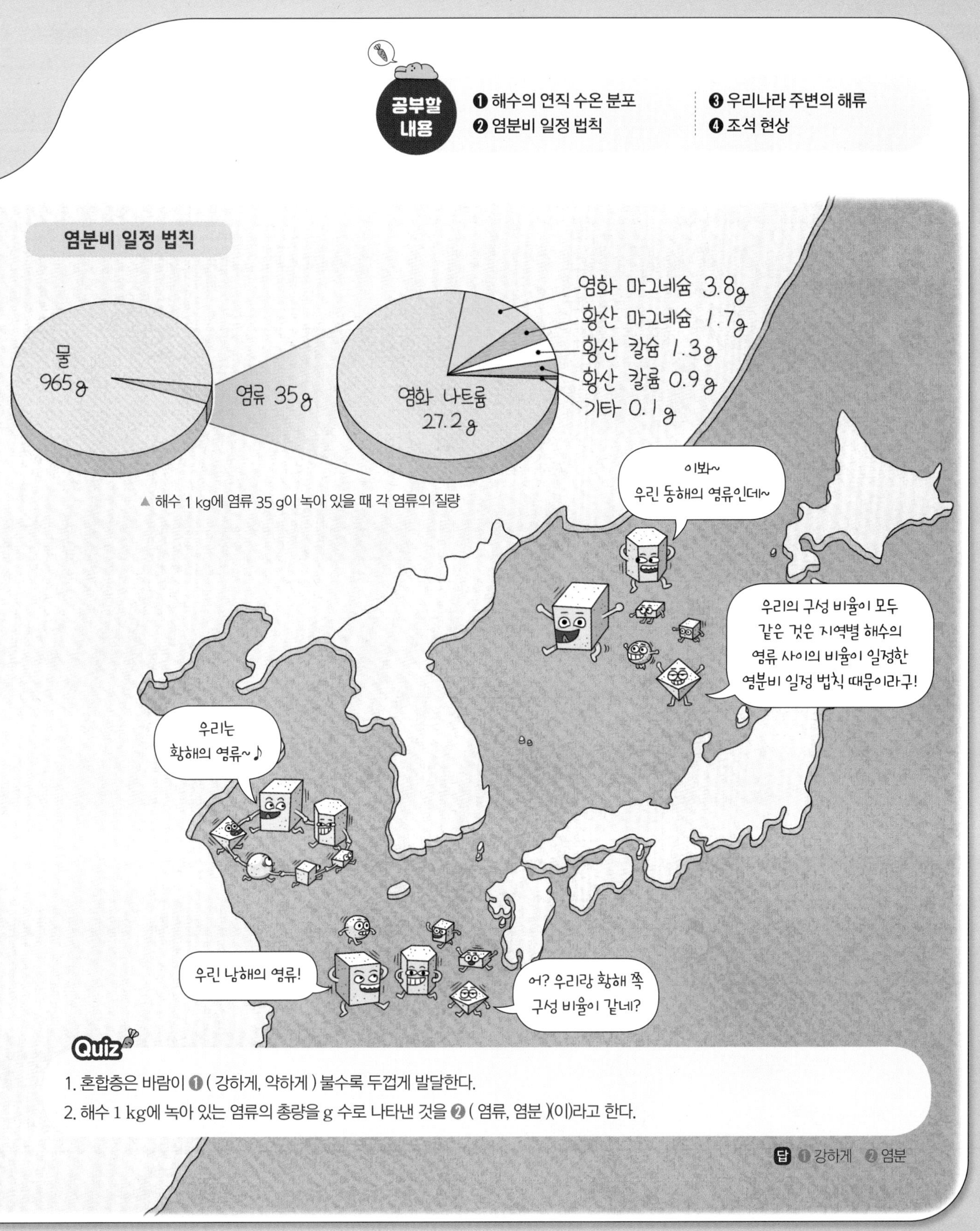

▲ 해수 1 kg에 염류 35 g이 녹아 있을 때 각 염류의 질량

Quiz

1. 혼합층은 바람이 ❶ (강하게, 약하게) 불수록 두껍게 발달한다.
2. 해수 1 kg에 녹아 있는 염류의 총량을 g 수로 나타낸 것을 ❷ (염류, 염분)(이)라고 한다.

답 ❶ 강하게 ❷ 염분

2일 교과서 핵심 정리 ①

개념 1 해수의 연직 수온 분포

1. 해수의 표층 수온 분포

① 해수의 표층 수온에 영향을 주는 요인: ❶ ______ 에너지

② 지구로 들어오는 태양 에너지양: 적도 지방에서 고위도로 갈수록 감소한다.

③ 바다의 표층 수온: 적도 지방이 가장 높고 ❷ ______로 갈수록 낮아진다.

2. 해수의 층상 구조 연직 수온 분포에 따라 혼합층, 수온 약층, 심해층으로 구분

구분	설명
혼합층	태양 에너지를 많이 흡수하여 수온이 높으며, ❸ ______의 영향으로 해수가 섞여 수온이 일정한 층으로, 바람이 강한 중위도 지역에서 두껍게 발달
수온 약층	혼합층과 심해층 사이에서 ❹ ______이 급격하게 낮아지는 층
심해층	태양 에너지가 도달하지 못해 연중 수온이 매우 낮고 변화가 거의 없으며, 위도에 따른 수온 차이도 거의 없는 층

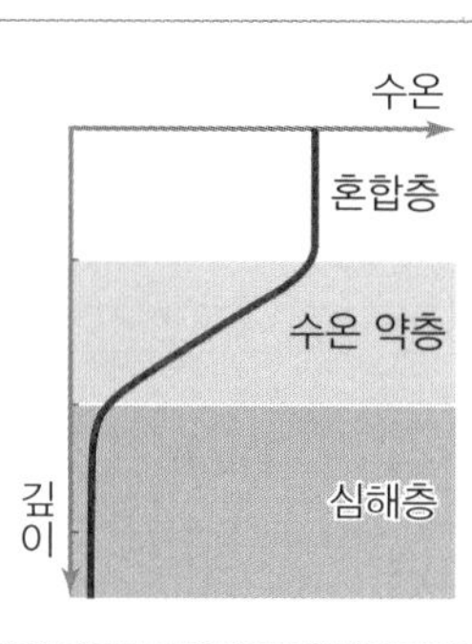

개념 2 염분비 일정 법칙

1. 염류

① 염화 나트륨, 염화 마그네슘, 황산 마그네슘 등 바닷물에 녹아 있는 물질을 염류라고 한다.

② 염류 중 ❺ ______이 가장 많은 양을 차지하므로 바닷물에서 짠맛이 난다.

2. 염분

① 바닷물 1 kg에 녹아 있는 염류의 총량을 g 수로 나타낸 것을 염분이라고 한다.

② 염분의 단위는 ❻ ______로, 전 세계 바다의 평균 염분은 약 35 psu이다.

③ 전 세계 바다의 표층 염분 분포는 지역에 따라 다르며, ❼ ______의 유입, 강수량과 증발량의 차이, 해수의 결빙과 해빙 등이 염분에 영향을 미친다.

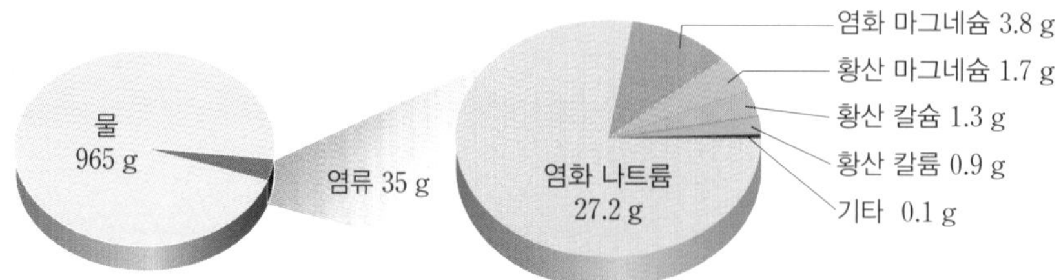

▲ 염분이 35 psu인 바닷물 1 kg에 녹아 있는 염류의 종류와 양

3. 염분비 일정 법칙 바닷물은 오랫동안 끊임없이 순환하면서 염류가 골고루 섞여 있으므로, 지역별로 염분이 달라도 해수에 녹아 있는 ❽ ______은 거의 일정하다.

❶ 태양
❷ 고위도
❸ 바람
❹ 수온
❺ 염화 나트륨
❻ psu(실용염분단위)
❼ 강물
❽ 염류 사이의 비율

기초 확인 문제

정답과 해설 24쪽

01 해수의 수온 분포에 대한 설명에서 빈칸에 알맞은 말을 쓰시오.

(1) 해양의 표층 수온 분포는 (　　　　) 에너지의 영향을 가장 많이 받는다.

(2) 해양의 표층 수온은 (　　　　) 지방에서 가장 높고, (　　　　)로 갈수록 낮아진다.

(3) 해수는 연직 수온 분포에 따라 (　　　　), 수온 약층, (　　　　)으로 구분한다.

02 염분에 대한 설명으로 옳은 것은 ○, 옳지 않은 것은 × 표 하시오.

(1) 전 세계 바다의 표층 염분 분포는 지역에 따라 차이가 난다. (　　　)

(2) 강수량이 증발량보다 많은 해역은 강수량이 증발량보다 적은 해역보다 표층 염분이 높다. (　　　)

(3) 염류 중 염화 나트륨이 가장 많은 양을 차지한다. (　　　)

(4) 지역이 달라도 해수에 녹아 있는 염류 사이의 비율은 거의 일정하다. (　　　)

03 어느 해역의 바닷물 1 kg에 35 g의 염류가 녹아 있는 것으로 분석되었다. 이 바닷물의 염분을 구하시오.

(　　　　　)

04 해수의 표층 염분 분포에 영향을 주는 요인을 〈보기〉에서 모두 고르시오.

보기

ㄱ. 강수량　　　ㄴ. 증발량
ㄷ. 해수의 결빙　　　ㄹ. 강물의 유입
ㅁ. 해저 지형

(　　　　　)

05 해수의 층상 구조에 대한 설명으로 옳은 것은?

① 태양 에너지는 혼합층에 영향을 주지 않는다.
② 혼합층은 바람이 약한 지역에서 두껍게 발달한다.
③ 수온 약층에서는 수심이 깊어질수록 수온이 낮아진다.
④ 심해층은 위도에 따라 뚜렷한 수온의 차이를 보인다.
⑤ 심해층에서는 연중 수온의 변화가 매우 크게 나타난다.

06 염분에 대한 설명으로 옳은 것을 〈보기〉에서 모두 고르시오.

보기

ㄱ. 염분의 단위는 psu(실용염분단위)이다.
ㄴ. 바닷물에 담수가 유입되면 염분은 높아진다.
ㄷ. 바닷물에서 짠맛이 나는 이유는 염류 중 염화 나트륨이 가장 많이 녹아 있기 때문이다.

(　　　　　)

2일 교과서 핵심 정리 ②

개념 3 우리나라 주변의 해류

1. 해류 일정한 ❶ [ ] 으로 움직이는 지속적인 해수의 흐름

2. 우리나라 주변의 해류 해수 표층을 흐르는 해류를 난류와 한류로 구분

① 난류: 저위도에서 고위도로 흐르는 따뜻한 해류

예 쿠로시오 해류, 동한 난류, 제주 난류, 황해 난류 등

② 한류: ❷ [ ] 에서 ❸ [ ] 로 흐르는 차가운 해류

예 연해주 한류, 북한 한류 등

③ 조경 수역: 한류와 난류가 만나는 곳으로, 다양한 어종이 모여들어 좋은 ❹ [ ] 을 형성

예 동한 난류와 북한 한류가 만나는 동해

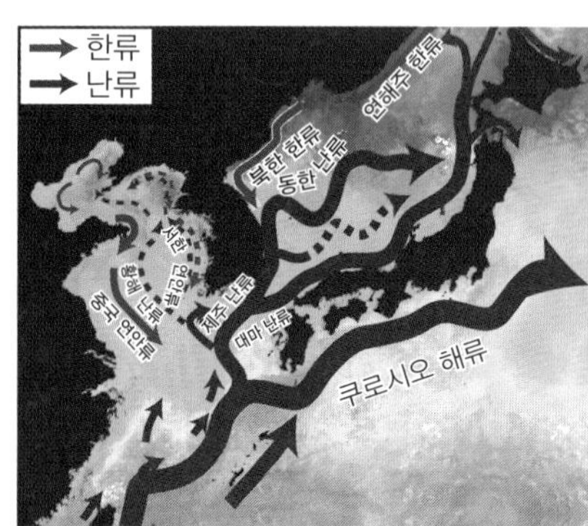

▲ 우리나라 주변의 해류

❶ 방향

❷ 고위도

❸ 저위도

❹ 어장

개념 4 조석 현상

1. 조석 밀물과 썰물로 해수면이 주기적으로 높아졌다 다시 낮아지는 현상

2. 만조와 간조

① 만조: ❺ [ ] 로 해수면이 가장 높아졌을 때

② 간조: 썰물로 해수면이 가장 낮아졌을 때

③ 조차: 만조와 간조 때의 ❻ [ ] 높이 차이

④ 조석 주기: 만조에서 다음 만조, 또는 간조에서 다음 간조까지 걸린 시간(약 12시간 25분)

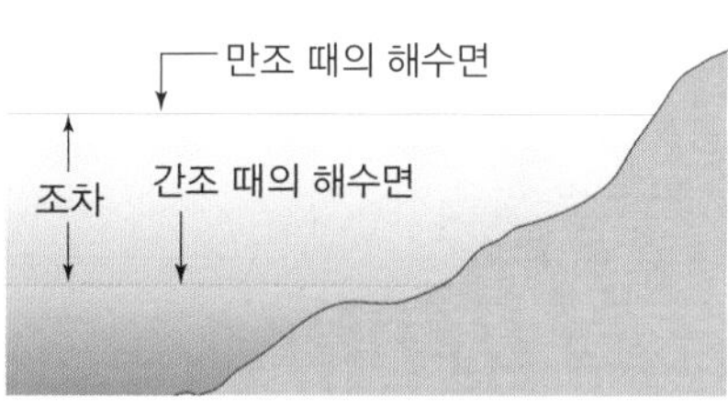

▲ 만조와 간조 때의 해수면

3. 사리와 조금

① 사리: 한 달 중 조차가 가장 ❼ [ ] 나타나는 시기

② 조금: 한 달 중 조차가 가장 작게 나타나는 시기

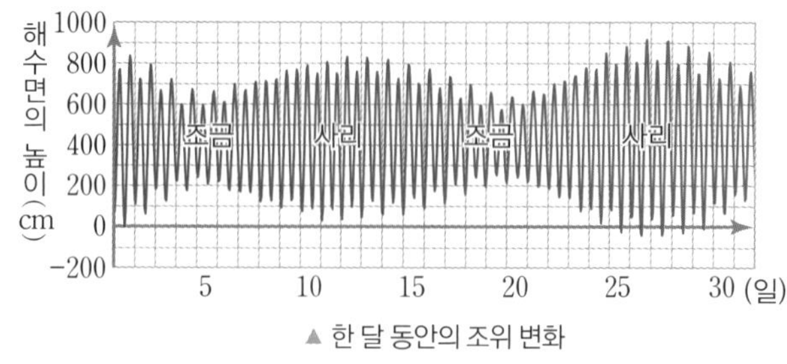

▲ 한 달 동안의 조위 변화

❺ 밀물

❻ 해수면

❼ 크게

기초 확인 문제

07 우리나라 주변 해류에 대한 설명으로 옳은 것은 ○, 옳지 않은 것은 ×표 하시오.

(1) 쿠로시오 해류는 난류이다. (　　　)

(2) 한류는 저위도에서 고위도로 흐른다. (　　　)

(3) 북한 한류와 황해 난류가 만나 조경 수역을 이룬다. (　　　)

(4) 조경 수역에는 다양한 어종이 모여들어 좋은 어장이 형성된다. (　　　)

(5) 해류는 해수가 일정한 방향으로 지속적인 흐름을 보이는 것이다. (　　　)

08 조석 현상 대한 설명에서 빈칸에 알맞은 말을 쓰시오.

(1) 조석은 (　　　)과 (　　　)로 해수면이 주기적으로 높아졌다 다시 낮아지는 현상이다.

(2) 밀물로 해수면이 가장 (　　　) 때를 만조라고 한다.

(3) 만조 때의 해수면과 간조 때의 해수면의 높이 차이를 (　　　)라고 한다.

(4) 만조에서 다음 만조, 또는 간조에서 다음 간조까지 걸린 시간을 (　　　)라고 한다.

(5) 조석 주기는 약 12시간 25분이므로 하루 동안에 만조와 간조는 각각 (　　　)씩 나타난다.

(6) 한 달 중 조차가 가장 작게 나타나는 시기는 (　　　)이다.

09 해류와 조석 현상에 대한 설명으로 옳은 것은?

① 고위도에서 저위도로 흐르는 해류는 난류이다.
② 우리나라 동해에는 조경 수역이 형성되어 있다.
③ 만조 때에는 썰물로 해수면의 높이가 높아진다.
④ 한 달 중 조금일 때 조차가 가장 크게 나타난다.
⑤ 사리와 조금은 일정한 주기를 갖지 않고 나타난다.

10 그림은 우리나라 주변 해류를 나타낸 것이다.

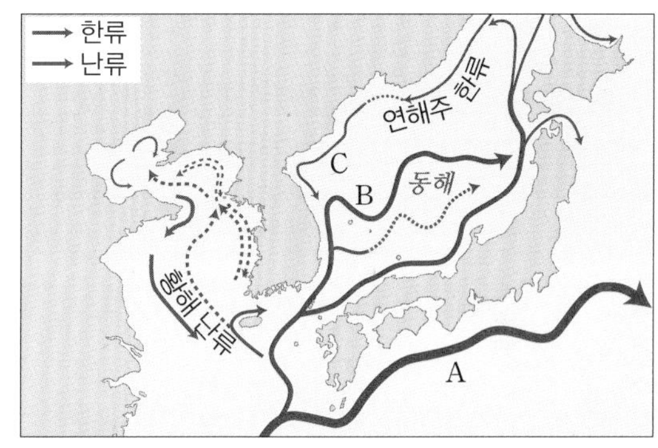

A~C의 이름을 각각 쓰시오.

(　　　　　　　　　　　　　　　　)

11 조석 현상과 관련이 있는 것만을 〈보기〉에서 모두 고르시오.

보기	
ㄱ. 갯벌	ㄴ. 조력 발전
ㄷ. 조경 수역	ㄹ. 밀물과 썰물
ㅁ. 한류와 난류	

(　　　)

2일 내신 기출 베스트

대표 예제 1 수온의 연직 분포

그림은 해수의 연직 수온 분포를 나타낸 것이다.

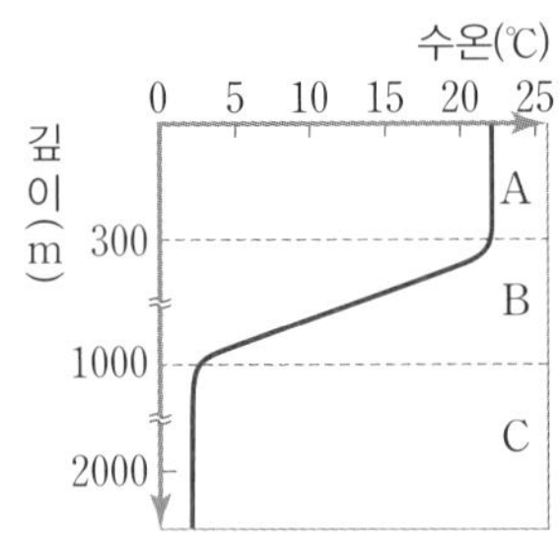

A~C층의 이름을 각각 쓰시오.

A: (   ), B: (   ), C: (   )

개념 가이드

표층 수온은 [   ] 에너지로부터 영향을 받으며, [   ]에서는 바람의 영향으로 수온이 일정하게 나타난다.

답 태양, 혼합층

대표 예제 2 해수의 층상 구조

해수의 층상 구조에 대한 설명으로 옳은 것을 〈보기〉에서 모두 고르시오.

보기

ㄱ. 바람이 강하게 부는 해역일수록 혼합층은 두껍게 발달한다.

ㄴ. 적도 지방이 고위도 지방보다 수온 약층의 연직 수온 변화 정도가 크다.

ㄷ. 심해층은 지역에 따른 수온의 변화가 거의 나타나지 않는다.

개념 가이드

심해층은 태양 에너지가 도달하지 못하므로 연중 수온이 매우 [   ], 위도에 따른 수온 차이도 거의 [   ].

답 낮고, 없다

대표 예제 3 염분

염분에 대한 설명으로 옳은 것을 〈보기〉에서 모두 고르시오.

보기

ㄱ. 염류 중 가장 많은 양을 차지하는 것은 염화 나트륨이다.

ㄴ. 염분은 바닷물 1 kg에 녹아 있는 염류의 총량을 kg 수로 나타낸 것이다.

ㄷ. 해수의 결빙이 일어나는 곳은 해빙이 일어나는 곳에 비해 염분이 높다.

개념 가이드

염분에 영향을 미치는 요인에는 강물의 유입, [   ]과 [   ]의 차이 등이 있다.

답 강수량, 증발량

대표 예제 4 염분비 일정 법칙

표는 A와 B의 두 해역에서 측정한 염분과 염류의 양이다.

해역	염분	염화 나트륨	염화 마그네슘
A	35.0 psu	28.0 g	ㄱ
B	40.0 psu	ㄴ	4.0 g

ㄱ과 ㄴ에 들어갈 값을 구하시오.

ㄱ: (   ), ㄴ: (   )

개념 가이드

바닷물은 오랫동안 순환하면서 염류가 골고루 섞였으므로 지역별로 염분은 달라도 해수에 녹아 있는 염류 사이의 [   ]은 거의 일정하다.

답 비율

정답과 해설 26쪽

대표 예제 5 우리나라 주변의 해류

다음 우리나라 주변 해류 A~D 중에서 난류를 모두 고르시오.

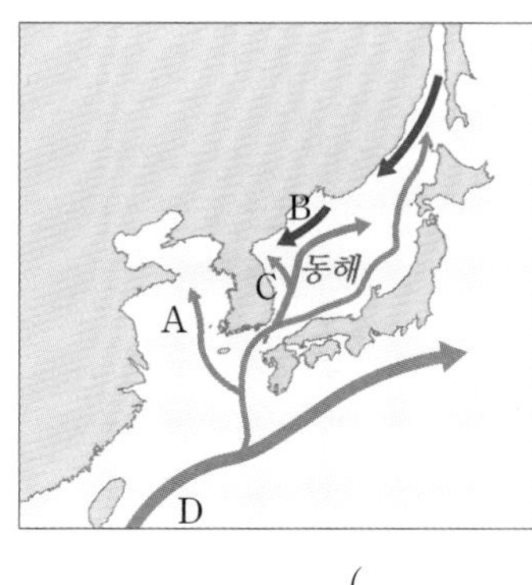

( )

개념 가이드

난류는 [ ]에서 [ ]로 흐르는 따뜻한 해류이다.

답 저위도, 고위도

대표 예제 6 해류의 특징

해류에 대한 설명으로 옳은 것을 <보기>에서 모두 고르시오.

보기
ㄱ. 일정한 방향으로 움직이는 지속적인 해수의 흐름이다.
ㄴ. 난류는 주변 해수보다 따뜻한 해류이다.
ㄷ. 한류는 저위도에서 고위도로 흐르는 해류이다.
ㄹ. 우리나라의 황해에는 조경 수역이 형성되어 있다.

개념 가이드

조경 수역은 따뜻한 [ ]와 차가운 [ ]가 만나는 곳으로, 다양한 어종이 모여들어 좋은 어장을 형성한다.

답 난류, 한류

대표 예제 7 조석 현상

조석 현상에 대한 설명으로 옳은 것을 <보기>에서 모두 고르시오.

보기
ㄱ. 조석 현상의 주기는 약 12시간 25분이다.
ㄴ. 한 달 중 조차가 가장 크게 나타나는 시기는 사리이다.
ㄷ. 우리나라 주변 해역 중 동해에서 조차가 가장 크게 나타난다.
ㄹ. 조석은 밀물과 썰물로 해수면의 높이가 주기적으로 변하는 현상이다.

개념 가이드

조석이란 [ ]과 썰물로 해수면의 [ ]가 주기적으로 높아졌다 다시 낮아지는 현상이다.

답 밀물, 높이

대표 예제 8 만조와 간조

표는 어느 날 하루 동안 해수면 높이가 가장 높았을 때와 가장 낮았을 때를 기록한 것이다.

시각	00:24	06:10	12:21	18:31
높이(cm)	117	778	56	843

이 날 간조일 때와 만조일 때의 시각을 각각 쓰시오.

간조: ( )
만조: ( )

개념 가이드

만조에서 다음 만조, 또는 간조에서 다음 간조까지 걸린 시간을 [ ]라고 한다.

답 조석 주기

3일 온도와 열

그림으로 개념 잡기

공부할 내용

❶ 온도와 입자 운동
❷ 열의 이동 방법
❸ 단열
❹ 열평형

열의 이동 방법: 전도, 대류, 복사

열이 대류의 방법으로 이동하여 방안 전체가 따뜻해져.
대류
난로 앞은 복사에 의해 열이 이동하여 따뜻해.
전도
복사

열평형

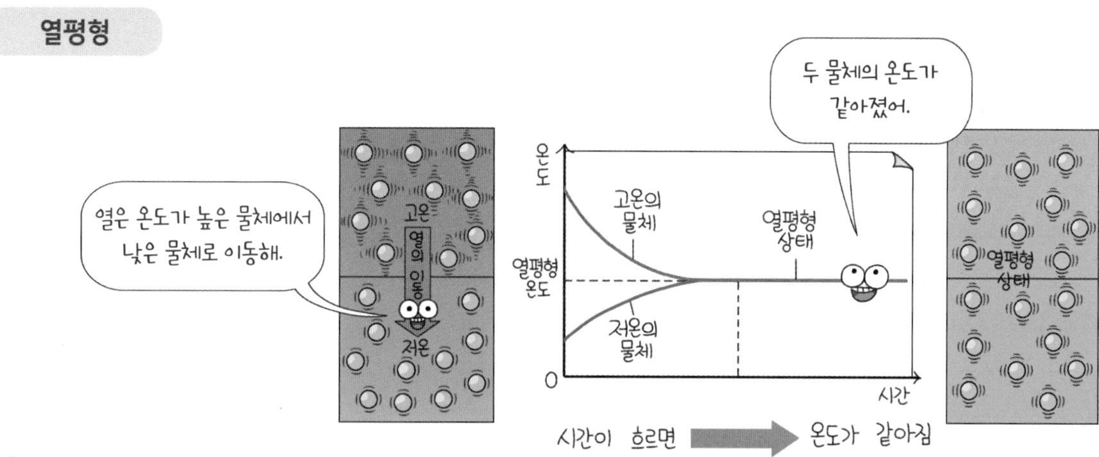

Quiz

1. 온도가 다른 두 물체를 접촉시켰을 때 온도가 ❶ (높은, 낮은) 물체에서 온도가 ❷ (높은, 낮은) 물체로 열이 이동한다.
2. 액체나 기체 입자가 직접 이동하여 열을 전달하는 방식을 ❸ (전도, 대류, 복사)라고 한다.

답 ❶ 높은 ❷ 낮은 ❸ 대류

3일 교과서 **핵심 정리 ①**

개념 1 온도와 입자 운동

1. 온도 물체의 차고 뜨거운 정도를 숫자로 나타낸 값으로, 물체를 구성하는 ❶ [ ] 운동의 활발한 정도를 나타낸다.

2. 물체의 온도와 입자 운동 온도가 높을수록 물체를 이루는 입자들의 운동이 ❷ [ ] 하다.

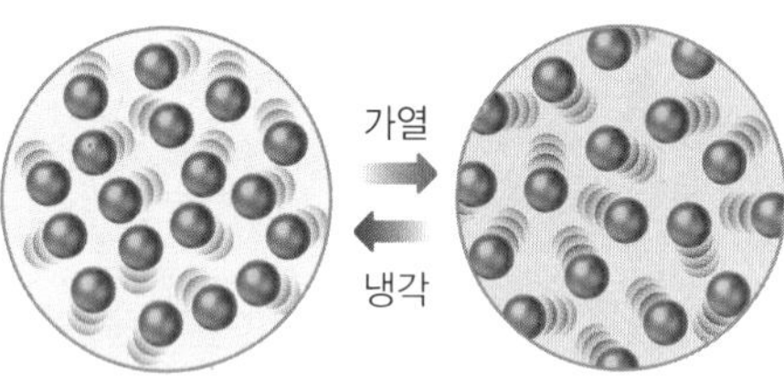

개념 2 열의 이동 방법

1. 열 온도가 서로 다른 두 물체가 접촉했을 때 온도가 ❸ [ ] 물체에서 온도가 ❹ [ ] 물체로 이동하는 에너지

2. 열의 이동 방법 ─ 물질마다 열이 전도되는 정도가 다르다.

전도	대류	복사
→ 열의 이동, 금속 막대, 입자 운동이 전달, 입자 운동이 활발함, 입자 운동이 활발하지 않음	열을 받아 뜨거워진 물은 위로 이동, 차가운 물은 아래로 이동	태양, 열, 지구
물질을 구성하는 입자의 운동이 이웃한 입자에 차례대로 전달되어 열이 이동하는 현상	액체나 ❺ [ ] 입자가 직접 이동하면서 열을 전달하는 현상	다른 물질을 거치지 않고 열이 직접 이동하는 현상

3. 열의 이동의 예

전도에 의한 열의 이동	대류에 의한 열의 이동	복사에 의한 열의 이동
• 뜨거운 국에 넣어 둔 숟가락이 점점 뜨거워진다. • 냄비 아랫부분을 가열하면 냄비 전체가 뜨거워진다. • 겨울철 나무 의자보다 금속 의자가 더 차갑게 느껴진다. • 프라이팬은 금속으로 만들고, 손잡이는 플라스틱으로 만든다.	• 주전자 아래쪽을 가열하여 물을 끓이면 물이 전체적으로 따뜻해진다. • 냉방기는 ❻ [ ]에, 난방기는 ❼ [ ]에 설치하여 대류가 잘 일어나게 한다. • 보일러를 켜면 방 전체가 따뜻해진다.	• 난로나 모닥불 앞에 앉아 있으면 금방 따뜻해진다. • 태양열이 우주 공간을 지나 지구로 온다. • 적외선 치료기나 오븐에서 복사에 의해 열이 전달된다. • 겨울철 양지바른 곳에 있으면 따뜻하다.

❶ 입자
❷ 활발
❸ 높은
❹ 낮은
❺ 기체
❻ 위쪽
❼ 아래쪽

기초 확인 문제

정답과 해설 27쪽

01 다음에서 설명하는 것은 무엇인지 쓰시오.

> 물체의 차고 뜨거운 정도를 나타내는 것과 동시에, 그 물체를 이루는 입자 운동의 활발한 정도를 나타낸다.

( )

02 그림은 같은 양의 물이 담긴 비커에 같은 양의 잉크를 동시에 떨어뜨렸을 때 잉크가 퍼져나가는 두 가지 경우 (가), (나)를 나타낸 것이다.

(가) (나)

빈칸에 알맞은 말을 고르시오.

(1) 온도가 높을수록 잉크가 빨리 퍼지므로 ((가), (나))의 온도가 더 높다.

(2) 입자 운동이 활발할수록 잉크가 더 빨리 퍼지므로 ((가), (나))의 입자 운동이 더 활발하다.

03 온도에 대한 설명으로 옳은 것을 <보기>에서 모두 고르시오.

> 보기
>
> ㄱ. 온도의 단위는 ℃(섭씨도)를 사용한다.
>
> ㄴ. 온도가 높을수록 입자 운동이 활발하다.
>
> ㄷ. 온도는 사람의 감각으로 측정할 수 있다.

( )

04 다음은 열에 대한 설명이다. 빈칸에 알맞은 말을 쓰시오.

> 온도가 다른 두 물체가 접촉할 때 온도가 ㉠( ) 물체에서 온도가 ㉡( ) 물체로 이동하는 에너지를 열이라고 한다.

05 다음 설명에 해당하는 열의 이동 방법을 쓰시오.

(1) 열이 다른 물질을 거치지 않고 직접 이동하는 현상 ( )

(2) 물질을 구성하는 입자들이 직접 이동하면서 열이 이동하는 현상 ( )

(3) 물질을 이루고 있는 입자의 운동이 이웃한 입자에 차례로 전달되어 열이 이동하는 현상 ( )

06 다음은 열의 이동을 이용하는 예이다. 각 경우 열의 이동 방법을 쓰시오.

(1)( )	(2)( )	(3)( )
전기장판		
전기장판에 앉으면 따뜻하다.	난로 앞에 앉으면 따뜻하다.	냄비 안에 담긴 물이 골고루 따뜻해진다.

교과서 핵심 정리 ②

개념 3 | 단열

1. 단열 물체 사이의 ❶ [ ] 의 이동을 막는 것 → 일정한 온도를 오래 유지할 수 있다. ❶ 열

- 단열재: 단열을 목적으로 사용하는 재료나 물질 (예) 솜, 스타이로폼, 알루미늄 포일 등

2. 단열의 이용 보온병, 이중창, 오븐용 장갑, 음식 배달 가방 등

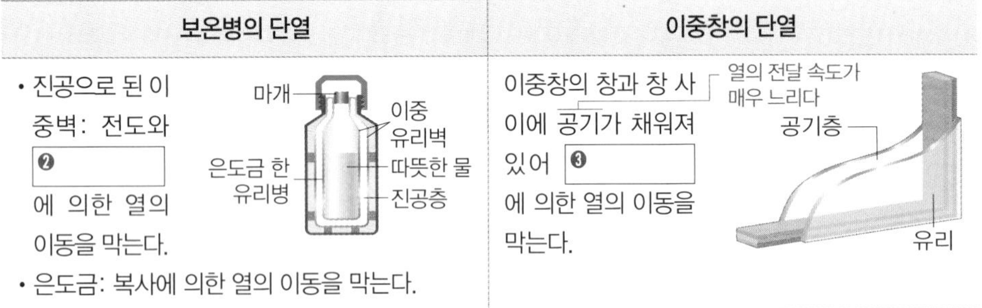

보온병의 단열	이중창의 단열
• 진공으로 된 이중벽: 전도와 ❷ [ ] 에 의한 열의 이동을 막는다. • 은도금: 복사에 의한 열의 이동을 막는다.	이중창의 창과 창 사이에 공기가 채워져 있어 ❸ [ ] 에 의한 열의 이동을 막는다.

❷ 대류
❸ 전도

3. 냉난방 기구의 효율적 사용 냉방기를 ❹ [ ] 에, 난방기를 ❺ [ ] 에 설치하면 공기의 대류가 잘 일어나기 때문에 냉난방 기구를 효율적으로 사용할 수 있다.

❹ 위쪽
❺ 아래쪽

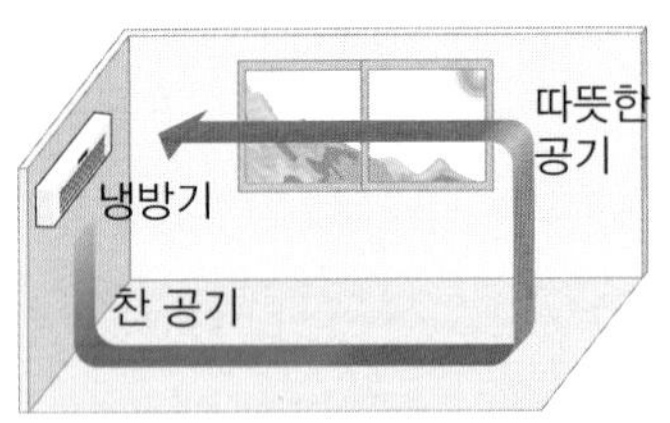

▲ 냉방기

냉방기를 켜면 차가워진 공기가 아래로 내려오고, 아래쪽에 있던 따뜻한 공기는 위로 올라간다.

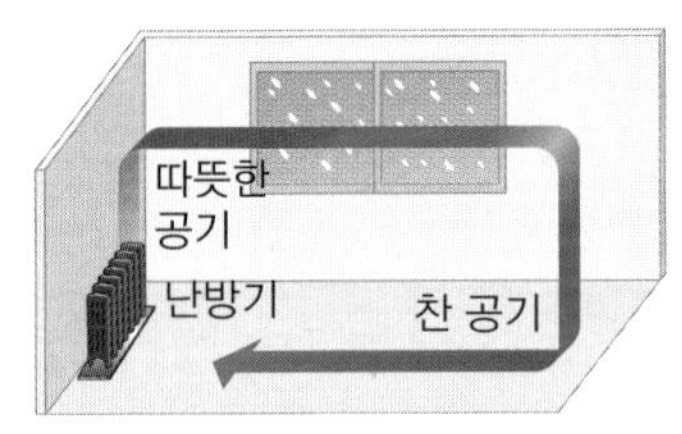

▲ 난방기

난방기를 켜면 따뜻해진 공기가 위로 올라가고, 위쪽의 찬 공기가 아래로 내려온다.

개념 4 | 열평형

1. 열평형 온도가 다른 두 물체가 접촉했을 때 온도가 높은 물체에서 온도가 낮은 물체로 열이 이동하여 두 물체의 온도가 ❻ [ ] 상태

❻ 같아진

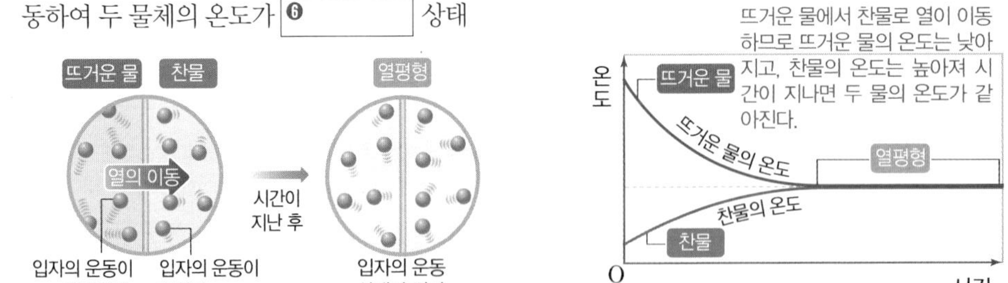

2. 열평형에 의한 현상

① 온도계를 물체에 접촉하면 열평형 상태가 되어 물체의 온도를 측정할 수 있다.

② 냉장고 속에 음식을 넣어 두면 열평형 상태가 되어 음식의 온도가 냉장고 속 공기의 온도와 ❼ [ ].

❼ 같아진다

③ 여름에 수박을 시원한 물에 담가 두면 열평형 상태가 되어 수박이 시원해진다.

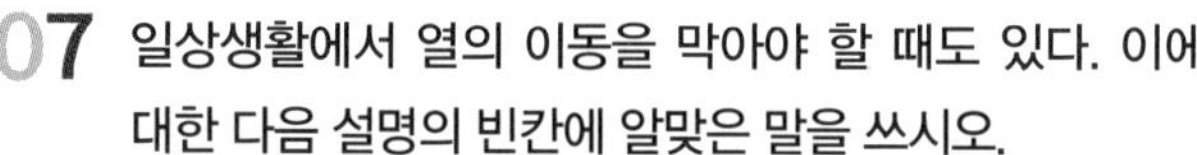

기초 확인 문제

정답과 해설 27쪽

07 일상생활에서 열의 이동을 막아야 할 때도 있다. 이에 대한 다음 설명의 빈칸에 알맞은 말을 쓰시오.

> 전도, 대류, 복사에 의한 열의 이동을 막는 것을 ㉠(　　　　)(이)라 하고, 이를 위해 사용하는 재료를 ㉡(　　　　)(이)라고 한다.

08 다음은 효과적인 단열 방법에 대한 설명이다. 빈칸에 알맞은 말을 쓰시오.

(1) 공기층을 이용하면 (　　　　)에 의한 열의 이동을 효과적으로 막을 수 있다.

(2) 공기가 없는 진공 상태는 전도뿐만 아니라 (　　　　)에 의한 열의 이동을 막는 데 효과적이다.

(3) 얇은 금속판으로 열을 반사하는 장치를 만들면 (　　　　)에 의한 열의 이동을 막을 수 있다.

09 다음은 냉난방 장치의 효율적인 이용에 대한 설명이다. 빈칸에 알맞은 말을 고르시오.

(1) 냉방기는 방의 ㉠(위쪽, 아래쪽)에 설치해야 냉방기에서 나오는 찬 공기가 ㉡(위쪽, 아래쪽)으로 이동하므로 방 전체가 시원해진다.

(2) 난방기는 방의 ㉠(위쪽, 아래쪽)에 설치해야 난방기에서 데워진 따뜻한 공기가 ㉡(위쪽, 아래쪽)으로 이동하므로 방 전체가 따뜻해진다.

10 다음에서 설명하는 것은 무엇인지 쓰시오.

> 온도가 다른 두 물체가 서로 접촉해 있을 때 온도가 높은 물체에서 낮은 물체로 열이 이동하여 결국 두 물체의 온도가 같아진다.

(　　　　　　)

11 그림은 온도가 다른 두 물체 A와 B가 접촉했을 때 A, B의 온도를 시간에 따라 나타낸 것이다.

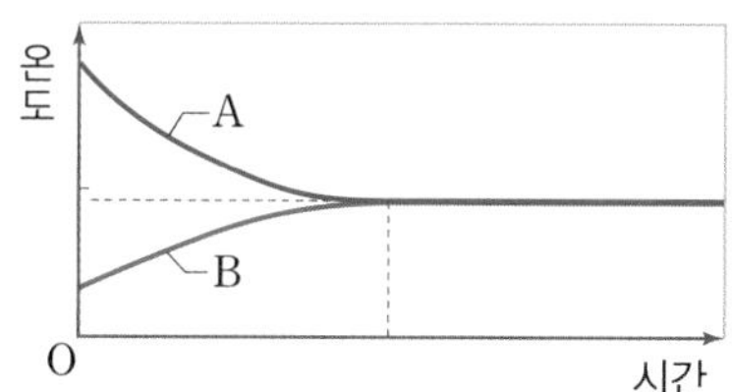

빈칸에 알맞은 말을 고르시오.

(1) 두 물체 사이에서 열은 ㉠(A, B)에서 ㉡(A, B)로 이동한다.

(2) 시간이 흐르면 A는 입자 운동이 ㉠(활발해지고, 둔해지고), B는 입자 운동이 ㉡(활발해진다, 둔해진다).

(3) 충분한 시간이 흐르면 A와 B의 온도는 (처음과 반대가 된다, 같아진다).

12 다음은 열평형을 이용한 예이다. 빈칸에 알맞은 말을 쓰시오.

> 그림과 같이 얼음 속에 음료를 넣으면 ㉠(　　　　)에서 ㉡(　　　　)으로 열이 이동하여 열평형에 도달한다. 따라서 음료를 차갑게 유지할 수 있다.

3일 내신 기출 베스트

대표 예제 1 온도와 입자 운동

물체의 온도와 입자 운동에 대한 설명으로 옳은 것을 〈보기〉에서 모두 고른 것은?

보기
ㄱ. 온도가 높을수록 입자 운동이 활발하다.
ㄴ. 30 °C 물과 60 °C 물의 입자 운동 상태는 같다.
ㄷ. 물체에 열을 가하면 입자 운동이 활발해진다.
ㄹ. 온도는 물체를 이루는 입자 운동의 활발한 정도를 나타낸 것이다.

① ㄱ, ㄴ ② ㄱ, ㄷ ③ ㄴ, ㄹ
④ ㄱ, ㄷ, ㄹ ⑤ ㄴ, ㄷ, ㄹ

개념 가이드

물체의 온도가 낮으면 물체를 구성하는 입자의 운동이 ☐하고, 온도가 높으면 입자의 운동이 ☐하다.

답 둔, 활발

대표 예제 2 온도와 입자 운동

그림은 온도가 서로 다른 물 A, B의 입자 운동 모습을 나타낸 것이다. 이에 대한 설명으로 옳은 것을 〈보기〉에서 모두 고르시오.

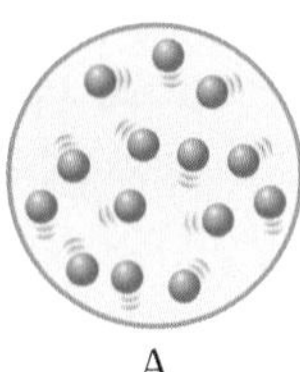

A

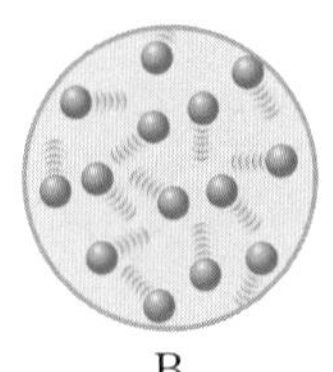

B

보기
ㄱ. A의 온도가 B보다 높다.
ㄴ. B의 입자 운동이 A보다 활발하다.
ㄷ. B를 가열하면 입자 운동이 더 활발해진다.

( )

개념 가이드

온도가 ☐수록 입자들의 운동이 활발하므로 물체를 가열하면 입자 운동이 ☐.

답 높을, 활발해진다

대표 예제 3 열의 이동 방법

겨울에 난방을 하면 온수관이 지나는 부분부터 바닥이 따뜻해진다. 이와 같은 방법으로 열이 이동하는 경우는?

① 난로 가까이 앉으면 따뜻하다.
② 국그릇에 담긴 숟가락이 뜨거워진다.
③ 난방기를 켜면 방 전체가 따뜻해진다.
④ 가스레인지 위의 주전자 속 물이 뜨거워진다.
⑤ 햇빛이 비치는 곳에 둔 철근이 따뜻해진다.

개념 가이드

전도는 물질을 이루고 있는 ☐의 운동이 이웃한 ☐에 차례로 전달되어 열이 이동하는 방법이다.

답 입자, 입자

대표 예제 4 열의 이동 방법

그림과 같이 난로 가까이에 있을 때 따뜻함을 느낀다. 이와 같은 열의 이동 방법에 대한 설명으로 옳은 것을 〈보기〉에서 모두 고르시오.

보기
ㄱ. 프라이팬이 뜨거워지는 것과 같다.
ㄴ. 열이 물질의 도움 없이 직접 이동한다.
ㄷ. 입자가 직접 이동하면서 열을 전달한다.
ㄹ. 햇빛이 비치는 곳에서 따뜻함을 느끼는 것과 같다.

( )

개념 가이드

양지 바른 곳에서 따뜻함을 느끼는 것은 태양열이 ☐의 방법으로 ☐ 지구로 전달되기 때문이다.

답 복사, 직접

대표 예제 5 단열

다음은 겨울철 집안에서 단열에 자주 이용되는 '뽁뽁이'에 대한 설명이다. 빈칸에 공통적으로 들어갈 알맞은 말을 쓰시오.

'뽁뽁이'의 비닐 안에는 (　　　　)가 들어 있다. (　　　　)는 열의 전도가 잘 일어나지 않는 물질이기 때문에 단열에 효율적이다.

개념 가이드

스타이로폼, 솜과 같이 내부에 [　　] 를 많이 포함한 물질은 [　　] 에 의한 열의 이동을 막는다. 답 공기, 전도

대표 예제 6 냉난방 장치의 효율적 이용

냉난방 장치의 효율적인 이용에 대한 설명으로 옳은 것을 〈보기〉에서 모두 고른 것은?

보기
ㄱ. 난로는 방의 위쪽에 설치한다.
ㄴ. 전기난로에 반사판을 설치한다.
ㄷ. 에어컨은 방의 위쪽에 설치한다.
ㄹ. 석유난로 앞에 바람 차단막를 설치한다.

① ㄱ, ㄴ　② ㄱ, ㄷ　③ ㄱ, ㄹ
④ ㄴ, ㄷ　⑤ ㄷ, ㄹ

개념 가이드

냉방기는 [　　] 에, 난방기는 [　　] 에 설치하면 공기의 대류가 잘 일어난다. 답 위쪽, 아래쪽

대표 예제 7 열평형

그림은 뜨거운 달걀을 찬물에 넣은 모습이다. 이에 대한 설명으로 옳은 것을 〈보기〉에서 모두 고르시오.

보기
ㄱ. 달걀에서 물로 열이 이동한다.
ㄴ. 물의 입자 운동은 점점 둔해진다.
ㄷ. 달걀의 입자 운동은 점점 활발해진다.
ㄹ. 일정 시간 후 달걀과 물의 온도는 같아진다.

(　　　　　　　　)

개념 가이드

온도가 다른 두 물체가 서로 접촉하면 온도가 [　　] 물체에서 낮은 물체로 [　　] 이 이동한다. 답 높은, 열

대표 예제 8 열평형

열평형에 의한 현상으로 옳은 것을 〈보기〉에서 모두 고른 것은?

보기
ㄱ. 음식 냄새가 추운 날보다 더운 날 더 잘 퍼진다.
ㄴ. 접촉식 요리용 온도계를 이용하여 음식의 온도를 측정한다.
ㄷ. 음료수병을 얼음이 담긴 아이스박스에 넣어 시원하게 한다.
ㄹ. 갓 삶은 뜨거운 달걀을 찬물에 담가 식힌다.

① ㄱ, ㄴ　② ㄱ, ㄷ　③ ㄴ, ㄹ
④ ㄱ, ㄷ, ㄹ　⑤ ㄴ, ㄷ, ㄹ

개념 가이드

뜨거운 음식에서 온도계로 [　　] 이 이동하여 [　　] 에 도달하면 음식의 온도를 측정할 수 있다. 답 열, 열평형

4일 비열과 열팽창

그림으로 개념 잡기

비열

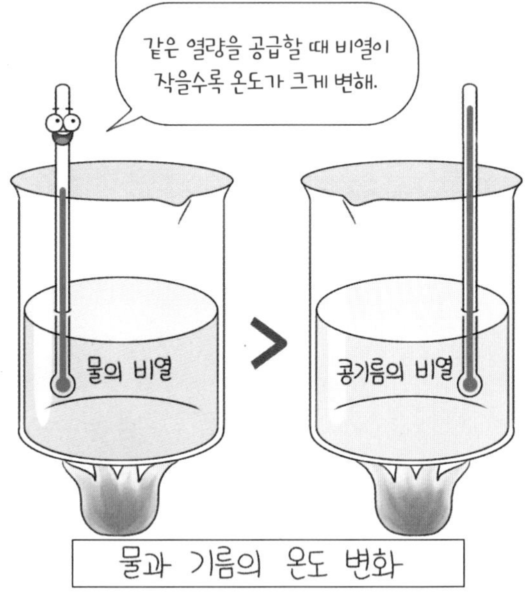

물과 기름의 온도 변화

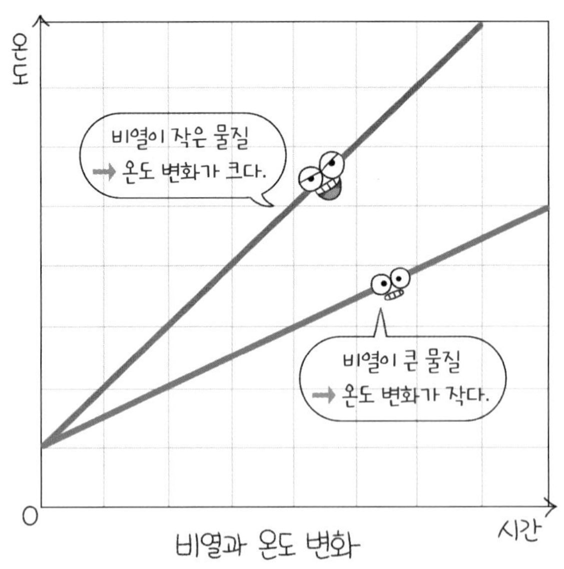

비열과 온도 변화

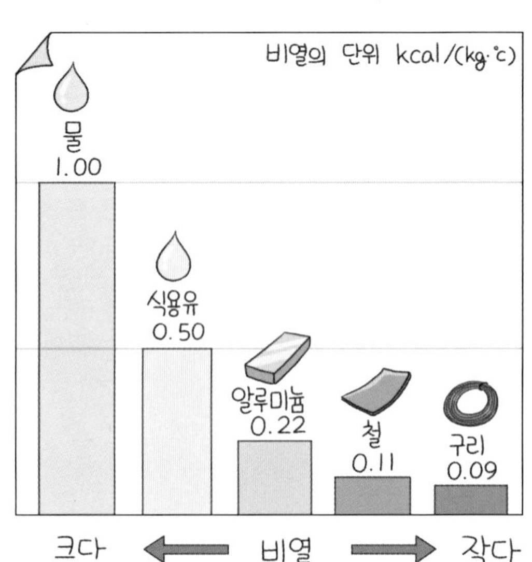

공부할 내용

❶ 비열
❷ 비열과 우리 생활
❸ 열팽창
❹ 열팽창과 우리 생활

Quiz

1. 질량이 같은 물질에 같은 열량을 가하면 비열이 ❶ (큰, 작은) 물질일수록 온도 변화가 작다.
2. 물체에 열을 가하면 입자 운동이 활발해지면서 입자 사이의 거리가 ❷ (멀어, 가까워)진다.

답 ❶ 큰 ❷ 멀어

교과서 핵심 정리 ①

개념 1 비열

1. **열량** 온도가 높은 물체에서 온도가 낮은 물체로 이동한 열의 양 [단위: kcal(킬로칼로리), cal(칼로리)]

2. **비열** 어떤 물질 1 kg의 온도를 1 ℃ 높이는 데 필요한 열량 [단위: kcal/(kg · ℃)] → 비열은 물질의 ❶ [ ] 이므로 물질의 종류에 따라 다르다.

$$비열(kcal/(kg\cdot{}^\circ C)) = \frac{열량(kcal)}{질량(kg)\times 온도\ 변화({}^\circ C)} \rightarrow 열량 = 비열 \times 질량 \times 온도\ 변화$$

3. **비열 및 질량과 온도 변화의 관계**

비열과 온도 변화	질량과 온도 변화
질량이 같은 물질에 같은 열량을 가하면 비열이 큰 물질일수록 온도 변화가 ❷ [ ].	같은 종류의 물질에 같은 열량을 가하면 질량이 큰 물질일수록 온도 변화가 ❸ [ ].
온도 / O / 시간 / 비열 0.5 kcal/(kg·℃) 식용유 100 g / 비열 1 kcal/(kg·℃) 물 100 g / 식용유 100 g의 온도 변화가 더 크다.	온도 / O / 시간 / 물 50 g / 물 100 g / 물 50 g의 온도 변화가 더 크다.

개념 2 비열과 우리 생활

1. **모래와 바닷물** 여름날 같은 양의 태양열을 받아도 모래가 바닷물보다 뜨거운 까닭은 물의 비열이 모래의 비열보다 ❹ [ ] 때문이다.

2. **뚝배기와 금속 냄비** 뚝배기의 비열이 금속 냄비의 비열보다 커서 ❺ [ ] 는 ❻ [ ] 보다 온도가 천천히 올라가고, 천천히 식는다.

3. **해륙풍** 해안 지방에서 낮에는 ❼ [ ] 이 불고, 밤에는 반대로 ❽ [ ] 이 분다. → 비열이 작은 육지가 비열이 큰 바다보다 빨리 데워지고 빨리 식기 때문이다.

비열: 육지 < 바다

비열이 작은 육지가 비열이 큰 바다보다 빨리 데워지고 빨리 식는다.

4. **물의 비열과 활용** 물은 다른 물질에 비하여 비열이 ❾ [ ] 같은 열을 받더라도 온도 변화가 작다. 따라서 기계의 냉각수나 온수 매트, 찜질 팩 속에 넣어서 활용한다.

❶ 특성
❷ 작다
❸ 작다
❹ 크기
❺ 뚝배기
❻ 금속 냄비
❼ 해풍
❽ 육풍
❾ 커서

기초 확인 문제

정답과 해설 29쪽

01 다음 설명에 해당하는 물질의 특성은 무엇인지 쓰시오.

> 어떤 물질 1 kg의 온도를 1 ℃ 높이는 데 필요한 열량으로 단위로는 kcal/(kg · ℃)를 사용한다. 이는 물질의 종류에 따라 다르므로 물질의 특성이다.

( )

02 그림은 질량이 같은 두 물질 A, B를 동시에 가열할 때 시간에 따른 온도를 나타낸 그래프이다.

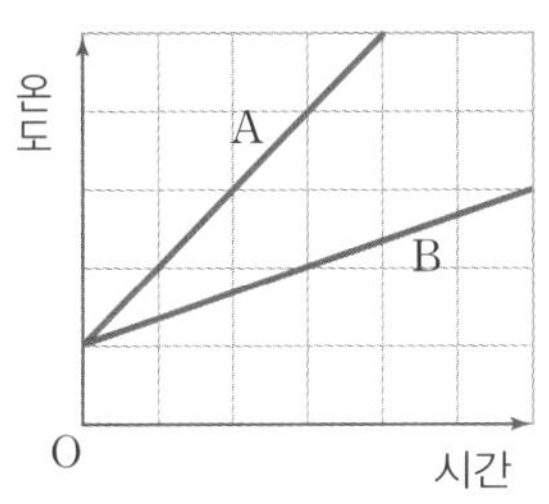

빈칸에 알맞은 말을 고르시오.

(1) 비열이 큰 물질은 (A, B)이다.

(2) 같은 시간 동안 (A, B)의 온도 변화가 더 크다.

(3) 같은 온도만큼 올리는 데 걸리는 시간은 (A, B)가 더 크다.

03 다음은 비열과 온도 변화에 대한 설명이다. 빈칸에 알맞은 말을 고르시오.

> 질량이 같은 두 물질을 같은 시간 동안 가열할 때 비열이 ㉠(작은 , 큰) 물질은 온도 변화가 크고, 비열이 ㉡(작은 , 큰) 물질은 온도 변화가 작다.

04 다음은 물질의 비열에 의한 여러 가지 현상이다. 빈칸에 알맞은 말을 고르시오.

(1) 물은 식용유보다 비열이 ㉠(작기, 크기) 때문에 같은 열을 가해도 식용유보다 온도가 ㉡(빨리, 천천히) 올라간다.

(2) 뚝배기의 비열이 금속 냄비의 비열보다 ㉠(커서, 작아서) 뚝배기는 금속 냄비보다 온도가 ㉡(천천히, 빨리) 올라가고, ㉢(천천히, 빨리) 식는다.

(3) 물의 비열이 모래의 비열보다 ㉠(작아서, 커서) 여름에 해수욕장에 가면 모래사장의 온도가 바닷물의 온도보다 더 ㉡(낮다, 높다).

05 다음은 비열을 이용한 예이다. 빈칸에 공통적으로 들어갈 알맞은 말을 쓰시오.

> ( )은 다른 물질보다 비열이 커서 온도가 빨리 변하지 않는 특징이 있다. 기계 장치의 냉각수에 ( )을 사용하는 것은 많은 열을 받더라도 온도가 작게 올라가기 때문이다. 또한 ( )은 온도가 쉽게 변하지 않아 오랫동안 일정한 온도를 유지하므로 찜질 팩 속에 넣어 이용하기도 한다.

기계의 냉각 장치

찜질 팩

교과서 핵심 정리 ②

개념 3 열팽창

1. **열팽창** 물체의 온도가 높아질 때 물체의 길이나 ❶ [　　　] 가 늘어나는 현상

2. **열팽창이 일어나는 까닭** 물체가 열을 얻으면 물체를 구성하는 ❷ [　　　] 의 운동이 활발해지면서 입자 사이의 거리가 멀어지기 때문이다. 물체의 온도가 많이 변할수록, 물체의 처음 길이나 부피가 클수록 길이와 부피가 크게 변한다.

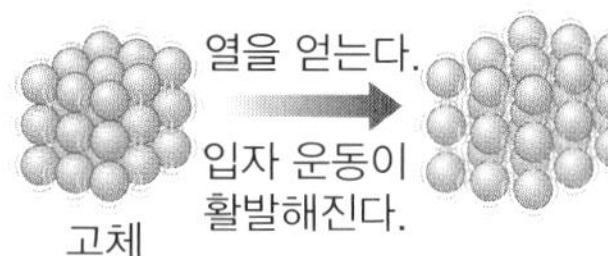

▲ 고체에서의 열팽창

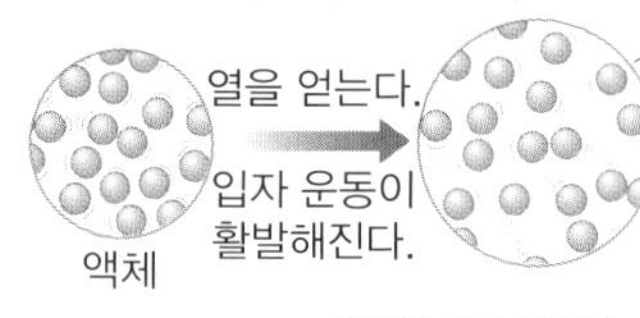

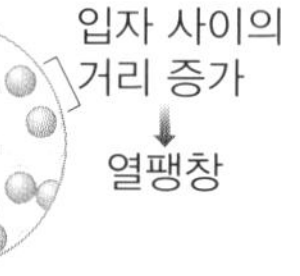

▲ 액체에서의 열팽창

3. **열팽창 정도**
   ① 기체: 종류에 관계없이 열팽창 정도가 같다.
   ② 액체와 고체: 물질의 종류에 따라 열팽창 정도가 다르다. 열팽창 정도 비교: 기체 > 액체 > 고체

개념 4 열팽창과 우리 생활

1. **바이메탈** 열팽창 정도가 ❸ [　　　] 두 금속을 붙여 놓은 것 → 온도에 따라 휘어지는 방향이 달라지므로 전기다리미, 화재경보기 등에 이용된다.

바이메탈을 가열할 때	바이메탈을 냉각할 때
열팽창 정도가 큰 금속 / 가열 / 열팽창 정도가 작은 금속	열팽창 정도가 큰 금속 / 냉각 / 얼음 / 열팽창 정도가 작은 금속
열팽창 정도가 큰 금속이 더 많이 팽창한다. → 열팽창 정도가 ❹ [　　　] 금속 쪽으로 휘어진다.	열팽창 정도가 큰 금속이 더 많이 수축한다. → 열팽창 정도가 ❺ [　　　] 금속 쪽으로 휘어진다.

2. **열팽창과 관련된 현상**
   ① 다리에 이음매를 두어 온도 변화에 따라 다리가 휘거나 갈라지는 것을 막는다.
   ② 가스관에 ㄷ자형 관을 이어서 온도 변화에 따라 가스관이 휘거나 틈이 생기는 것을 막는다.
   ③ ❻ [　　　] 의 열팽창으로 음료수 병이 깨지는 것을 방지하기 위해서 병에 액체를 가득 채우지 않는다.

3. **열팽창 정도가 비슷한 물질의 사용**
   ① 철근 콘크리트 구조물: 외벽의 균열을 방지하기 위해 ❼ [　　　] 정도가 비슷한 철근과 콘크리트를 사용한다.
   ② 치아 충전재: 치아와 충전재 사이의 균열을 방지하기 위해 치아와 열팽창 정도가 비슷한 물질을 충전재로 사용한다.

❶ 부피
❷ 입자
❸ 다른
❹ 작은
❺ 큰
❻ 액체
❼ 열팽창

06 다음은 열팽창에 대한 설명이다. 빈칸에 알맞은 말을 쓰시오.

(1) 물체가 열을 얻어 온도가 높아지면 물체의 (　　　　)나 부피가 늘어난다.

(2) (　　　　)와 액체는 물질마다 열팽창 정도가 다르다.

(3) 물질의 온도가 높아지면 물질을 이루는 ㉠(　　　　) 사이의 거리가 멀어져서 부피가 ㉡(　　　　)한다.

07 열팽창과 관계 있는 것을 〈보기〉에서 모두 고르시오.

보기

ㄱ. 프라이팬　　　ㄴ. 철로의 틈

ㄷ. 찜질 팩　　　ㄹ. 알코올 온도계

(　　　　　　)

08 다음 설명과 관련 있는 열과 관련된 현상을 쓰시오.

여름에는 전선이 팽창하여 늘어나고, 겨울에는 수축하여 팽팽해지므로 여름에 설치할 때는 전선 길이를 길게 한다.

(　　　　　　)

09 다음 중 고체의 열팽창과 관련 있는 것은 '고체', 액체의 열팽창과 관련 있는 것은 '액체'라고 쓰시오.

(1) 선로와 선로 사이에 틈을 둔다. (　　　　)

(2) 가스관의 중간에 ㄷ자형 관을 이어서 연결한다. (　　　　)

(3) 음료수 병에 액체를 가득 채우지 않는다. (　　　　)

10 다음은 고체의 열팽창을 이용한 예이다. 빈칸에 알맞은 말을 고르시오.

(1) 철근은 시멘트와 열팽창 정도가 (비슷하여, 달라) 온도가 변하더라도 서로 잘 떨어지지 않는다.

(2) 내열 유리는 일반 유리보다 열팽창 정도가 (작아서, 커서) 온도가 변하더라도 쉽게 파손되지 않는다.

(3) 치아 충전재는 치아와 열팽창 정도가 (비슷하여, 달라) 온도가 변하더라도 잘 떨어지지 않는다.

11 다음은 열팽창의 이용에 대한 설명이다. 빈칸에 알맞은 말을 쓰시오.

그림과 같은 나무통을 만들 때 나무통에 열팽창시킨 금속 테를 끼운다. 그 후 온도가 낮아지면 금속 테가 (　　　　)하면서 나무통을 단단히 조이게 된다.

내신 기출 베스트

대표 예제 1 비열

비열에 대한 설명으로 옳은 것을 〈보기〉에서 모두 고르시오.

보기
ㄱ. 비열의 단위는 kcal를 사용한다.
ㄴ. 비열은 어떤 물질 1 kg의 온도를 10 ℃ 높이는 데 필요한 열량이다.
ㄷ. 질량이 같은 물과 식용유의 온도를 1 ℃ 높이는 데 필요한 열량은 물이 더 크다.
ㄹ. 질량이 같은 물과 식용유에 같은 열량을 가하면 식용유의 온도가 더 많이 올라간다.

( )

개념 가이드

비열이 ☐ 물질일수록 온도가 쉽게 변하지 않고, 비열이 ☐ 물질일수록 온도가 쉽게 변한다. 답 큰, 작은

대표 예제 2 비열

표는 여러 가지 액체의 비열을 나타낸 것이다.

액체의 종류	A	B	C	D
비열(kcal/(kg·℃))	1.00	0.50	0.09	0.11

질량이 같은 액체 A~D를 같은 세기의 불꽃으로 가열할 때, 같은 시간 동안 온도 변화가 큰 것은?

① A ② B ③ C
④ D ⑤ 모두 같다.

개념 가이드

질량이 같은 물질에 같은 열량을 가할 때 비열이 작은 물질은 온도 변화가 ☐, 비열이 큰 물질은 온도 변화가 ☐.

답 크고, 작다

대표 예제 3 비열과 우리 생활

비열에 의한 현상으로 옳은 것을 〈보기〉에서 모두 고르시오.

보기
ㄱ. 해안 지방이 내륙 지방보다 일교차가 작다.
ㄴ. 얇은 옷을 여러 겹 껴입는 것이 더 따뜻하다.
ㄷ. 뚝배기는 양은 냄비보다 온도가 천천히 올라가고 천천히 식는다.
ㄹ. 여름철 낮에 모래사장은 뜨거운데 바닷물은 시원하다.

( )

개념 가이드

찜질 팩, 뚝배기, 온수 매트 등은 비열이 ☐ 온도가 ☐ 변하는 성질을 이용한다. 답 커서, 천천히

대표 예제 4 비열과 우리 생활

기계를 식히는 냉각수로 물을 사용하는 까닭으로 가장 적절한 것은?

① 물은 비열이 커서 온도 변화가 작기 때문에
② 물은 비열이 작아서 온도 변화가 크기 때문에
③ 물은 끓는점이 높아서 온도 변화가 크기 때문에
④ 물은 어는점이 낮아서 온도 변화가 작기 때문에
⑤ 물 입자 사이에서는 열이 이동하지 않기 때문에

개념 가이드

냉각수, 뚝배기, 찜질 팩으로는 비열이 ☐ 물질을 사용하고, 양은 냄비, 프라이팬으로는 비열이 ☐ 물질을 사용한다.

답 큰, 작은

정답과 해설 30쪽

대표 예제 5 열팽창

열팽창에 대한 설명으로 옳은 것을 〈보기〉에서 모두 고르시오.

보기
ㄱ. 물체를 냉각시키면 부피 변화가 없다.
ㄴ. 물체의 온도가 올라가면 입자 운동이 활발해진다.
ㄷ. 물체가 열을 받으면 입자 사이의 거리가 멀어져 부피가 팽창한다.
ㄹ. 액체와 고체는 열을 받으면 부피가 팽창하지만 기체는 열에 의한 부피 변화가 없다.

(　　　　　　　　)

개념 가이드

물체가 열을 얻으면 부피가 ☐하고 열을 잃으면 부피가 ☐한다.

답 팽창, 수축

대표 예제 6 열팽창

액체의 온도가 높아질 때 나타나는 현상으로 옳은 것을 〈보기〉에서 모두 고른 것은?

보기
ㄱ. 액체의 부피가 늘어난다.
ㄴ. 액체를 구성하는 입자의 운동이 활발해진다.
ㄷ. 액체를 구성하는 입자 사이의 거리가 증가한다.

① ㄱ　② ㄷ　③ ㄱ, ㄴ
④ ㄴ, ㄷ　⑤ ㄱ, ㄴ, ㄷ

개념 가이드

열팽창은 고체뿐만 아니라 ☐나 ☐에서도 나타난다.

답 액체, 기체

대표 예제 7 열팽창과 우리 생활

일상생활에서 열팽창을 대비하는 예로 옳은 것을 〈보기〉에서 모두 고르시오.

보기
ㄱ. 다리에 이음매를 둔다.
ㄴ. 가스관에 ㄷ자형 관을 연결한다.
ㄷ. 음료수 병에 음료를 가득 채우지 않는다.
ㄹ. 냄비의 손잡이 부분은 플라스틱으로 만든다.

① ㄱ, ㄴ　② ㄱ, ㄹ　③ ㄷ, ㄹ
④ ㄱ, ㄴ, ㄷ　⑤ ㄴ, ㄷ, ㄹ

개념 가이드

다리에 이음매를 두어 온도 변화에 따라 다리가 ☐나 ☐지는 것을 막는다.

답 휘거, 갈라

대표 예제 8 열팽창과 우리 생활

열팽창과 관련 있는 현상을 〈보기〉에서 모두 고르시오.

보기
ㄱ. 내륙 지역은 해안 지역보다 일교차가 크다.
ㄴ. 바이메탈은 온도가 높아지면 한쪽으로 휜다.
ㄷ. 겨울철보다 여름철에 에펠탑의 높이가 더 높아진다.
ㄹ. 뜨거운 무쇠솥에 담긴 밥보다 뜨거운 돌솥에 담긴 밥을 더 오랫동안 따뜻하게 먹을 수 있다.

(　　　　　　　　)

개념 가이드

바이메탈은 열팽창 정도가 ☐ 두 금속을 붙여서 만든 것으로, 온도가 높아지면 열팽창 정도가 ☐ 금속 쪽으로 휘어진다.

답 다른, 작은

5일 재해·재난과 안전

그림으로 개념 잡기

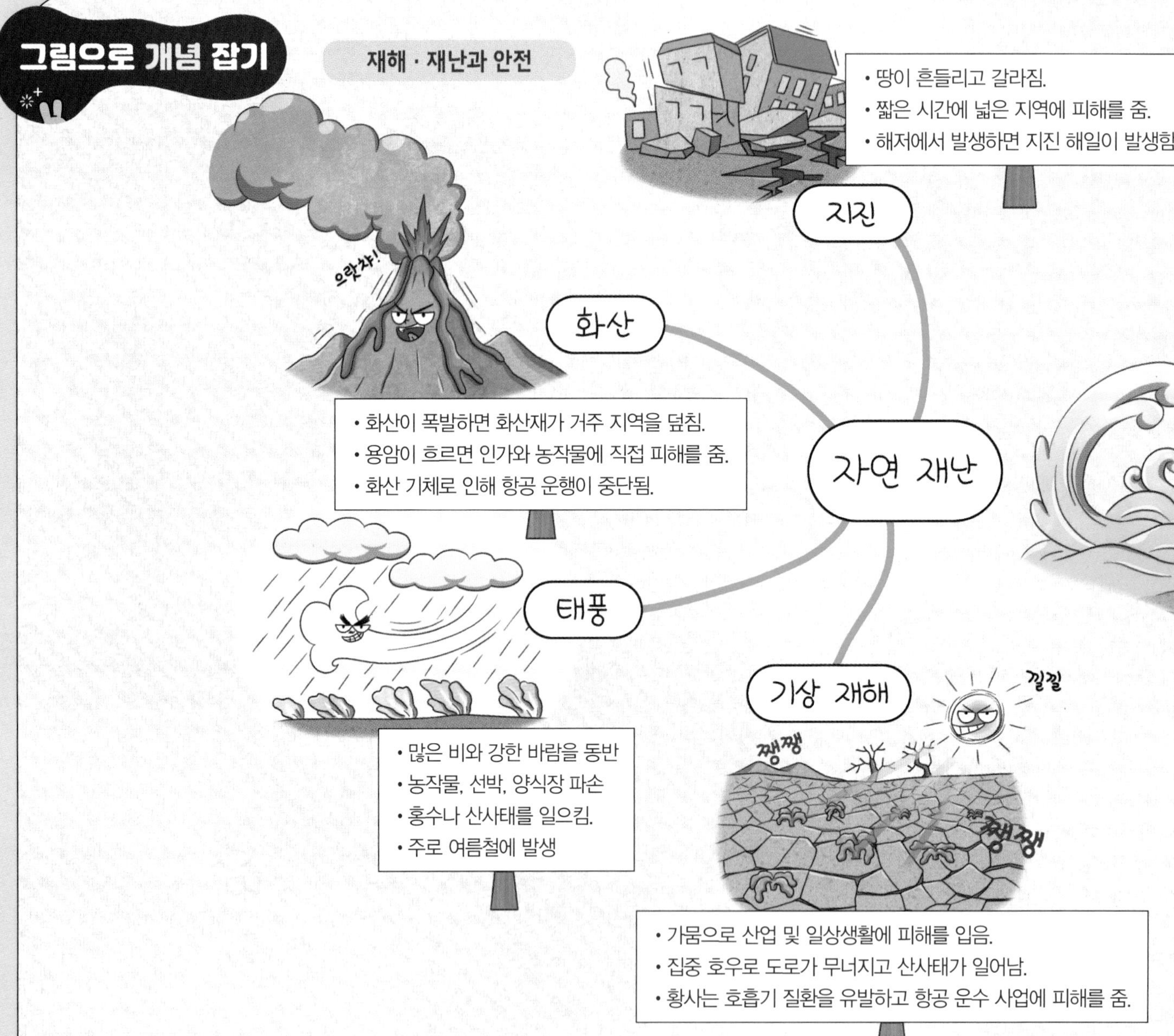

공부할 내용

❶ 재해·재난의 의미
❷ 재해·재난의 피해와 원인
❸ 재해·재난의 대처 방안

• 병원체가 동물이나 인간에게 침입하여 발생
• 병원체는 침, 혈액, 동물, 신체 접촉, 오염된 물 등을 통해 전파
• 코로나바이러스감염증－19(COVID－19), 중동호흡기증후군(MERS), 조류인플루엔자(AI) 등이 대표적

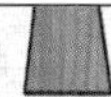

감염성 질병 확산

화학 물질 유출

사회 재난

• 작업자의 부주의, 시설물의 노후화, 관리 소홀 등으로 발생
• 폭발, 화재, 질병 유발, 환경 오염 등 인간과 환경에 피해 발생
• 사고나 폭발로 화학 물질이 유출되면 짧은 시간에 큰 피해 발생

운송 수단 사고

• 열차, 항공기, 선박 등은 사고가 나면 큰 피해 발생
• 안전 관리 소홀, 안전 규정 무시, 자체 결함 등이 원인

Quiz

1. 태풍, 홍수, 해일, 지진, 화산 폭발 등은 ❶ (자연 재해·재난, 사회 재해·재난)에 속한다.
2. 지진 발생 시 건물 밖으로 피신하기 위해 ❷ (엘리베이터, 계단)(을)를 이용한다.

답 ❶ 자연 재해·재난 ❷ 계단

5일 교과서 핵심 정리 ①

개념 1 재해·재난의 의미

1. **재해·재난** 우리 주위에서 발생하는 여러 사건 중에서 ❶ ______ 의 생명과 재산에 피해를 주거나 줄 수 있는 것

2. **재해·재난의 유형** 자연 재해·재난과 사회 재해·재난으로 구분
   ① 자연 재해·재난: 태풍, 홍수, 강풍, 해일, 대설, 낙뢰, 가뭄, 지진, 화산 활동 등과 같이 ❷ ______ 으로 인한 피해
   ② 사회 재해·재난: 화재, 붕괴, 폭발, 교통사고, 환경 오염 사고, 감염병이나 가축 전염병의 확산 등과 같이 ❸ ______ 으로 인한 피해

❶ 인간
❷ 자연 현상
❸ 인간 활동

개념 2 재해·재난의 피해와 원인

1. 자연 재해·재난

구분	내용
태풍	• 주로 ❹ ______ 에 많이 발생하며, 많은 비와 강한 바람을 동반함. • 농작물이나 선박, 양식장 등을 파손시키며, 홍수나 산사태를 일으켜 각종 시설물을 파괴함.
지진	• 짧은 시간 동안 넓은 지역에 걸쳐 피해를 줄 수 있음. • 땅이 흔들리고 갈라지며, 도로나 건물 등이 파손됨. • 해저에서 발생한 지진은 수십 m 높이의 ❺ ______ 을 일으킬 수 있음.
화산	• 화산재가 순식간에 사람들이 거주하는 지역을 덮치거나, 용암이 흘러 가옥이나 농작물에 직접적 피해를 줄 수 있음. • 화산 가스나 화산재가 대기 중에 머물면서 항공기 운항에 지장을 줌.
기타 기상 재해	• 가뭄은 산업 및 인간 생활에 피해를 줌. • 집중 호우는 도로를 무너뜨리거나 산사태를 유발함. • 황사는 호흡기 질환을 유발하거나 항공기 운항에 피해를 입힘.

2. 사회 재해·재난

구분	내용
감염성 질병 확산	• 바이러스나 세균과 같은 ❻ ______ 가 동물이나 인간에게 침입하여 발생함. • 병원체는 침, 혈액, 동물, 신체 접촉, 오염된 물이나 식품 등을 통해 전파됨.
화학 물질 유출	• 작업자의 부주의, 시설물의 노후화, 관리 소홀 등이 원인임. • 폭발, 화재, 각종 질병 유발, 환경 오염 등의 피해가 발생함.
운송 수단 사고	• 열차, 항공기, 선박 등의 운송 수단은 사고가 나면 큰 ❼ ______ 가 발생할 수 있음. • 안전 관리 소홀, 안전 규정 무시, 자체 결함 등이 원인이 될 수 있음.

❹ 여름철
❺ 지진 해일
❻ 병원체
❼ 피해

기초 확인 문제

정답과 해설 31쪽

01 재해·재난에 대한 설명에서 빈칸에 알맞은 말을 쓰시오.

(1) 재해·재난은 우리 주위에서 발생하는 사건들 중 (   )의 생명과 재산에 피해를 주거나 줄 수 있는 것을 말한다.

(2) 재해·재난 중 태풍, 홍수, 지진, 화산 활동과 같은 자연 현상에 의한 피해를 (   )이라고 한다.

(3) 주로 여름철에 많이 발생하며, 많은 비와 강한 바람을 동반하는 재해·재난은 (   )이다.

(4) 집중 호우로 인해 (   )가 일어나거나 도로가 무너질 수 있다.

(5) 바이러스나 세균과 같은 (   )가 동물이나 인간에게 침입하면 감염성 질병이 발생할 수 있다.

02 재해·재난에 대한 설명으로 옳은 것은 ○, 옳지 않은 것은 ×표 하시오.

(1) 지진은 비교적 짧은 시간 동안 넓은 지역에 피해를 줄 수 있다. (   )

(2) 지진 해일은 해저에서 발생한 지진에 의해 일어날 수 있다. (   )

(3) 황사는 그 자체만으로는 인간 활동에 피해를 주지 않는다. (   )

(4) 감염성 질병의 전파는 자연 재해·재난으로 분류할 수 있다. (   )

03 다음에서 설명하는 자연 재해·재난이 무엇인지 쓰시오.

- 많은 비와 강한 바람을 동반한다.
- 농작물이나 선박, 양식장 등을 파손시킨다.
- 홍수나 산사태를 일으켜 각종 시설물을 파괴한다.
- 주로 여름철에 많이 발생한다.

(   )

04 재해·재난에 대한 설명으로 옳은 것은?

① 지진은 땅이 흔들리고 갈라지는 피해를 줄 수 있다.
② 화산 활동으로 인한 피해는 폭발한 화산 근처에서만 발생한다.
③ 가뭄은 인간 활동에 의해 발생하는 경우가 대부분이라고 할 수 있다.
④ 병원체는 직접적인 신체 접촉이 있을 경우에만 전파가 가능하다.
⑤ 열차, 항공기, 선박 등의 운송 수단은 생활에 편리하며, 사고로 인한 피해가 적다.

05 사회 재해·재난 중 화학 물질 유출에 대한 설명으로 옳은 것을 〈보기〉에서 모두 고르시오.

보기
ㄱ. 짧은 시간 동안 큰 피해가 발생한다.
ㄴ. 폭발, 화재, 환경 오염 등의 피해가 발생한다.
ㄷ. 작업자의 부주의나 관리 소홀이 원인이 될 수 있다.

(   )

5일 교과서 핵심 정리 ②

개념 3 재해·재난의 대처 방안

1. 과학적 원리를 이용한 재해·재난의 대처 방안

① 재해·재난의 발생 원인과 특징에 대한 ❶ ______ 이해를 바탕으로 대비책을 마련하고 사전에 경보를 발령

예 기상 위성 자료와 같은 관측 자료를 수집하여 태풍의 이동 경로를 예측하고, 피해가 예상되는 지역에 경보를 발령

② 재해·재난의 특성을 과학적으로 이해하여 특수한 장치 고안

예 높은 건물의 ❷ ______ 은 낙뢰로 인한 피해를 예방
건물의 내진 설계는 지진으로 인해 발생할 수 있는 피해를 예방

2. 지진 발생 시 상황별 행동 요령

지진으로 흔들릴 때

탁자 아래로 들어가 탁자 다리를 꼭 잡고 몸을 보호

→

흔들림이 멈췄을 때

전기와 ❸ ______ 를 차단하고, 문을 열어 출구를 확보

→

건물 밖으로 나갈 때

엘리베이터를 사용하지 말고 ❹ ______ 을 이용하여 신속하게 이동

↓

건물 밖으로 나왔을 때

가방이나 손으로 머리를 보호하며, 건물과 거리를 두고 주위를 살피며 대피

←

대피 장소를 찾을 때

떨어지는 물건에 유의하며 신속하게 운동장이나 공원 등 넓은 공간으로 대피

←

대피 장소에 도착한 후

라디오나 공공 기관의 안내 방송 등 올바른 정보에 따라 행동

3. 그 밖에 재해·재난의 대처 방안

① 태풍: 바닷가에서는 ❺ ______ 에 대비하기 위해 바람막이숲을 조성하고, 파도가 넘어오는 것을 막기 위해 모래 방벽을 쌓는다.

② 화산: 외출을 자제하고 화산재에 노출되지 않도록 주의하며, 화산 폭발 가능성이 있는 지역에서는 방진 마스크, 손전등, 예비 의약품 등 필요한 물품을 미리 준비한다.

③ 감염성 질병 확산: 증상이나 감염 경로 등 해당 질병에 대한 정보를 정확히 파악하며, ❻ ______ 을 준수하고, 병원체가 쉽게 증식할 수 없는 환경을 만들어 확산 경로를 차단한다.

④ 화학 물질 유출: 바람 방향을 고려하여 사고 발생 지역보다 ❼ ______ 곳으로 대피한다.

❶ 과학적
❷ 피뢰침
❸ 가스
❹ 계단
❺ 강풍
❻ 방역 수칙
❼ 높은

정답과 해설 31쪽

06 재해·재난의 대처 방안에 대한 설명으로 옳은 것은 ○, 옳지 않은 것은 ×표 하시오.

(1) 재해·재난에 의한 피해를 줄이려면 먼저 발생 원인을 과학적으로 이해해야 한다. (　　　)

(2) 화산이 폭발하면 야외로 나가 상황을 주시해야 한다. (　　　)

(3) 건물의 내진 설계는 지진에 의한 피해를 줄이기 위한 방안 중 하나이다. (　　　)

(4) 지진이 발생한 경우에는 당장 가까운 건물 안으로 대피해야 한다. (　　　)

(5) 태풍 피해가 예상되어 기상 특보가 발표되면 주의깊게 청취한다. (　　　)

07 지진 발생 시 상황별 행동 요령에 대한 설명으로 옳은 것은?

① 지진으로 건물이 흔들리는 동안에는 책상이나 탁자 위에 올라가서 몸을 보호한다.

② 흔들림이 멈추면 지진이 지나간 것이므로 창문을 열어 환기를 한다.

③ 건물 밖으로 대피할 때에는 가급적 엘리베이터를 이용해 신속히 대피한다.

④ 건물 밖에 있을 때에는 넓은 공원이나 운동장 등의 공간으로 대피한다.

⑤ 대피를 할 때에는 위험 지역을 최대한 빨리 벗어나야 하므로 자동차를 이용한다.

08 다음에서 설명하는 방법으로 피해를 줄일 수 있는 재해·재난을 쓰시오.

- 증상, 감염 경로 등의 정보를 정확히 알고 대처한다.
- 병원체가 쉽게 증식할 수 없는 환경을 만들고 확산 경로를 차단한다.
- 기침이나 재채기를 할 경우에는 휴지, 손수건 등으로 코와 입을 가리도록 한다.

(　　　　　　　　　　)

09 홍수에 의한 피해를 줄이는 방법으로 옳지 않은 것은?

① 홍수가 발생했을 경우 피난할 수 있는 장소와 길을 사전에 알아둔다.

② 갑작스러운 홍수가 발생하면 높은 곳으로 신속하게 대피한다.

③ 홍수가 예상될 경우에는 전기를 미리 차단하여 피해가 발행하지 않도록 한다.

④ 바위나 자갈 등이 쉽게 흘러내릴 수 있는 비탈면 지역의 도로는 통행하지 않는다.

⑤ 홍수가 발생하면 가스 밸브를 열어서 홍수 이후의 생활에 대비해야 한다.

10 운송 수단 사고의 피해를 줄이기 위한 방안으로 옳은 것을 〈보기〉에서 모두 고르시오.

보기
ㄱ. 운송 수단을 수시로 점검한다.
ㄴ. 운행 중 안전 속도를 유지한다.
ㄷ. 신호를 준수하고, 사고 대비 시스템을 구축한다.

(　　　　　)

5일 내신 기출 베스트

대표 예제 1 재해·재난의 의미

재해·재난에 대한 설명으로 옳은 것을 〈보기〉에서 모두 고르시오.

보기
ㄱ. 인간의 생명과 재산에 피해를 주거나 줄 수 있는 사건을 재해·재난이라고 한다.
ㄴ. 과학적 원리를 이용하면 재해·재난을 예측하여 피해를 예방하거나 줄일 수 있다.
ㄷ. 재해·재난이 발생할 경우 발송되는 긴급 재난 문자를 확인하고 안전하게 대처해야 한다.

개념 가이드

재해·재난의 발생 원인과 특징을 [ ]으로 이해하여 대비책을 마련하고, 사전에 경보를 발령할 수 있다.

답 과학적

대표 예제 2 재해·재난의 유형

기상 재해에 해당하는 것을 〈보기〉에서 모두 고르시오.

보기
ㄱ. 가뭄
ㄴ. 태풍
ㄷ. 지진 해일
ㄹ. 집중 호우
ㅁ. 미세먼지 발생

개념 가이드

태풍, 홍수, 강풍, 해일, 대설, 가뭄, 지진 등과 같이 [ ] 현상으로 인한 피해를 [ ]이라고 한다.

답 자연, 자연 재해·재난

대표 예제 3 재해·재난의 종류

다음에 해당하는 재해·재난의 종류를 쓰시오.

- 한번 발생하면 피해 규모가 매우 크다.
- 자체 결함으로 인해 일어나기도 한다.
- 대부분 안전 관리 소홀, 안전 규정 무시 등으로 발생한다.

( )

개념 가이드

화재, 붕괴, 폭발, 교통사고, 감염병, 환경 오염 사고 등과 같이 [ ]으로 인한 피해를 [ ]이라고 한다.

답 인간 활동, 사회 재해·재난

대표 예제 4 재해·재난의 원인

감염성 질병이 확산되는 원인으로 옳은 것을 〈보기〉에서 모두 고르시오.

보기
ㄱ. 인구의 이동
ㄴ. 매개체의 증가
ㄷ. 병원체의 진화
ㄹ. 감염 경로의 파악

개념 가이드

감염성 질병은 바이러스나 세균과 같은 [ ]가 동물이나 인간에게 침입하여 발생한다.

답 병원체

대표 예제 5 재해·재난의 대처 방안

재해·재난의 대처 방안에 대한 설명으로 옳은 것을 〈보기〉에서 모두 고르시오.

보기
ㄱ. 화산 폭발이 일어나면 문과 창문을 모두 열어야 한다.
ㄴ. 지진이 발생하면 건물 밖으로 대피할 때 계단을 이용하여 신속하게 이동한다.
ㄷ. 유독 가스 등의 화학 물질이 유출되면 높은 곳으로 대피한다.
ㄹ. 비행기 사고 발생 시 빠르게 대처하기 위해 안전띠를 착용하지 않는 것이 좋다.

개념 가이드

화학 물질은 대부분 공기보다 밀도가 크므로 유출되면 [ ] 곳으로 대피한다.

답 높은

대표 예제 6 재해·재난의 사례

다음 사례 (가), (나)에 해당하는 재해·재난의 종류를 순서대로 쓰시오.

(가) 2015년 국내로 유입된 중동호흡기증후군(MERS) 바이러스가 빠르게 확산되어 큰 피해를 입었다.
(나) 2012년 구미의 유해 가스(플루오린화 수소) 유출로 농작물에 피해가 발생했다.

(가): ( )
(나): ( )

개념 가이드

감염성 질병이 확산되면 증상이나 [ ] 경로 등 해당 질병에 대한 정보를 정확히 파악해야 한다.

답 감염

대표 예제 7 지진 발생 시 상황별 행동 요령

지진 발생 시 대처 방안으로 옳은 것을 〈보기〉에서 모두 고르시오.

보기
ㄱ. 대피할 때 가방 등으로 머리를 보호한다.
ㄴ. 화재가 발생할 위험이 있으므로 전기와 가스를 차단한다.
ㄷ. 건물 밖으로 이동할 때에는 엘리베이터를 이용하여 대피한다.
ㄹ. 실내에서는 땅이 흔들리는 동안 튼튼한 탁자 아래로 들어간다.

개념 가이드

지진 대피 장소를 찾을 때에는 떨어지는 물건에 유의하여 [ ] 공간으로 대피한다.

답 넓은

대표 예제 8 재해·재난의 대처 방안

다음은 어떤 재해·재난의 대처 방안에 해당하는지 쓰시오.

- 바닷가에는 강풍을 대비한 바람막이숲을 조성한다.
- 파도가 넘어오는 것을 막기 위해 모래 방벽을 쌓는다.
- 이동 경로와 피해 예상 지역을 확인하고 미리 대비한다.

( )

개념 가이드

태풍에 대비하기 위해서는 [ ] 위성을 통해 관측 자료를 수집하여 태풍의 [ ]를 미리 예측하고, 사전에 경보를 발령한다.

답 기상, 이동 경로

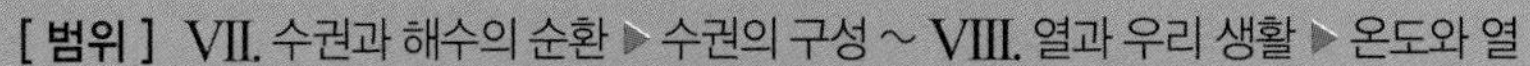
[범위] VII. 수권과 해수의 순환 ▶ 수권의 구성 ~ VIII. 열과 우리 생활 ▶ 온도와 열

6일 누구나 100점 테스트 1회

01 그림은 지구상의 물의 분포를 나타낸 것이다.

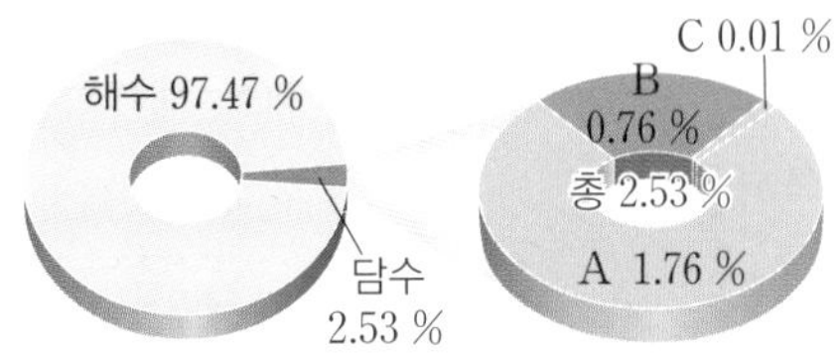

이에 대한 설명으로 옳은 것만을 〈보기〉에서 모두 고른 것은?

보기
ㄱ. A는 주로 극지방이나 고산 지대에 분포한다.
ㄴ. B에는 소금기가 있어서 짠맛이 난다.
ㄷ. C는 지표 부근에 분포해 사람이 직접 이용할 수 있다.

① ㄱ ② ㄷ ③ ㄱ, ㄴ
④ ㄱ, ㄷ ⑤ ㄱ, ㄴ, ㄷ

02 그림은 우리나라에서 이용하는 수자원을 용도별로 나타낸 것이다. 이에 대한 설명으로 옳지 <u>않은</u> 것은?

A 33 %
생활용수 20 %
농업용수 41 %
B 6 %

① A는 유지용수이다.
② B는 공장을 가동하기 위해 이용되는 물이다.
③ 물은 농사를 짓거나 가축을 기를 때 가장 많이 이용된다.
④ 농업용수는 하천이 정상적인 기능을 하기 위해 필요한 물이다.
⑤ 일상생활에서 마시거나 씻는 데 이용되는 물은 세 번째로 많이 이용된다.

03 지하수에 대한 설명으로 옳지 <u>않은</u> 것은?

① 우리가 마시는 물로 이용되기도 한다.
② 비나 눈이 지하로 스며들어 생성된다.
③ 담수 중 가장 많은 양을 차지하고 있다.
④ 지층이나 암석 사이의 빈틈을 채우고 있다.
⑤ 무분별한 개발로 지반 침하 등이 발생할 수 있다.

04 다음은 세 학생이 수자원의 가치에 대해 이야기를 나눈 것이다.

옳게 말한 학생을 모두 고른 것은?

① 진솔 ② 연우 ③ 채미
④ 진솔, 연우 ⑤ 연우, 채미

05 다음에서 설명하는 염류의 종류는?

염류 중에서 가장 많은 양을 차지하며, 짠맛을 낸다.

① 황산 칼슘 ② 염화 마그네슘
③ 황산 칼륨 ④ 염화 나트륨
⑤ 황산 마그네슘

06 그림은 해수의 연직 수온 분포를 나타낸 것이다. 이에 대한 설명으로 옳은 것은?

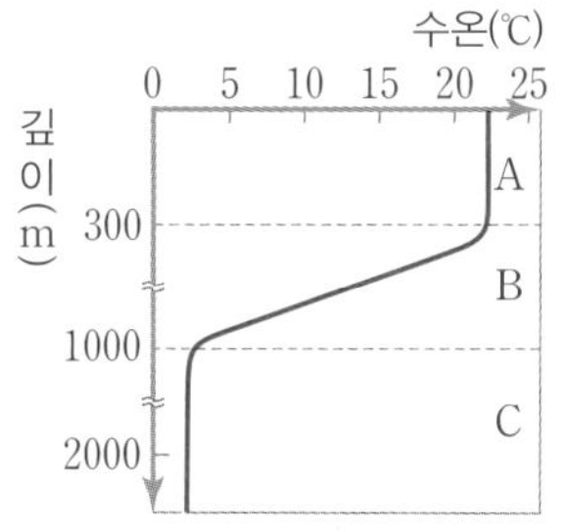

① A는 바람이 강한 지역에서 두껍게 발달한다.
② B는 혼합층이다.
③ C는 연중 수온 변화가 가장 큰 층이다.
④ 해수의 표층 수온은 중위도 지방이 가장 높다.
⑤ 표층 수온에 가장 큰 영향을 미치는 요인은 해저 화산 활동이다.

07 그림은 어느 지역에서 하루 동안 측정한 해수면의 높이 변화를 나타낸 것이다.

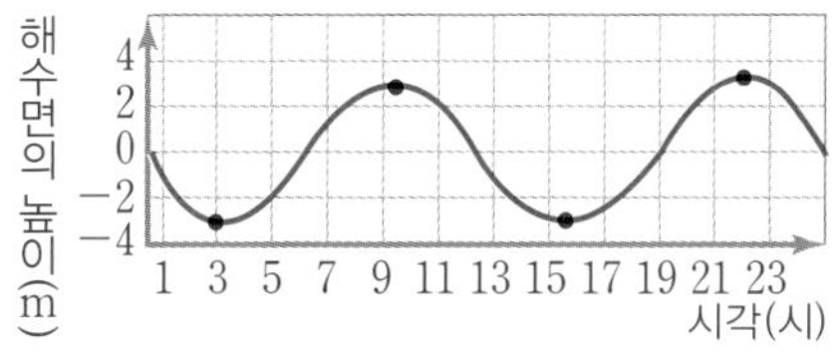

이에 대한 설명으로 옳지 않은 것은?

① 만조 시각은 9시경과 22시경이다.
② 13시경에는 썰물이 나타났다.
③ 이 날 간조는 두 번 있었다.
④ 이 지역에서 측정된 조차는 약 2 m였다.
⑤ 조석 주기는 약 12시간 25분이었다.

08 우리나라 주변의 해류 중 고위도에서 저위도로 흐르는 것은?

① 쿠로시오 해류 ② 황해 난류
③ 대마 난류 ④ 북한 한류
⑤ 동한 난류

09 그림은 세 학생이 온도에 대해 이야기를 나누고 있는 모습을 나타낸 것이다.

옳게 말한 학생을 모두 고른 것은?

① 혜원 ② 도현 ③ 은송
④ 혜원, 도현 ⑤ 도현, 은송

10 다음은 일상생활에서 나타나는 현상들이다.

> (가) 불 위에 올려놓은 프라이팬이 뜨거워진다.
> (나) 여름철 뜨거운 햇빛을 막기 위해서 양산이나 파라솔을 사용한다.

(가), (나)에서 열의 이동 방법을 옳게 짝 지은 것은?

	A	B		A	B
①	전도	대류	②	전도	복사
③	대류	전도	④	대류	복사
⑤	복사	전도			

6일 누구나 100점 테스트 2회

01 그림과 같은 방안에 에어컨과 난로를 각각 설치하려고 한다.

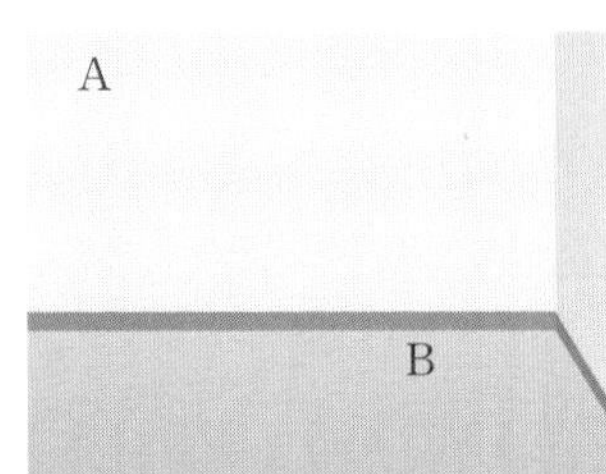

냉난방을 효율적으로 하기 위해 A와 B 중에서 에어컨과 난로를 설치해야 하는 위치를 옳게 짝 지은 것은?

	에어컨	난로		에어컨	난로
①	A	A	②	A	B
③	B	A	④	B	B
⑤	A	아무 곳이나 상관없다.			

02 그림은 온도가 다른 두 물체 A, B가 접촉하였을 때 A, B의 시간에 따른 온도를 나타낸 것이다.

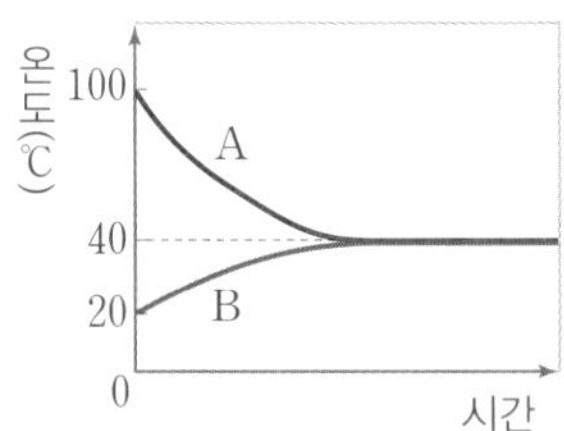

이에 대한 설명으로 옳지 않은 것은?

① A에서 B로 열이 이동하였다.
② A는 열을 잃고 B는 열을 얻는다.
③ A가 B보다 더 빨리 열평형에 도달한다.
④ 열평형에 도달했을 때 A와 B의 온도는 같다.
⑤ 열평형에 도달하면 A와 B의 입자 운동 상태는 같아진다.

03 그림은 질량이 같은 액체 A, B를 각각 비커에 넣고 같은 가열 장치로 열을 가했을 때 A, B의 온도를 시간에 따라 나타낸 것이다. B가 A보다 큰 것을 〈보기〉에서 모두 고른 것은?

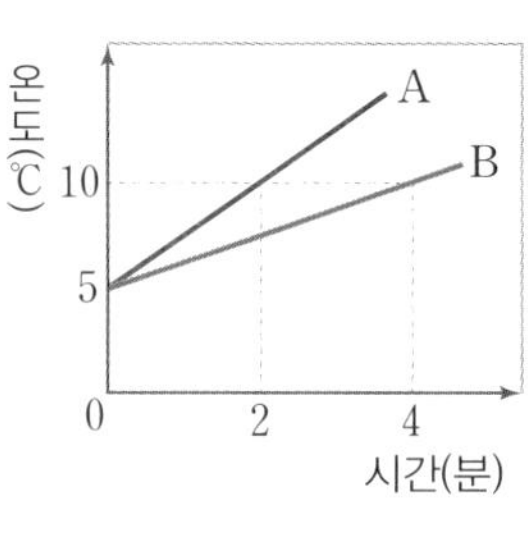

보기
ㄱ. 비열
ㄴ. 0~2분 동안 온도 변화
ㄷ. 0~4분 동안 받은 열량

① ㄱ ② ㄴ ③ ㄷ
④ ㄱ, ㄷ ⑤ ㄴ, ㄷ

04 표는 세 물질의 비열을 나타낸 것이다.

물질	A	B	C
비열(kcal/(kg·℃))	1.0	0.2	0.4

세 물질의 질량과 흡수한 열량이 같을 때 같은 시간 동안 온도 변화가 큰 것부터 순서대로 나열한 것은?

① A－C－B ② B－A－C ③ B－C－A
④ C－A－B ⑤ C－B－A

05 뜨거운 무쇠솥에 담긴 밥보다 뜨거운 돌솥에 담긴 밥을 더 오랫동안 따뜻하게 먹을 수 있는 것과 가장 관련이 있는 것은?

① 대류 ② 비열 ③ 단열
④ 열평형 ⑤ 열팽창

06 그림과 같이 금속 막대를 가열하였더니 막대의 길이와 부피가 늘어났다. 막대의 길이와 부피가 늘어난 까닭을 옳게 설명한 것은?

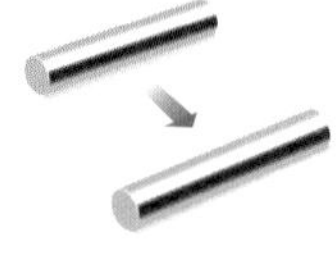

① 입자의 질량이 커지기 때문에
② 입자의 부피가 커지기 때문에
③ 입자의 개수가 늘어나기 때문에
④ 입자의 종류가 달라지기 때문에
⑤ 입자 사이의 거리가 멀어지기 때문에

07 그림과 같이 아파트 벽면에 가스관을 설치할 때 구부러진 모양으로 설치한다. 이와 같은 원리가 적용된 예로 옳은 것을 〈보기〉에서 모두 고른 것은?

보기
ㄱ. 다리의 연결 부분에 틈을 만든다.
ㄴ. 여름에 전선을 아래로 늘어지게 설치한다.
ㄷ. 보온병의 이중벽 사이를 진공으로 만든다.

① ㄴ ② ㄱ, ㄴ ③ ㄱ, ㄷ
④ ㄴ, ㄷ ⑤ ㄱ, ㄴ, ㄷ

08 그림은 열팽창 정도가 다른 두 금속 A, B를 붙여서 만든 바이메탈을 나타낸 것이다.

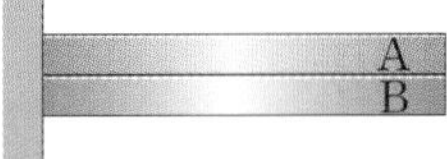

바이메탈의 (가) 온도가 올라갈 때와 (나) 온도가 내려갈 때 바이메탈이 휘는 방향을 옳게 짝 지은 것은? (단, B가 A보다 열팽창 정도가 크다.)

	(가)	(나)
①	위쪽	위쪽
②	위쪽	아래쪽
③	아래쪽	위쪽
④	아래쪽	아래쪽
⑤	위쪽	변화가 없다.

09 재해와 재난에 대한 설명으로 옳지 않은 것은?

① 인간의 생명과 재산에 피해를 줄 수 있다.
② 자연 현상에 의한 피해는 자연 재난으로 구분된다.
③ 사회 재난에는 인간 활동에 의한 화재, 감염병 확산, 시설물 붕괴 등이 있다.
④ 태풍이나 홍수, 강풍 등의 기상 현상은 과학적 원리를 이용해 피해를 줄일 수 있다.
⑤ 사회 재난은 자연 재난에 비해 피해가 발생하는 지역의 범위가 넓다.

10 그림은 지진 발생 시 상황별 행동 요령에 대해 선생님과 세 학생이 나눈 SNS 대화 내용이다.

옳은 내용을 제시한 학생을 모두 고른 것은?

① 철수 ② 영희 ③ 철수, 민수
④ 영희, 민수 ⑤ 철수, 영희, 민수

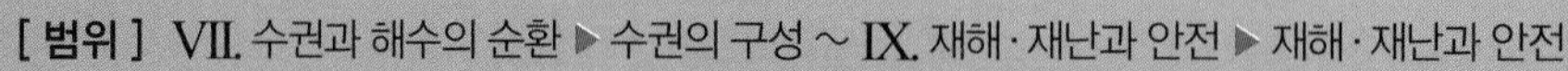

6일 서술형·사고력 테스트

01 그림은 해수의 연직 수온 분포를 나타낸 것이다.

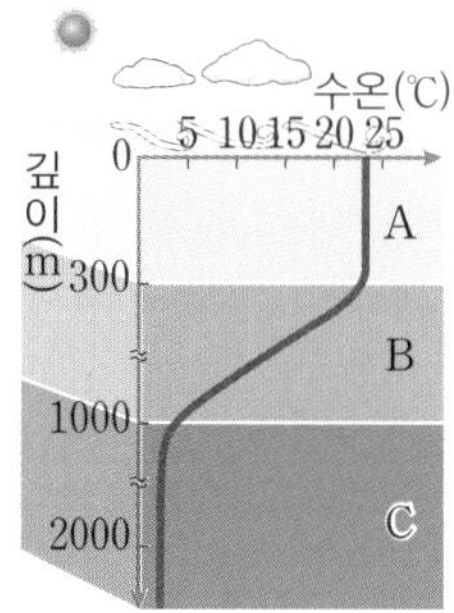

(1) A~C층의 이름을 쓰시오.

A: (　　　) B: (　　　) C: (　　　)

(2) A층의 수온이 일정하게 나타나는 이유를 서술하시오.

02 표는 (가)와 (나) 해역의 해수 1 kg에 녹아 있는 염류의 양(g)을 나타낸 것이다.

해역	염화 나트륨	염화 마그네슘	황산 마그네슘	기타
(가)	27.7	A	1.8	2.6
(나)	24.6	3.5	B	2.3

(1) A와 B의 값을 각각 구하시오. (단, 반올림하여 소수 첫째 자리까지 나타내시오.)

A: (　　　)

B: (　　　)

(2) 해역 (가)와 (나)의 염분은 각각 몇 psu인지 구하시오.

(가): (　　　)

(나): (　　　)

(3) (1)과 같이 계산할 수 있는 이유를 서술하시오.

03 그림은 우리나라 주변의 해류를 나타낸 것이다.

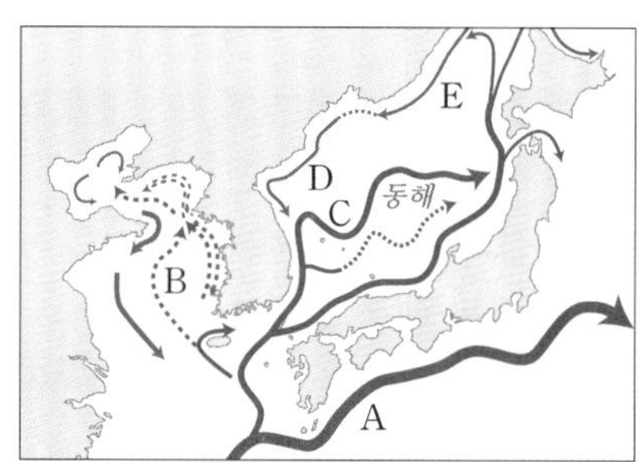

(1) A~E를 각각 난류와 한류로 분류하시오.

난류: (　　　)

한류: (　　　)

(2) A~E 중 우리나라 주변에 흐르는 난류의 근원이 되는 해류의 기호와 이름을 쓰시오.

(3) 우리나라 동해에서는 해양 생물 자원이 풍부하여 어업 활동이 활발하게 이루어진다. 그 이유를 다음 단어를 모두 사용하여 서술하시오.

한류	난류	어종	조경 수역

04 그림과 같이 두 찻잔 (가)와 (나)에 녹차 티백을 넣었더니 녹차가 (가)보다 (나)에서 더 빨리 우러났다.

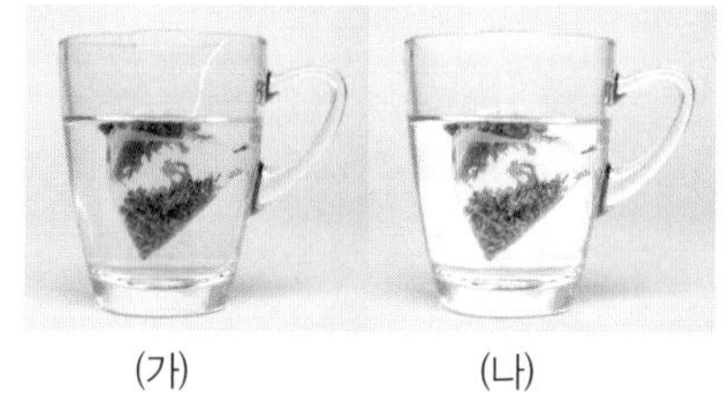

(가) (나)

(1) 온도가 더 높은 물이 들어 있는 찻잔을 쓰시오.

( )

(2) (1)과 같이 생각한 까닭을 온도와 입자 운동의 관계와 관련지어 서술하시오.

05 그림과 같이 음료를 얼음이 가득 담긴 아이스박스에 넣었다.

(1) 아이스박스에서 일어나는 열의 이동 방향을 쓰시오.

( )

(2) 시간에 따른 음료의 온도 변화 및 입자 운동의 변화를 각각 서술하시오.

06 다음은 샌드위치를 만드는 과정을 나타낸 것이다.

> (가) 프라이팬을 달구어 소시지를 굽는다.
> (나) 물을 끓여 감자와 달걀을 삶는다.
> (다) 찬물에 깨끗이 씻은 양상추를 1장씩 떼어 낸다.
> (라) 토스터로 빵을 노릇노릇하게 굽는다.
> (마) 구워진 빵 사이에 소시지와 으깬 감자, 계란, 양상추를 넣어 샌드위치를 완성한다.

(1) (가), (나), (라) 과정에서 일어나는 열의 이동 방법을 각각 쓰시오.

(가): ( ), (나): ( )

(라): ( )

(2) 감자를 삶을 때 일어나는 과정을 열의 이동 및 열평형과 관련지어 서술하시오.

07 그림과 같이 둥근 금속 고리에 꽉 끼어 들어가지 않는 금속 공이 있다. 금속 공을 둥근 금속 고리에 통과시킬 수 있는 방법을 주어진 경우에 대해 쓰고, 각각에 대해 그 까닭을 서술하시오.

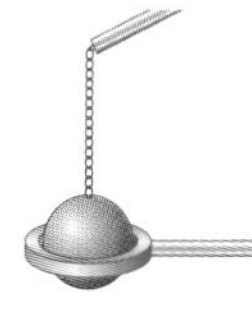

(1) 가열하는 방법

(2) 냉각하는 방법

6일 창의·융합·코딩 테스트

창의

01 그림은 추운 겨울날 공원에 있는 의자에 앉아서 친구들이 대화를 나누고 있는 모습을 나타낸 것이다.

(1) 추운 겨울날 공원에 있는 철 의자와 나무 의자의 온도를 비교하시오.

( )

(2) (1)과 같이 답한 까닭을 열평형과 관련지어 서술하시오.

(3) 철 의자가 나무 의자보다 더 차갑게 느껴진다면 그 까닭은 무엇인지 열의 이동 방법과 관련지어 서술하시오.

융합

02 그림은 교실의 천장에 설치된 냉난방기이다. 여름에는 냉방기로 사용하고 겨울에는 난방기로도 사용한다.

(1) 여름철 냉방기로 사용할 때 냉방기를 켜면 교실이 금방 시원해진다. 그 까닭을 열의 이동 방법과 관련지어 서술하시오.

(2) 겨울철에 난방기로 사용할 때는 난방기를 켜도 교실이 금방 따뜻해지지 않는다. 그 까닭을 열의 이동 방법과 관련지어 서술하시오.

융합

03 그림은 온수 매트와 찜질 팩을 나타낸 것이다.

온수 매트 찜질 팩

온수 매트와 찜질 팩에 물을 사용하는 까닭을 비열과 관련지어 서술하시오.

창의 융합

04 그림은 철수와 영희의 SNS 대화를 나타낸 것이다.

(1) 전 지구적으로 물 사용량이 증가하는 이유는 무엇인지 서술하시오.

(2) 수자원의 확보와 효율적 관리를 어렵게 하는 가뭄이나 홍수가 증가한 원인을 서술하시오.

(3) 지하수 개발의 중요성과 지하수를 개발할 때 주의할 점은 무엇인지 서술하시오.

융합

05 그림은 해수의 연직 수온 분포를 알아보기 위한 실험을 나타낸 것이다. 물을 채운 수조에 깊이별로 온도계를 설치하고, 전등을 켠 채 2분 동안 부채질을 한 후 수온을 측정하였다.

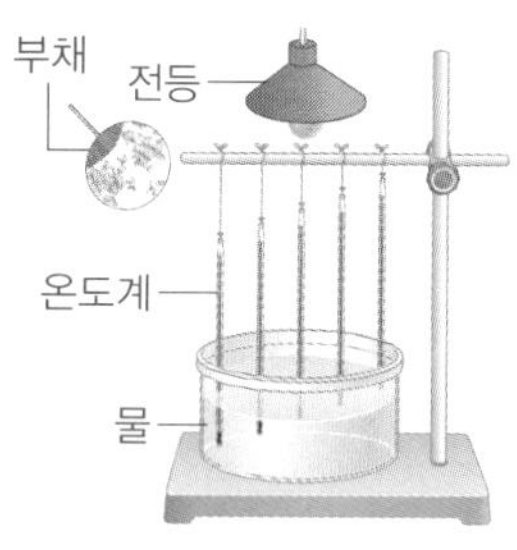

(1) 전등과 부채가 하는 역할은 실제 지구 환경에서 무엇과 같은지 쓰시오.

전등: (　　　　　　　)

부채: (　　　　　　　)

(2) 이 실험 결과 물의 깊이에 따른 온도 분포를 예상하여 서술하시오.

창의

06 다음은 재해 · 재난의 대처 방안에 대해 다희, 지후, 지은, 건우가 나눈 대화이다. ㉠, ㉡, ㉢에 알맞은 말을 쓰시오.

㉠: (　　　　　　　)

㉡: (　　　　　　　)

㉢: (　　　　　　　)

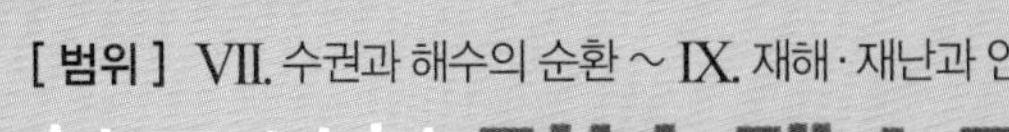

[범위] Ⅶ. 수권과 해수의 순환 ~ Ⅸ. 재해·재난과 안전

7일 학교시험 기본 테스트 1회

01 그림은 지구상 물의 분포를 나타낸 것이다.

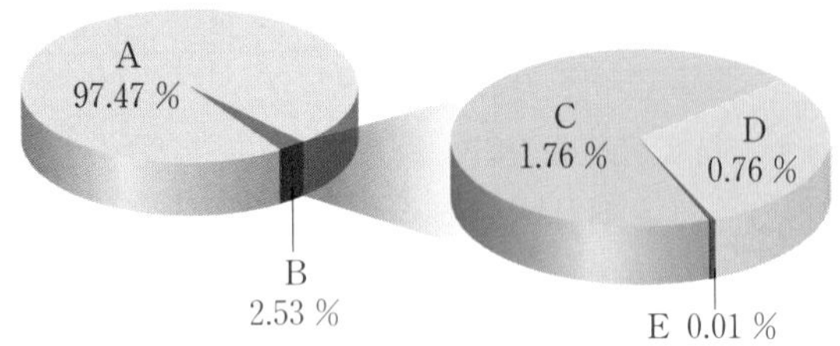

이에 대한 설명으로 옳지 않은 것은?

① A는 소금기가 있어 짠맛이 난다.
② B는 담수이다.
③ C는 주로 비나 눈이 지하로 스며들어 생성된다.
④ D는 지층이나 암석 사이의 빈틈을 채우고 있다.
⑤ E는 지표 부근에 있는 물이다.

02 우리나라의 수자원 이용에 대한 설명으로 옳은 것을 <보기>에서 모두 고른 것은?

보기
ㄱ. 농업용수로 가장 많이 이용된다.
ㄴ. 생활용수로 이용되는 물의 양이 가장 적다.
ㄷ. 유지용수는 하천의 기능을 유지하기 위해 필요한 물이다.
ㄹ. 공업용수는 공장을 가동하기 위해 이용되는 물이다.

① ㄱ, ㄴ ② ㄴ, ㄷ ③ ㄷ, ㄹ
④ ㄱ, ㄴ, ㄹ ⑤ ㄱ, ㄷ, ㄹ

03 자원으로서 물의 가치에 대한 설명으로 옳지 않은 것은?

① 생물의 생명 유지에 꼭 필요하다.
② 물 생태계는 다양한 생물의 서식지가 된다.
③ 수력 발전이나 조력 발전 등 물을 이용해 전기를 얻는다.
④ 자원으로서 물의 양은 한정되어 있으므로 아껴 써야 한다.
⑤ 바닷물은 짠맛이 나기 때문에 자원으로서 이용 가치가 전혀 없다.

04 다음에서 설명하는 것이 무엇인지 쓰시오.

이것은 바다의 표층 수온에 영향을 주는 요인으로, 지구계의 주요 에너지원이기도 하다. 지구로 들어오는 이것의 양은 적도 지방에서 고위도로 갈수록 감소하기 때문에 바다의 표층 수온 역시 적도 지방이 가장 높고, 고위도로 갈수록 낮아진다.

( )

05 해수를 깊이에 따라 혼합층, 수온 약층, 심해층으로 구분하는 기준은 무엇인가?

① 염분의 분포 ② 수온의 분포
③ 해양 생물의 분포 ④ 색의 변화
⑤ 태양빛의 도달량

06 염분이 상대적으로 낮게 나타나는 지역으로 옳은 것을 모두 고르면? (정답 2개)

① 강수량보다 증발량이 많은 지역
② 해수의 결빙이 일어나는 지역
③ 강물이 유입되는 지역
④ 건조하며 비가 거의 오지 않는 지역
⑤ 증발량은 거의 없으나 비가 많이 오는 지역

07 어느 해역의 해수 100 g을 분석하였더니 3.6 g의 염류가 녹아 있는 것으로 나타났다. 이 해역의 염분으로 옳은 것은?

① 31 psu ② 34 psu ③ 36 psu
④ 39 psu ⑤ 42 psu

08 그림은 우리나라 주변을 흐르는 해류를 나타낸 것이다.

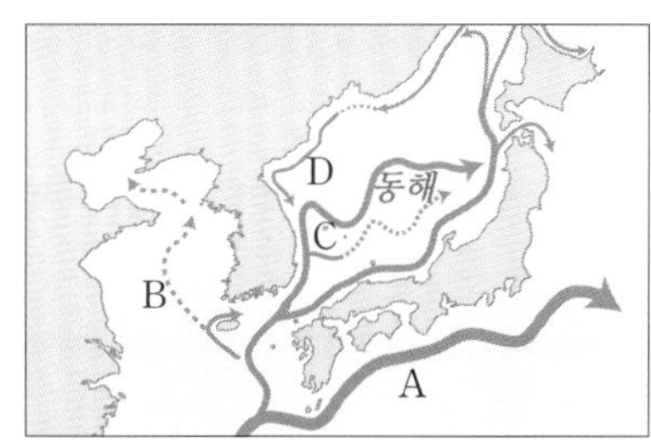

이에 대한 설명으로 옳은 것을 〈보기〉에서 모두 고른 것은?

보기
ㄱ. A는 쿠로시오 해류이다.
ㄴ. B는 한류이다.
ㄷ. C는 D와 만나 조경 수역을 형성한다.

① ㄱ ② ㄴ ③ ㄷ
④ ㄱ, ㄷ ⑤ ㄴ, ㄷ

09 그림은 한 달 동안 어느 해역의 해수면 높이 변화를 나타낸 것이다.

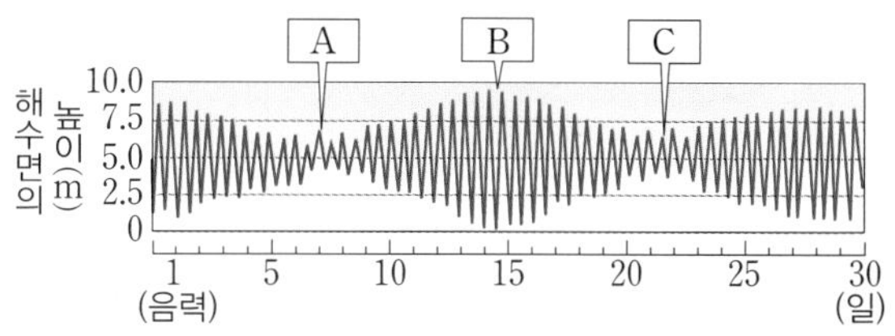

이에 대한 설명으로 옳지 않은 것은?

① A와 C는 조차가 가장 작게 나타나는 시기이다.
② B는 사리이다.
③ B일 때 조차는 약 10 m이다.
④ 이 해역의 조석 주기는 약 15일이다.
⑤ 사리와 조금은 한 달에 약 두 번씩 나타난다.

10 그림은 온도가 다른 물 (가)~(다)의 입자 운동을 모형으로 나타낸 것이다.

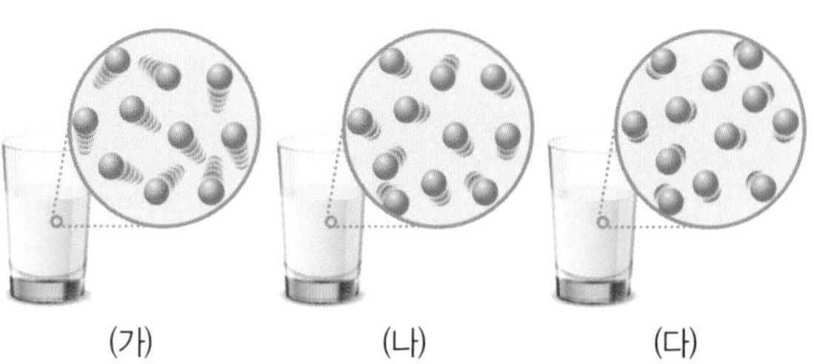

(가)~(다) 중 온도가 가장 높은 것을 쓰시오.

( )

7일 학교시험 기본 테스트 1회

11 그림은 얼음 위에 놓인 생선, 얼음 속에 넣은 음료, 냄비 위에 놓인 언 고기를 나타낸 것이다.

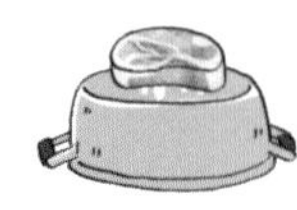

위와 같은 열의 이동 방법과 관련이 있는 것을 〈보기〉에서 모두 고른 것은?

> 보기
> ㄱ. 난방기를 켜면 방 전체가 따뜻해진다.
> ㄴ. 난로 앞에 앉으면 따뜻하다.
> ㄷ. 프라이팬으로 달걀 요리를 한다.
> ㄹ. 국그릇 속의 숟가락이 뜨거워진다.

① ㄱ, ㄴ　② ㄱ, ㄷ　③ ㄱ, ㄹ
④ ㄴ, ㄷ　⑤ ㄷ, ㄹ

12 그림과 같이 공항의 입국장에서는 열화상 카메라를 이용하여 승객들의 체온을 측정한다.

열화상 카메라를 이용하여 체온을 측정할 수 있는 것과 가장 관련이 있는 것은?

① 뜨거운 국에 넣은 숟가락이 점점 뜨거워진다.
② 토스터로 식빵을 굽는다.
③ 냉방기를 켜면 방 전체가 시원해진다.
④ 프라이팬으로 고기를 굽는다.
⑤ 숯불에 은박지로 싼 고구마를 넣어둔다.

13 겨울철 단열과 효율적인 난방을 위한 방법으로 적절하지 않은 것은?

① 난로는 거실 아래쪽에 설치한다.
② 유리창에 2중 유리를 설치한다.
③ 벽면 내부에 스타이로폼을 넣는다.
④ 유리창의 크기는 가능한 한 크게 한다.
⑤ 난방용 온수관은 전도가 잘 일어나는 물질로 만든다.

14 다음 예들을 설명할 수 있는 현상은?

> • 한약 팩을 뜨거운 물속에 넣어둔다.
> • 차가운 계곡 물속에 수박을 넣어둔다.

① 복사　② 단열　③ 비열
④ 열평형　⑤ 열팽창

15 40 °C의 물이 담긴 삼각 플라스크를 70 °C의 물이 담긴 수조에 넣었다. 충분한 시간이 지나 열평형 상태가 되었을 때 열평형 온도로 가능하지 않은 것은? (단, 외부로의 열 손실은 없다.)

① 35 °C　② 45 °C　③ 50 °C
④ 60 °C　⑤ 65 °C

16 물 100 g과 식용유 100 g을 같은 세기의 불꽃으로 가열할 때 시간에 따른 온도를 나타낸 그래프로 가장 적절한 것은?

①
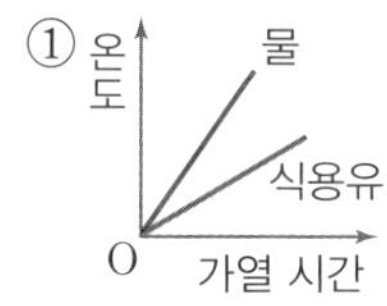

②
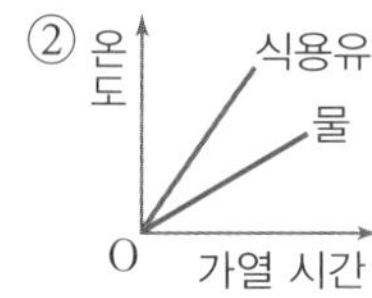

③
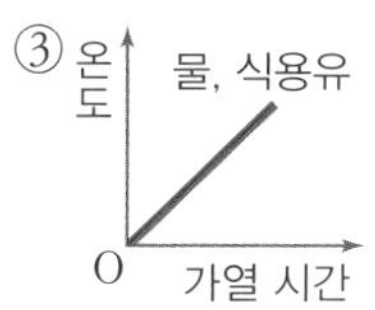

④
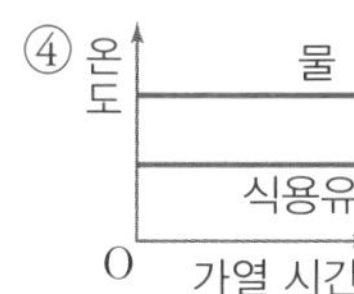

⑤
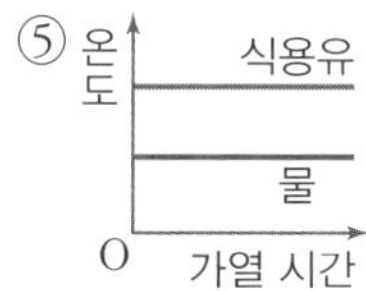

17 그림과 같이 뚝배기는 된장찌개와 같은 음식을 조리할 때 사용하고, 금속 냄비는 라면과 같은 음식을 조리할 때 사용한다.

뚝배기

금속 냄비

그 까닭을 다음 주어진 단어를 모두 포함하여 서술하시오.

> 뚝배기, 금속 냄비, 비열, 커서, 작아서

____

____

18 그림과 같은 금속 고리를 가열했을 때의 모습으로 가장 적절한 것은? (단, 점선은 처음 고리의 모습이다.)

①
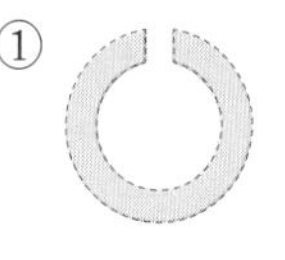
②
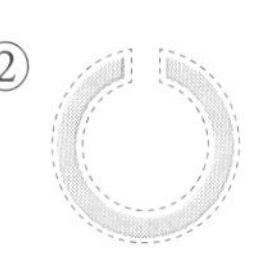
③

④
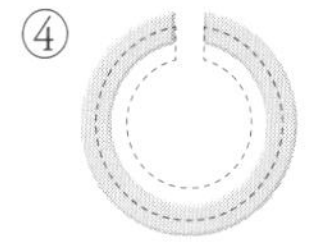
⑤
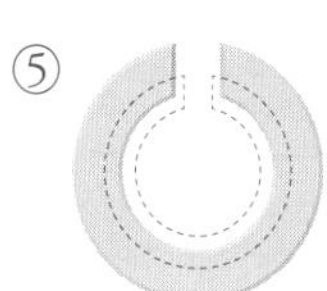

19 다음은 철수가 관찰한 내용이다.

> 항아리에 가득 채운 물이 한낮이 되니 흘러넘쳤다.

다음 중 위와 같은 현상으로 설명할 수 있는 것은?

① 삶은 달걀을 찬물에 담근다.
② 선로와 선로 사이에 틈을 만든다.
③ 뚝배기에 담긴 음식이 천천히 식는다.
④ 여름철 모래사장이 바닷물보다 뜨겁다.
⑤ 프라이팬의 손잡이는 플라스틱으로 만든다.

20 지진 발생 시 상황별 행동 요령으로 옳지 않은 것은?

① 지진으로 흔들릴 때는 탁자 아래로 들어가 탁자 다리를 잡고 몸을 보호한다.
② 흔들림이 멈췄을 때는 전기와 가스를 차단하고 문을 열어 출구를 확보한다.
③ 건물 밖으로 나갈 때는 엘리베이터 이용을 금지하고, 계단으로 신속히 대피한다.
④ 대피 장소를 찾을 때에는 떨어지는 물건에 유의하여 신속하게 지하 대피소를 찾아 들어간다.
⑤ 대피 장소에 도착한 후에는 라디오나 안내 방송을 듣고 올바른 정보에 따라 행동해야 한다.

7일

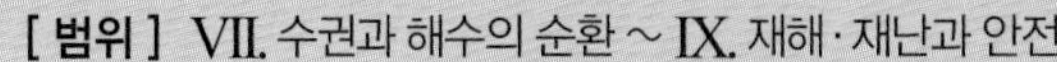

학교시험 기본 테스트 2회

01 지구상의 물의 분포에 대한 설명으로 옳은 것은?

① 지구상 물 중에서 담수가 가장 많은 양을 차지한다.
② 사람들이 가장 쉽게 이용할 수 있는 물은 지하수이다.
③ 빙하의 대부분은 극지방의 바닷물이 얼어서 생성된다.
④ 하천수와 호수는 지구상 물 중에서 가장 적은 양을 차지한다.
⑤ 육지에 존재하는 물은 모두 소금기가 없어 짠맛이 나지 않는다.

02 다음에서 설명하는 물의 종류로 옳은 것은?

> • 주로 비나 눈이 지하로 스며들어 생성된다.
> • 땅속을 흐르며, 지층이나 암석 사이의 빈틈을 채우고 있다.

① 해수 ② 빙하 ③ 지하수
④ 하천수 ⑤ 호수

03 우리나라에서 이용되는 수자원을 용도에 따라 구분하였을 때, 쓰임이 가장 많은 것과 가장 적은 것을 〈보기〉에서 골라 순서대로 쓰시오.

> 보기
> ㄱ. 공업용수 ㄴ. 농업용수
> ㄷ. 유지용수 ㄹ. 생활용수

( )

04 그림은 전 세계 표층 수온의 분포를 나타낸 것이다.

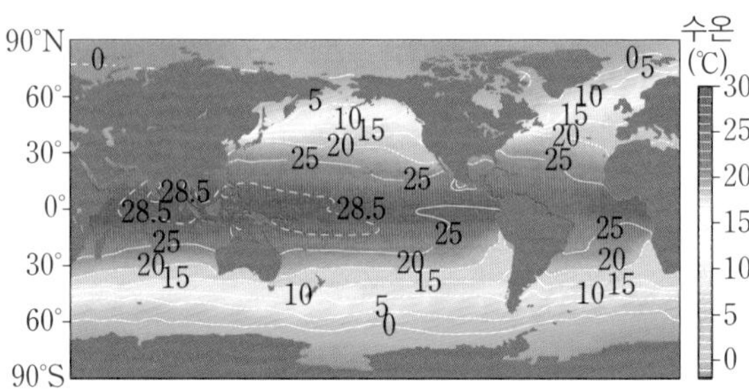

이에 대한 설명으로 옳은 것을 〈보기〉에서 모두 고른 것은?

> 보기
> ㄱ. 표층 수온은 적도 부근에서 가장 높다.
> ㄴ. 태양 에너지를 많이 받을수록 표층 수온은 높다.
> ㄷ. 표층 수온의 분포는 계절 변화와 관련이 없다.

① ㄴ ② ㄷ ③ ㄱ, ㄴ
④ ㄱ, ㄷ ⑤ ㄱ, ㄴ, ㄷ

05 그림은 어느 해역의 연직 수온 분포를 나타낸 것이다. 이에 대한 설명으로 옳은 것을 〈보기〉에서 모두 고른 것은?

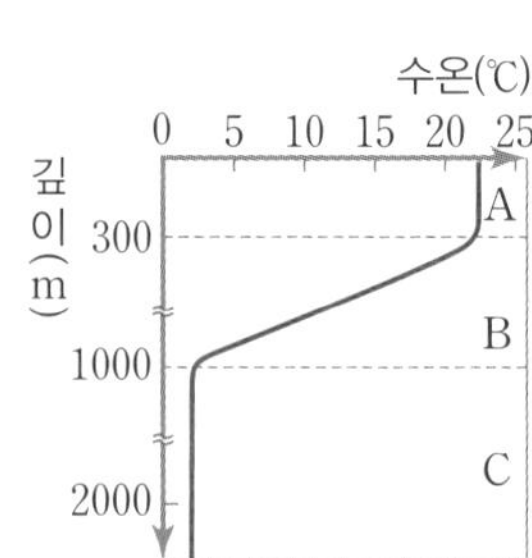

> 보기
> ㄱ. A는 바람이 강한 지역에서 두껍게 나타난다.
> ㄴ. B는 불안정하여 연직 운동이 활발하게 일어난다.
> ㄷ. C는 위도에 따른 수온 차이가 가장 크다.

① ㄱ ② ㄴ ③ ㄷ
④ ㄱ, ㄷ ⑤ ㄴ, ㄷ

06 해수의 염분에 대한 설명으로 옳지 않은 것은?

① 염류 중 황산 칼륨이 가장 많은 양을 차지한다.
② 염분의 단위는 psu(실용염분단위)를 사용한다.
③ 강물이 유입되는 곳에서는 염분이 낮게 나타난다.
④ 전 세계 바다의 표층 염분 분포는 지역에 따라 다르다.
⑤ 바닷물 1 kg 속에 녹아 있는 염류의 총량을 g 수로 나타낸 것이다.

07 표는 (가)와 (나) 해역의 해수 1 kg에 녹아 있는 염류의 양(g)과 염분(psu)을 나타낸 것이다.

해역	염화 나트륨(g)	염화 마그네슘(g)	염분(psu)
(가)	A	3.96	36
(나)	31.2	B	40

A와 B의 값을 구하시오.

( )

08 우리나라 주변의 해류에 대한 설명으로 옳지 않은 것은?

① 북한 한류는 차가운 해류에 속한다.
② 난류는 저위도에서 고위도로 흐른다.
③ 우리나라의 황해에는 조경 수역이 형성된다.
④ 해류는 해수가 일정한 방향으로 흐르는 것이다.
⑤ 한류와 난류가 만나는 곳에는 좋은 어장이 형성된다.

09 그림은 어느 지역에서 하루 동안 해수면의 높이 변화를 측정하여 기록한 그래프이다.

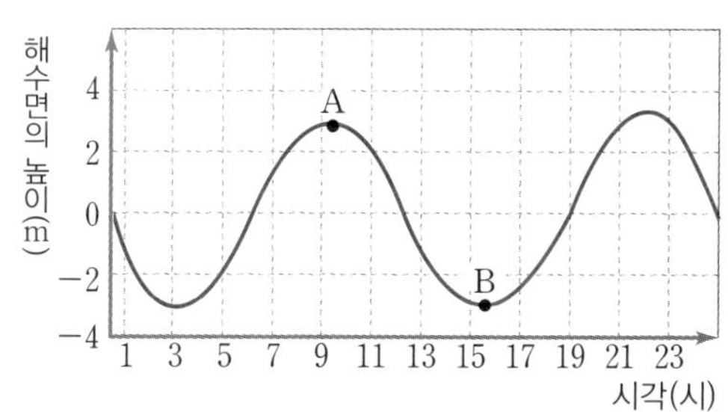

이에 대한 설명으로 옳은 것을 〈보기〉에서 모두 고른 것은?

보기
ㄱ. A는 만조이다.
ㄴ. 이날 정오 이후로 B에서 해수면의 높이가 가장 낮다.
ㄷ. 이날 19시경에는 썰물이 있었다.

① ㄴ ② ㄷ ③ ㄱ, ㄴ
④ ㄱ, ㄷ ⑤ ㄱ, ㄴ, ㄷ

10 그림은 뜨거운 차와 차가운 음료를 나타낸 것이다.

뜨거운 차

차가운 음료

뜨거운 차와 차가운 음료 중 입자 운동이 더 활발한 것을 고르시오.

( )

학교시험 기본 테스트 2회

11 그림은 주전자 속에 들어 있는 물이 끓고 있는 모습을 나타낸 것이다. 이와 가장 관계있는 것은?

① 냉각 ② 대류
③ 복사 ④ 단열
⑤ 열팽창

12 그림과 같이 한 사람은 눈을 감고 다른 사람이 손바닥을 얼굴 근처로 가져가면 손바닥이 얼굴에 닿지 않아도 따뜻함을 느낄 수 있다. 이에 대한 설명으로 옳은 것은?

① 기체나 액체에서 열이 이동하는 방법이다.
② 기체 입자가 직접 이동하면서 열이 이동한다.
③ 전기장판에 앉으면 몸이 따뜻해지는 원리이다.
④ 열이 물질의 도움 없이 직접 이동하는 방법이다.
⑤ 이웃한 입자와의 충돌로 열이 이동하는 방법이다.

13 그림은 유리로 된 보온병의 구조를 나타낸 것이다. 유리병을 은도금 한 까닭을 옳게 설명한 것은?

마개
은도금 한 유리병

① 전도로 인한 열의 이동을 차단하기 위해서
② 대류로 인한 열의 이동을 차단하기 위해서
③ 복사로 인한 열의 이동을 차단하기 위해서
④ 열팽창으로 유리병이 파손되는 것을 막기 위해서
⑤ 유리병의 비열을 크게 해서 온도 변화를 작게 하기 위해서

14 그림은 뜨거운 물이 들어 있는 비커를 차가운 물이 들어 있는 수조 속에 넣었을 때 시간에 따른 물의 온도를 나타낸 것이다.

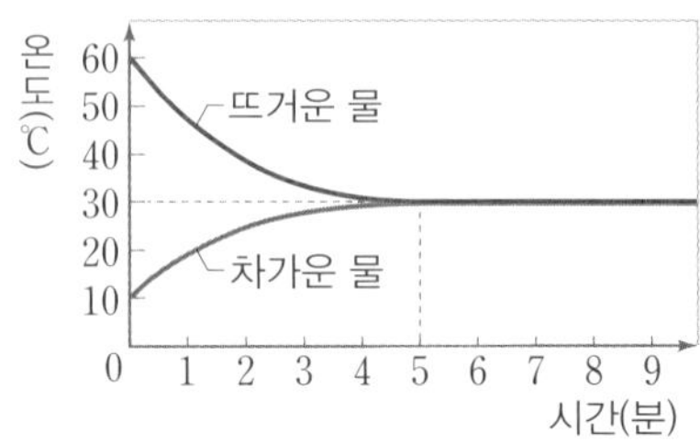

이에 대한 설명으로 옳은 것은?

① 뜨거운 물은 열을 얻는다.
② 차가운 물은 열을 잃는다.
③ 뜨거운 물의 입자 운동은 점점 활발해진다.
④ 차가운 물의 입자 운동은 점점 둔해진다.
⑤ 열평형에 도달하면 두 물의 온도는 같아진다.

15 표는 두 물질 A, B 의 비열을 나타낸 것이다.

물질	A	B
비열(kcal/(kg·°C))	0.2	0.4

A와 B의 질량과 받은 열량이 같을 때, A의 온도가 4 °C 증가하였다면 B의 온도는 몇 °C 증가하는지 쓰시오.

( )

16 그림은 같은 질량의 물과 콩기름에 같은 열량을 가했을 때 두 액체의 시간에 따른 온도를 나타낸 것이다.

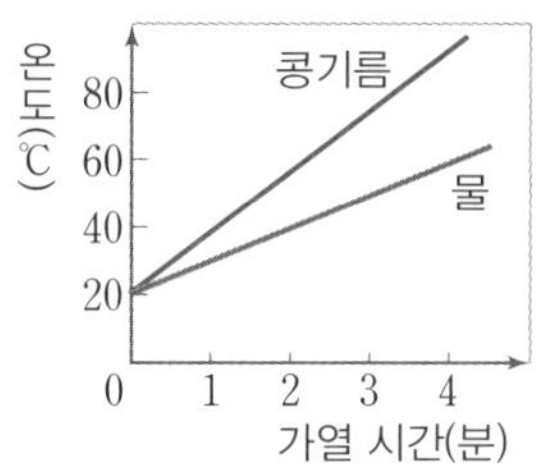

이와 같은 원리로 설명할 수 있는 현상은?

① 모닥불을 피우면 연기가 위로 올라간다.
② 자동차 창문에 가리개를 붙여 햇빛을 차단한다.
③ 에어컨에서 찬 공기가 나오는 곳은 위쪽에 있다.
④ 바다에 가까운 해안 지방이 내륙 지방보다 일교차가 작다.
⑤ 난로 가까이에 앉으면 따뜻하지만 중간을 책으로 가리면 따뜻함을 느끼지 못한다.

17 그림과 같이 금속 막대에 열을 가했을 때 나타나는 현상으로 옳지 않은 것은?

① 부피가 팽창한다.
② 길이가 늘어난다.
③ 온도가 올라간다.
④ 입자의 크기가 커진다.
⑤ 입자 운동이 활발해진다.

18 그림과 같이 찬물을 가득 채운 삼각 플라스크에 가느다란 유리관을 꽂은 다음 뜨거운 물이 담긴 수조에 넣었다. 이후 일정한 시간이 지났을 때에 대한 설명으로 옳은 것을 〈보기〉에서 모두 고른 것은?

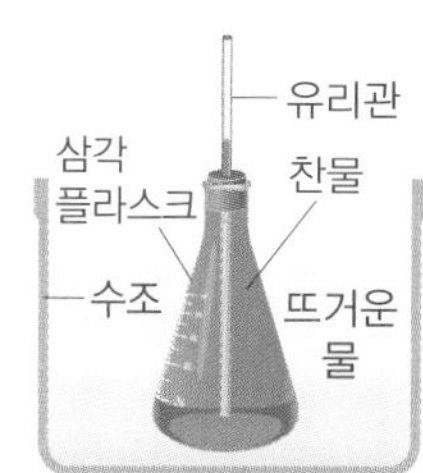

보기
ㄱ. 유리관의 수면이 낮아진다.
ㄴ. 삼각 플라스크 안의 물의 부피가 팽창한다.
ㄷ. 삼각 플라스크 안의 물은 입자 운동이 활발해진다.

① ㄱ ② ㄷ ③ ㄱ, ㄴ
④ ㄱ, ㄷ ⑤ ㄴ, ㄷ

19 그림과 같이 두 그릇이 포개져 빠지지 않고 있다. 열팽창을 이용해 두 그릇을 분리할 수 있는 방법 및 그 원리를 서술하시오.

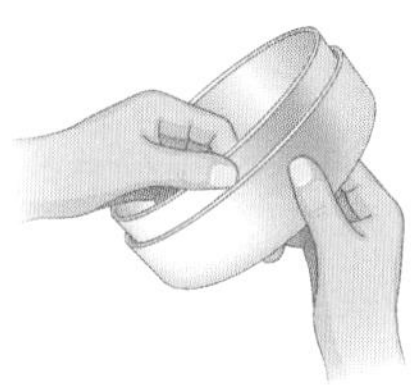

20 그림은 해안가에 쌓아 올린 모래 방벽을 나타낸 것이다. 이것으로 피해를 예방할 수 있는 재해·재난의 종류로 적절한 것은?

① 지진 ② 화산 활동 ③ 화학 물질 유출
④ 폭설 ⑤ 태풍

memo

부록 핵심 정리 총집합

핵심 정리 01 수권의 분포

● **수권**

지구계를 구성하는 여러 권역 중 하나로, 지구상에서 ❶ [ ] 이 존재하는 영역

● **수권에서 물의 분포**

지구 표면의 70 % 이상은 물로 덮여 있으며, 수권의 물은 해수와 ❷ [ ] 로 구분

해수	담수		
	빙하	지하수	하천수와 호수
소금기가 있어 짠맛이 나는 바다의 물	주로 극지방이나 고산 지대에 눈이 쌓여 만들어진 얼음	주로 비 또는 눈이 지하로 스며들어 생성된 물	지표 부근에 있는 물로, 사람이 쉽게 이용 가능

답 ❶ 물 ❷ 담수

핵심 정리 02 수권에서 물의 분포 비율

● **지구에서 물의 분포**

지구 전체 물의 대부분(약 97.47 %)은 ❶ [ ] 가 차지하며, 빙하, 지하수, 호수와 하천수 등으로 이루어진 담수에서는 ❷ [ ] 가 대부분을 차지한다.

● **물의 분포 비율**

해수 > 빙하 > 지하수 > 호수와 하천수

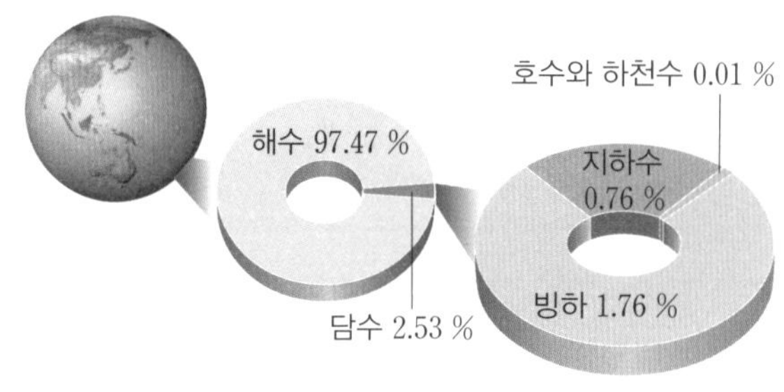

답 ❶ 해수 ❷ 빙하

핵심 정리 03 수자원의 이용

● **수자원**

사람이 살아가는 데 필요한 자원으로서 이용되는 물

● **우리나라의 수자원 이용**

농업용수(41 %)로 가장 많이 이용하며, 그 밖에 ❶ [ ] (33 %), 생활용수(20 %), 공업용수(6 %)의 순으로 많이 이용한다.

농업용수	유지용수
농사를 짓거나 ❷ [ ] 을 기르는 데 이용되는 물	하천으로서 기능을 하기 위해 필요한 일정량 이상의 물
생활용수	**공업용수**
일상생활에서 마시거나 씻는 데 이용되는 물	공장을 가동하기 위해 이용되는 물

답 ❶ 유지용수 ❷ 가축

핵심 정리 04 수자원의 가치

● **자원으로서 물의 가치**

물은 인류 생존에 꼭 필요하지만 양이 한정되어 있으므로 항상 깨끗이 관리하고 아껴 써야 한다.

● **수자원의 확보 문제**

전 지구적 인구 증가와 산업 발달로 물 사용량은 점점 증가하지만, 기후 변화로 인하여 가뭄, 홍수 등이 빈번해지면서 ❶ [ ] 의 확보와 효율적인 관리가 어려워지고 있다.

● **지하수 개발의 중요성**

지하수는 하천수에 비해 양이 ❷ [ ] 하며, 간단한 정수를 거쳐 바로 사용이 가능하다. 지하수를 개발하면 식수뿐만 아니라 농업용수와 냉난방 등에 활용이 가능하다.

답 ❶ 수자원 ❷ 풍부

절취선에 따라 카드를 잘라서 활용하세요.

02 이것만은 꼭! 수권에서 물의 분포 비율

[예제] 그림은 지구상의 물을 분포 비율에 따라 나타낸 것이다.

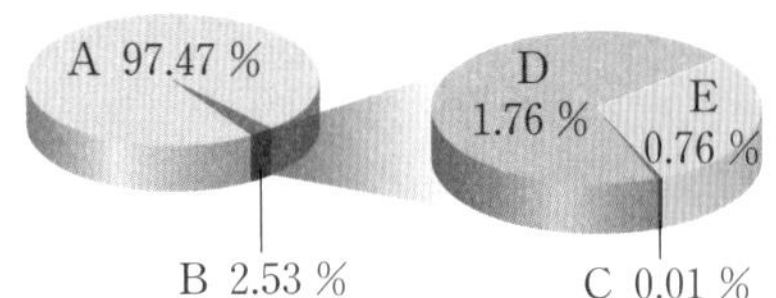

이에 대한 설명으로 옳은 것을 〈보기〉에서 모두 고르시오.

보기
- ✓ㄱ. A는 짠맛이 나는 물이다.
- ㄴ. B는 소금기가 있는 물이다.
- ✓ㄷ. C~E 중에서 사람들이 쉽게 이용할 수 있는 물은 C이다.

기억해요!

지구에 분포하는 물은 대부분 [   ]로, 지구 전체 물의 약 97.47 %를 차지한다. 나머지 약 2.53 %는 [   ]로, 소금기가 없는 물이다. 담수 중 사람들이 쉽게 이용할 수 있는 물은 하천수와 호수이다.

답 해수, 담수

01 이것만은 꼭! 수권의 분포

[예제] 수권에서 물의 분포에 대한 설명으로 옳은 것을 〈보기〉에서 모두 고르시오.

보기
- ✓ㄱ. 지구 표면의 약 70 %는 물로 덮여 있다.
- ✓ㄴ. 수권에서 가장 많은 양을 차지하는 것은 해수이다.
- ㄷ. 빙하는 주로 극지방에 분포하는 바닷물이 얼어서 생성된다.

기억해요!

지구 표면의 70 % 이상은 [   ]로 덮여 있다. 지구에 있는 물은 바닷물을 비롯해 빙하, 지하수, 하천수, 호수 등의 형태로 존재하며 [   ]을 이루고 있다.

답 물, 수권

04 이것만은 꼭! 수자원의 가치

[예제] 수자원에 대한 설명으로 옳은 것을 〈보기〉에서 모두 고르시오.

보기
- ✓ㄱ. 수자원의 양은 한정되어 있다.
- ✓ㄴ. 사람이 살아가기 위해 꼭 필요한 자원이다.
- ㄷ. 수자원이 부족할 경우 지하수를 개발하면 되기 때문에 아껴 쓰지 않아도 된다.

기억해요!

전 지구적인 인구 증가와 산업 발달로 물 사용량은 [   ]하는 추세이다. 하지만 [   ]로 가뭄이나 홍수 등이 자주 발생하면서 물을 확보하고 효율적으로 관리하는 것이 어려워지고 있다.

답 증가, 기후 변화

03 이것만은 꼭! 수자원의 이용

[예제] 그림은 현재 우리나라에서 사용하는 물의 용도를 나타낸 것이다. 이에 대한 설명으로 옳은 것을 〈보기〉에서 모두 고르시오.

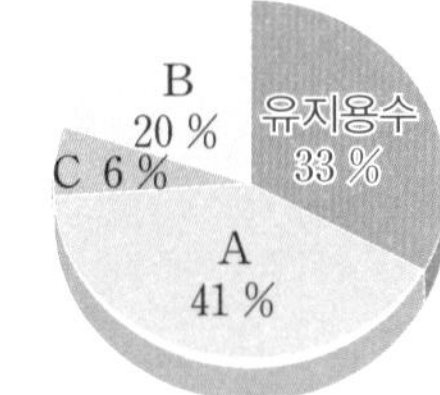

보기
- ✓ㄱ. A는 농업용수이다.
- ㄴ. B는 공장 가동에 이용되는 물이다.
- ㄷ. C는 하천이 기능을 유지하기 위해 필요한 물이다.

기억해요!

우리나라에서는 수자원을 [   ]로 가장 많이 이용하고 있으며, 다음으로 하천에 흐르는 유지용수, 각 가정에서 이용하는 [   ] 순으로 많이 이용한다.

답 농업용수, 생활용수

핵심 정리 05 해수의 연직 수온 분포

● **표층 수온 분포**

바다의 표층 수온은 ❶ ______ 에너지의 영향을 받아 적도 지방이 가장 높고 고위도로 갈수록 낮아진다.

● **해수의 층상 구조**

혼합층	바람의 영향으로 해수가 섞여 수온이 ❷ ______ 한 층
수온 약층	혼합층과 심해층 사이에서 수온이 급격하게 감소하는 층
심해층	연중 수온이 매우 낮고 변화가 거의 없으며, 위도에 따른 수온 차이도 없는 층

답 ❶ 태양 ❷ 일정

핵심 정리 06 염분비 일정 법칙

● **염류**

바닷물에 녹아 있는 물질을 염류라고 한다.

● **염분**

바닷물 1 kg에 녹아 있는 ❶ ______ 의 총량을 g 수로 나타낸 것으로, 염분의 단위는 psu(실용염분단위)이다.

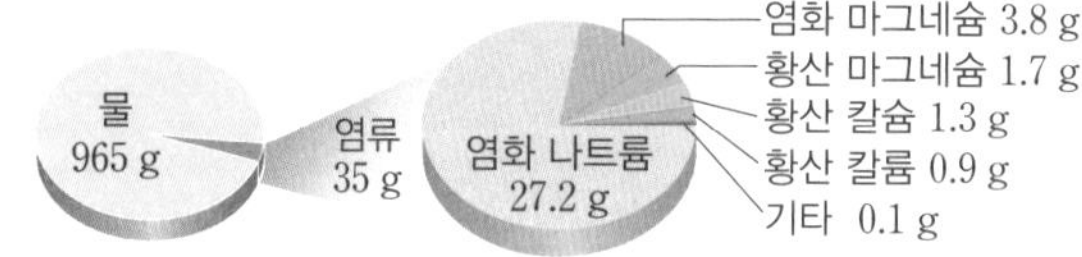

● **염분비 일정 법칙**

지역별로 염분이 달라도 해수에 녹아 있는 염류 사이의 ❷ ______ 은 거의 일정하다.

답 ❶ 염류 ❷ 비율

핵심 정리 07 우리나라 주변의 해류

● **해류**

일정한 방향으로 움직이는 지속적인 해수의 흐름으로, 표층을 흐르는 해류를 난류와 한류로 구분한다.

● **우리나라 주변의 해류**

- 난류: 저위도에서 고위도로 흐르는 ❶ ______ 해류
  예 쿠로시오 해류, 동한 난류, 황해 난류 등
- 한류: 고위도에서 저위도로 흐르는 차가운 해류
  예 연해주 한류, 북한 한류 등
- 조경 수역: 한류와 난류가 만나 좋은 ❷ ______ 을 형성
  예 동한 난류와 북한 한류가 만나는 동해

답 ❶ 따뜻한 ❷ 어장

핵심 정리 08 조석 현상

● **조석**

밀물과 썰물로 해수면이 주기적으로 높아졌다 다시 낮아지는 현상을 조석이라고 한다.

● **만조와 간조**

- 만조: 밀물로 해수면이 가장 높아졌을 때
- 간조: 썰물로 해수면이 가장 낮아졌을 때

→ 만조와 간조 때의 해수면 높이 차를 ❶ ______ 라고 한다.

- 조석 주기: 만조에서 다음 만조, 또는 간조에서 다음 간조까지 걸린 시간(약 ❷ ______)

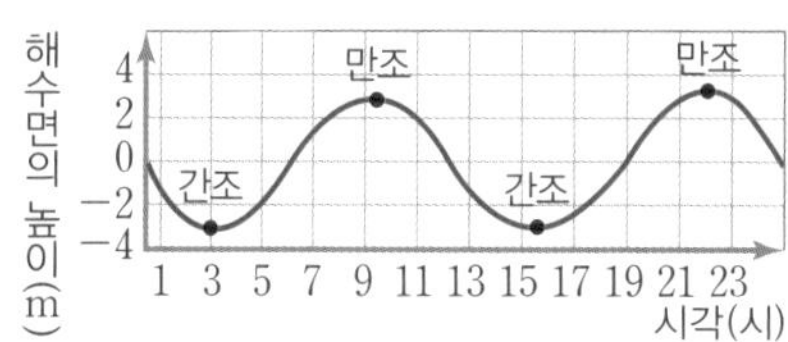

● **사리와 조금**

한 달 중 조차가 가장 크게 나타나는 시기를 사리, 가장 작게 나타나는 시기를 조금이라고 한다.

답 ❶ 조차 ❷ 12시간 25분

06 이것만은 꼭! 염분비 일정 법칙

[예제] **해수의 성분에 대한 설명으로 옳지 않은 것은?**

① 해수에 녹아 있는 여러 물질을 염류라고 한다.
② 염류 중에서 염화 나트륨이 가장 많은 양을 차지한다.
✓③ 염분이 35 psu인 해수 1 kg에는 염화 마그네슘이 35 g 녹아 있다.
④ 바닷물 1 kg에 녹아 있는 염류의 총량을 g 수로 나타낸 것을 염분이라 한다.
⑤ 강수량이 증발량보다 많은 지역은 강수량이 증발량보다 적은 지역에 비해 염분이 낮다.

기억해요!

바다의 염분은 지역에 따라 다르지만 해수에 녹아 있는 ______ 사이의 비율은 거의 일정하다. 이를 ______ 일정 법칙이라고 한다. 이것은 바닷물의 순환으로 염류가 골고루 섞여 있기 때문이다.

답 염류, 염분비

05 이것만은 꼭! 해수의 연직 수온 분포

[예제] **그림은 중위도 어느 해역에서 측정한 해수의 연직 수온 분포를 나타낸 것이다. 이에 대한 설명으로 옳은 것을 〈보기〉에서 모두 고르시오.**

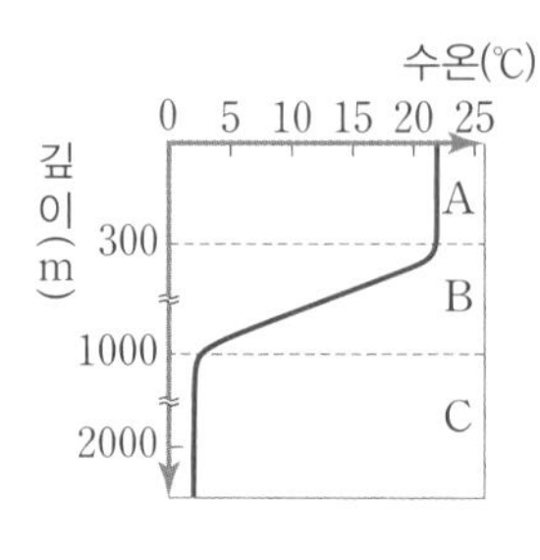

보기
ㄱ. A는 적도 지역에서 가장 두껍게 나타난다.
✓ㄴ. B는 수온 약층이다.
ㄷ. C는 위도에 따라 가장 큰 수온 차이를 보인다.

기억해요!

수온 약층은 혼합층과 심해층 사이에서 수온이 급격히 ______지는 층으로, 아래쪽의 수온이 위쪽의 수온보다 낮아서 물이 잘 ______ 않는다.

답 낮아, 섞이지

08 이것만은 꼭! 조석 현상

[예제] **표는 어느 해안 지역에서 측정한 해수면의 높이 변화와 시각을 나타낸 것이다.**

시각	03:32	10:18	15:35	22:10
높이(cm)	697	183	632	127

이날에 대한 설명으로 옳지 않은 것은?

① 만조가 두 번 있었다.
② 오전 9시에는 썰물이 있었다.
③ 오후 2시에는 해수면이 높아지고 있었다.
✓④ 오후 3시 35분경에는 갯벌이 드러났을 것이다.
⑤ 오후 10시 10분경은 간조였다.

기억해요!

해안에서는 바닷물이 육지 쪽으로 밀려드는 밀물과 바다 쪽으로 빠져나가는 ______이 주기적으로 나타난다. 밀물과 썰물로 해수면이 주기적으로 높아졌다 다시 낮아지는 현상을 ______이라고 한다.

답 썰물, 조석

07 이것만은 꼭! 우리나라 주변의 해류

[예제] **우리나라 주변에 흐르는 해류에 대한 설명으로 옳은 것을 〈보기〉에서 모두 고르시오.**

보기
ㄱ. 황해에는 조경 수역이 형성되어 있다.
ㄴ. 동한 난류는 동해안을 따라 남쪽으로 흐르는 해류이다.
✓ㄷ. 북한 한류는 연해주 한류에서 갈라져 나와 흐르는 해류이다.
✓ㄹ. 쿠로시오 해류는 우리나라 주변에 흐르는 난류의 근원이 된다.

기억해요!

한류와 난류가 만나는 곳을 ______이라고 하는데, 동한 난류와 북한 한류가 만나는 ______에는 다양한 어종이 모여들어 좋은 어장이 형성된다.

답 조경 수역, 동해

핵심 정리 09 온도와 입자 운동

● **온도**

물체의 차고 뜨거운 정도를 숫자로 나타낸 값으로, 물체를 구성하는 ❶ ______ 운동의 활발한 정도를 나타낸다.

● **물체의 온도와 입자 운동**

물체의 온도가 높을수록 그 물체를 이루는 입자들의 운동이 ❷ ______.

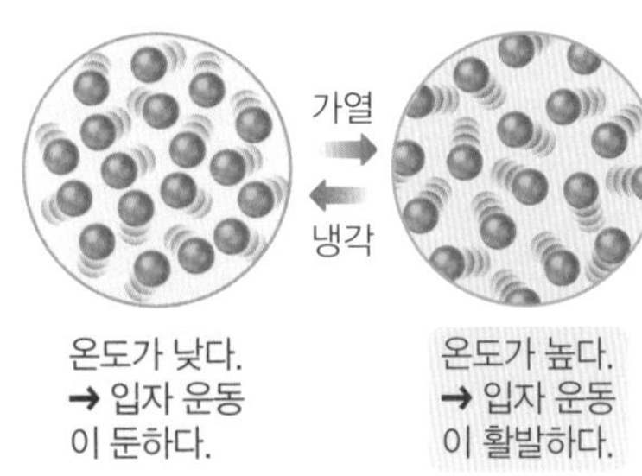

답 ❶ 입자 ❷ 활발하다

핵심 정리 10 열의 이동

● **열**

온도가 ❶ ______ 물체에서 온도가 ❷ ______ 물체로 이동하는 에너지

● **열의 이동 방법**

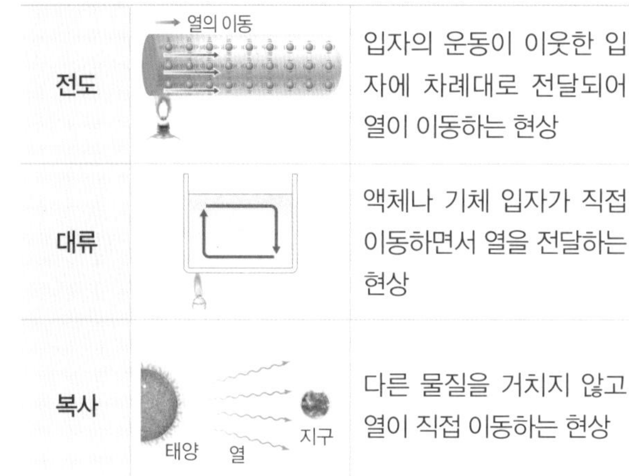

전도		입자의 운동이 이웃한 입자에 차례대로 전달되어 열이 이동하는 현상
대류		액체나 기체 입자가 직접 이동하면서 열을 전달하는 현상
복사		다른 물질을 거치지 않고 열이 직접 이동하는 현상

답 ❶ 높은 ❷ 낮은

핵심 정리 11 열평형

● **열평형**

온도가 다른 두 물체가 접촉했을 때 온도가 높은 물체에서 온도가 낮은 물체로 열이 이동하여 두 물체의 온도가 같아진 상태

● **뜨거운 물과 찬물의 열평형**

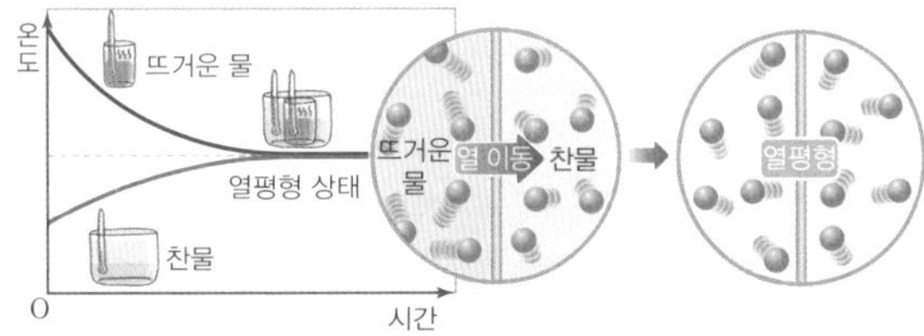

뜨거운 물의 온도는 ❶ ______ 지고, 찬물의 온도는 ❷ ______ 져 시간이 지나면 두 물의 온도가 같아진다.

→ 뜨거운 물의 입자 운동은 둔해지고 찬물의 입자 운동은 활발해진다.

● **열평형에 의한 현상**

온도계를 물체에 접촉하면 열평형 상태가 되어 물체의 온도를 측정할 수 있다.

답 ❶ 낮아 ❷ 높아

핵심 정리 12 비열

● **비열**

- 비열: 어떤 물질 1 kg의 온도를 1 ℃ 높이는 데 필요한 열량 [단위: kcal/(kg·℃)]

$$비열 = \frac{열량}{질량 \times 온도\ 변화}$$

- 비열은 물질의 특성으로 물질마다 다르다.
- 비열이 클수록 온도가 잘 변하지 않고, 비열이 작을수록 온도가 잘 변한다.

● **비열 및 질량과 온도 변화**

비열과 온도 변화	질량과 온도 변화
질량이 같은 물질에 같은 열량을 가하면 비열이 큰 물질일수록 온도 변화가 ❶ ______.	같은 종류의 물질에 같은 열량을 가하면 질량이 큰 물질일수록 온도 변화가 ❷ ______.

답 ❶ 작다 ❷ 작다

10 이것만은 꼭! 열의 이동

[예제] 다음은 샌드위치를 만드는 과정의 일부분이다.

> (가) 프라이팬을 달구어 소시지를 굽는다.
> (나) 토스터로 빵을 노릇노릇하게 굽는다.

과정 (가), (나)에서 일어나는 열의 이동 방법을 옳게 짝 지은 것은?

	(가)	(나)		(가)	(나)
①	전도	대류	✔②	전도	복사
③	대류	전도	④	복사	전도
⑤	복사	대류			

기억해요!

전도는 주로 [　　]에서 일어나는 열의 전달 방법으로, 물질을 구성하는 [　　]들이 서로 충돌하면서 열이 이동한다.

답 고체, 입자

09 이것만은 꼭! 온도와 입자 운동

[예제] 〈보기〉에서 입자 운동이 가장 활발한 것은?

> 보기
> ㄱ. 20 °C의 물　　ㄴ. 30 °C의 에탄올
> ㄷ. 50 °C의 콩기름　　ㄹ. 70 °C의 식용유

① ㄱ　② ㄴ　③ ㄷ
✔④ ㄹ　⑤ 모두 같다.

기억해요!

온도는 물체의 차고 뜨거운 정도를 나타내며, 그 물체를 이루는 [　　] 운동의 활발한 정도를 나타낸다. 즉, 온도가 높을수록 그 물체를 이루는 입자들의 운동이 [　　].

답 입자, 활발하다

12 이것만은 꼭! 비열

[예제] 비열에 대한 설명으로 옳은 것은?

① 단위로는 kcal 또는 cal를 사용한다.
② 물질의 질량이 클수록 비열이 크다.
③ 물질의 종류에 관계없이 일정한 값이다.
④ 어떤 물질 1 kg의 온도를 10 °C 높이는 데 필요한 열량이다.
✔⑤ 물질의 질량과 흡수한 열량이 같을 때 비열이 큰 물질일수록 온도 변화가 작다.

기억해요!

비열은 어떤 물질 1 kg의 온도를 [　　] °C 높이는 데 필요한 열량으로, 물질의 특성이므로 물질의 종류에 따라 [　　].

답 1, 다르다

11 이것만은 꼭! 열평형

[예제] 그림은 두 물질 A, B를 접촉하였을 때 입자 운동의 변화를 나타낸 것이다. 이에 대한 설명으로 옳은 것을 〈보기〉에서 모두 고르시오.

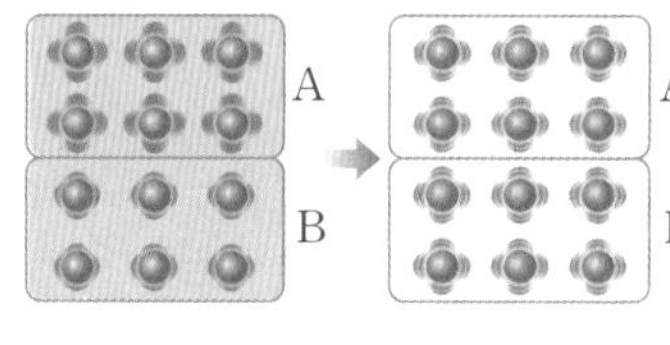

> 보기
> ✔ㄱ. 열은 A에서 B로 이동한다.
> ✔ㄴ. 처음 온도는 A가 B보다 높다.
> ✔ㄷ. A의 입자 운동은 둔해지고 B의 입자 운동은 활발해진다.

기억해요!

온도가 다른 두 물체가 접촉하면 온도가 높은 물체는 열을 잃어 입자 운동이 [　　], 온도가 낮은 물체는 열을 얻어 입자 운동이 [　　].

답 둔해지고, 활발해진다

핵심 정리 13 비열과 우리 생활

● 비열에 의한 현상

- 모래와 바닷물: 물의 비열이 모래의 비열보다 커서 여름날 같은 양의 태양열을 받아도 모래가 바닷물보다 뜨겁다.
- 뚝배기와 금속 냄비: 뚝배기의 비열이 금속 냄비의 비열보다 ❶ [ ] 뚝배기는 금속 냄비보다 온도가 천천히 올라가고, 천천히 식는다.
- 해륙풍: 해안 지방에서 낮에는 해풍이 불고, 밤에는 반대로 육풍이 분다. → 비열이 작은 육지가 비열이 큰 바다보다 빨리 데워지고 빨리 식기 때문이다.

● 물의 비열과 활용

물은 다른 물질에 비하여 비열이 ❷ [ ] 같은 양의 열을 받더라도 온도 변화가 작다. 따라서 기계의 냉각수나, 온수 매트, 찜질 팩 속에 넣어서 활용한다.

답 ❶ 커서 ❷ 커서

핵심 정리 14 열팽창

● 열팽창

물체의 온도가 높아질 때 물체의 길이나 부피가 늘어나는 현상

● 열팽창이 일어나는 까닭

물체가 열을 얻으면 물체를 구성하는 입자의 운동이 활발해지면서 입자 사이의 ❶ [ ]가 멀어지기 때문이다.

● 열팽창하는 정도

- 기체는 물질의 종류에 관계없이 온도가 높아질 때 부피가 늘어나는 정도가 같다.
- 액체와 고체는 물질의 종류에 따라 열팽창 정도가 ❷ [ ].
- 물체의 온도가 많이 변할수록, 물체의 길이나 부피가 클수록 길이와 부피가 많이 변한다.

답 ❶ 거리 ❷ 다르다

핵심 정리 15 열팽창과 우리 생활

● 바이메탈

열팽창 정도가 다른 두 금속을 붙여 놓은 것으로 전기다리미, 화재경보기 등에 이용된다.

● 열팽창을 대비하기 위한 예

- 다리에 ❶ [ ]를 두어 온도 변화에 따라 다리가 휘거나 갈라지는 것을 막는다.
- 가스관에 ㄷ자형 관을 이어서 온도 변화에 따라 가스관이 휘거나 틈이 생기는 것을 막는다.
- 액체의 열팽창으로 음료수 병이 깨지는 것을 방지하기 위해서 병에 액체를 가득 채우지 않는다.

● 열팽창 정도가 비슷한 물질의 사용

- 철근 콘크리트 구조물: 외벽의 균열을 방지하기 위해 열팽창 정도가 비슷한 철근과 콘크리트를 사용한다.
- 치아 충전재: 치아와 충전재 사이의 균열을 방지하기 위해 치아와 ❷ [ ] 정도가 비슷한 물질을 충전재로 사용한다.

답 ❶ 이음매 ❷ 열팽창

핵심 정리 16 재해 · 재난의 의미

● 재해 · 재난

주위에서 발생하는 여러 사건 중에서 인간의 생명과 재산에 피해를 주거나 줄 수 있는 것을 말한다.

● 재해 · 재난의 유형

- 자연 재해 · 재난: 태풍, 홍수, 지진, 화산 활동 등과 같이 ❶ [ ]으로 인한 피해
- 사회 재해 · 재난: 화재, 붕괴, 폭발, 감염병 확산 등과 같이 ❷ [ ]으로 인한 피해

● 재해 · 재난의 대처 방안

재해 · 재난의 발생 원인과 특징에 대한 과학적 이해를 바탕으로 대비책을 마련하고, 사전에 경보를 발령하거나 특수한 장치를 고안할 수 있다.

답 ❶ 자연 현상 ❷ 인간 활동

14 이것만은 꼭! 열팽창

[예제] 어떤 액체의 온도가 높아질 때 나타나는 현상에 대한 설명으로 옳은 것을 〈보기〉에서 모두 고른 것은?

보기
ㄱ. 액체의 부피가 늘어난다.
ㄴ. 액체를 구성하는 입자의 운동이 활발해진다.
ㄷ. 액체를 구성하는 입자 사이의 거리가 감소한다.

① ㄱ　② ㄴ　③ ㄷ
✓④ ㄱ, ㄴ　⑤ ㄴ, ㄷ

기억해요!

물체가 열을 받아 온도가 높아지면 입자 운동이 활발해져 입자들 사이의 거리가 ______지고, 이에 따라 입자들이 차지하는 공간이 늘어나 물체의 길이나 부피가 ______한다.

답 멀어, 팽창

13 이것만은 꼭! 비열과 우리 생활

[예제] 〈보기〉의 여러 현상들 중 비열과 관련된 것을 모두 고르시오.

보기
✓ㄱ. 내륙 지방은 해안 지방보다 일교차가 크다.
ㄴ. 바이메탈은 온도가 높아지면 한쪽으로 휜다.
ㄷ. 겨울철보다 여름철에 에펠탑의 높이가 더 높아진다.
✓ㄹ. 라면을 빨리 끓이려면 뚝배기보다는 양은 냄비를 사용하는 것이 좋다.

기억해요!

비열이 ______ 물질은 천천히 데워지고 천천히 식지만 비열이 ______ 물질은 빨리 데워지고 빨리 식는다. 뚝배기와 양은 냄비처럼 조리 도구를 선택할 때 비열을 고려하기도 한다.

답 큰, 작은

16 이것만은 꼭! 재해 · 재난의 의미

[예제] 재해·재난 발생 시 행동 요령으로 옳은 것을 〈보기〉에서 모두 고르시오.

보기
✓ㄱ. 태풍이 오면 강풍에 의한 피해가 없도록 시설물을 단단히 고정한다.
ㄴ. 지진으로 흔들림이 있을 때는 엘리베이터를 타고 신속히 밖으로 대피한다.
✓ㄷ. 호우가 예상될 때는 배수로를 확인하고 전기와 가스를 차단한다.

기억해요!

재해·재난 중에는 지진과 같이 예고 없이 찾아와 예측이 어렵고 인간의 힘으로는 막을 수 없는 것도 많다. 평소에 ______을 잘 익혀두면, 실제 상황에서 침착하게 대처하여 ______를 최소화할 수 있다.

답 행동 요령, 피해

15 이것만은 꼭! 열팽창과 우리 생활

[예제] 그림은 다리의 이음매 모습을 나타낸 것이다. 다리에 이음매를 만든 까닭을 옳게 설명한 것은?

① 다리 상판을 연결하기 위하여
② 자동차의 과속을 방지하기 위하여
③ 비가 올 때 물이 잘 빠지도록 하기 위하여
④ 눈 또는 비로 미끄러지는 것을 예방하기 위하여
✓⑤ 열팽창으로 다리가 휘어지는 것을 예방하기 위하여

기억해요!

열팽창은 온도가 ______질 때 물체의 길이나 부피가 늘어나는 현상이다. 다리에 이음매를 설치하면 온도가 ______ 다리의 길이가 늘어났을 때 다리가 파손되는 것을 방지할 수 있다.

답 높아, 높아져

book.chunjae.co.kr

교재 내용 문의 ································ 교재 홈페이지 ▸ 중등 ▸ 교재상담
교재 내용 외 문의 ···························· 교재 홈페이지 ▸ 고객센터 ▸ 1:1문의
발간 후 발견되는 오류 ···················· 교재 홈페이지 ▸ 중등 ▸ 학습지원 ▸ 학습자료실

7일 끝

중간고사 기말고사

7일 끝으로 끝내자!

중학 **과학 2-2**

BOOK 3

정답과 해설

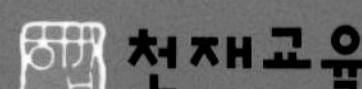

7일 끝

정답과 해설

1일 소화

기초 확인 문제 11, 13쪽

01 (1) ㄷ (2) ㄹ (3) ㄴ (4) ㄱ 02 (1) 배설계 (2) 순환계 (3) 소화계 (4) 호흡계 03 ③ 04 (1) ㄱ (2) ㄴ (3) ㄷ 05 (1) ㉢ (2) ㉠ (3) ㉡ (4) ㉣ 06 지방, 단백질 07 ⑤ 08 식도, 위, 소장 09 ㄴ, ㄷ 10 E, 소장 11 ⑤

01 동물의 구성 단계는 '세포 → 조직 → 기관 → 기관계→ 개체'이다. 기관계는 동물에만 있는 구성 단계이고, 조직계는 식물에만 있는 구성 단계이다.

개념 체크+ 식물의 구성 단계

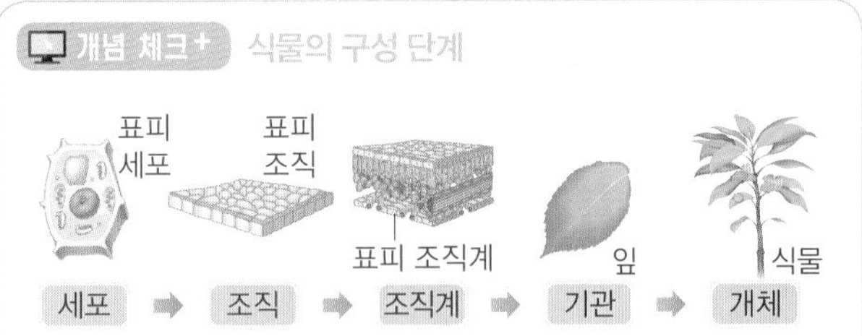

- 동물과 달리 식물의 구성 단계는 세포 → 조직 → 조직계 → 기관 → 개체로 구성된다.
- 조직계는 식물에만 있는 구성 단계로, 공통의 기능을 수행하는 여러 조직들이 모인 단계이다. 예 표피 조직계, 관다발 조직계

02 배설계는 혈액 속 노폐물을 오줌으로 생성하여 배설하는 일을 하며, 순환계는 온몸의 조직과 기관으로 물질을 운반한다. 소화계는 섭취한 음식물 속 영양소를 작은 크기의 영양소로 분해하며 호흡계는 산소와 이산화탄소를 교환하는 일을 한다.

개념 체크+ 기관계

소화계	순환계	호흡계	배설계

- 소화계: 입, 식도, 위, 소장, 대장, 간, 이자 등
- 순환계: 혈액, 심장, 혈관 등
- 호흡계: 코, 기관, 폐, 가로막 등
- 배설계: 콩팥, 오줌관, 방광, 요도 등

03 영양소는 우리 몸을 구성하거나 생명 활동에 필요한 에너지원이 되는 등 생물이 살아가는 데 필요한 물질로, 음식물 속에 들어 있다.

오답 풀이

ㄷ. 에너지를 내는 영양소에는 탄수화물, 단백질, 지방이 있다. 물, 바이타민, 무기 염류는 에너지원으로 사용되지 않는다.

04 (1) 지방은 3대 영양소 중 가장 많은 에너지를 낸다. 탄수화물과 단백질은 4 kcal/g의 에너지를 낸다.

(2) 탄수화물은 주로 에너지원으로 사용되고, 사용 후 남은 탄수화물은 주로 지방으로 저장되기 때문에 섭취량에 비해 몸을 구성하는 비율은 매우 낮다. 우리 몸을 구성하는 비율이 가장 높은 영양소는 물이다.

(3) 바이타민과 무기 염류는 적은 양으로 몸의 생리 작용을 조절한다.

05 각 영양소의 검출 용액과 반응 색깔은 표와 같다. 베네딕트 반응에서는 반응이 신속히 일어나도록 가열을 해주어야 한다.

영양소	검출 용액	색깔
(1) 녹말	아이오딘-아이오딘화 칼륨 용액	청람색
(2) 지방	수단 Ⅲ 용액	선홍색
(3) 포도당	베네딕트 용액(가열)	황적색
(4) 단백질	뷰렛 용액(5 % 수산화 나트륨 수용액 +1 % 황산 구리 수용액)	보라색

06 수단 Ⅲ 반응 결과 선홍색이 나타났으므로 지방이 있고, 뷰렛 반응 결과 보라색이 나타났으므로 단백질이 들어 있음을 알 수 있다.

07 우리가 먹은 음식물 속의 영양소가 세포로 흡수되기 위해서는 세포막을 통과하여야 한다. 소화는 크기가 큰 영양소를 세포막을 통과할 수 있는 작은 영양소로 잘게 분해하는 과정이다.

08 음식물이 지나가는 통로는 소화관이다. 음식물은 '입 → 식도 → 위 → 소장 → 대장'을 거친다.

09 위에서는 단백질의 소화만 일어난다. 녹말이 엿당으로 소화되는 곳은 입과 소장이다.

개념 체크+ 위

- 주머니처럼 생긴 위는 근육이 발달되어 있어서 위 운동을 활발하게 할 수 있다.
- 위벽에는 많은 주름이 있으며, 그 속에 위샘이 있어서 위액을 분비한다.

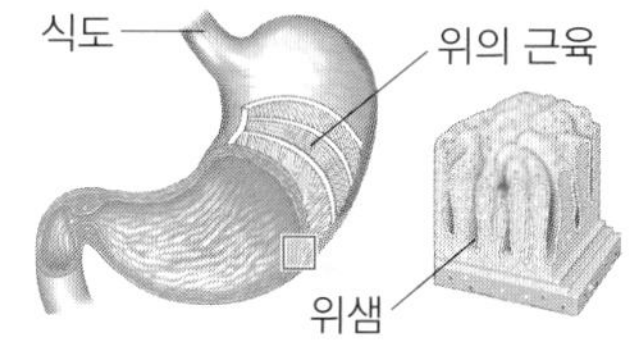

- 위액: 강한 산성 물질인 염산과 단백질 소화 효소인 펩신이 들어 있다.
- 펩신: 단백질을 작은 크기의 단백질로 분해한다.
- 염산: 펩신의 작용을 돕고, 살균 작용을 한다.

10 A는 간, B는 쓸개, C는 위, D는 이자, E는 소장, F는 대장이다. 소장은 이자액, 쓸개즙, 장액이 분비되어 모든 영양소의 소화가 일어난다. 이자액에는 탄수화물, 지방, 단백질의 소화 효소가 모두 들어 있으며, 쓸개즙은 간에서 생성되어 쓸개에 저장되어 있다가 소장으로 분비된다. 쓸개즙은 소화 효소는 없지만 지방의 소화를 도와준다. 장액 속에 들어 있는 소화 효소에 의해 탄수화물은 포도당으로, 단백질은 아미노산으로 최종 분해된다.

11 (가)는 융털, A는 모세 혈관, B는 암죽관이다. 소장 안쪽 벽의 주름과 융털 구조는 표면적을 넓혀 주어 영양소를 효율적으로 흡수할 수 있게 한다. 융털 내부는 가운데에 암죽관(B)이 있고, 그 주변을 모세 혈관(A)이 둘러싸고 있다. 융털의 모세 혈관으로 포도당, 아미노산과 같은 수용성 영양소가 흡수되고, 암죽관으로 지방산, 모노글리세리드와 같은 지용성 영양소가 흡수된다.

내신 기출 베스트 14~15쪽

1 (가) 조직, (나) 기관계 2 ㄷ 3 ② 4 ③ 5 ③ 6 ③ 7 ⑤ 8 A: 포도당, B: 아미노산

1 동물의 구성 단계는 '세포 – 조직 – 기관 – 기관계 – 개체'이다.

2 그림은 호흡계를 나타낸다. 호흡계는 코, 기관, 기관지, 폐 등으로 이루어져 있으며, 폐에서 산소와 이산화 탄소를 교환한다.

오답 풀이

ㄱ, ㄹ. 순환계는 여러 가지 물질을 운반하는 기능을 하며 심장, 혈관 등이 포함된다.

ㄴ. 소화계의 기능이다.

3 녹말, 포도당은 탄수화물이다. 탄수화물, 지방, 단백질과 같이 에너지원으로 사용되는 영양소를 3대 영양소라고 한다. 칼륨과 칼슘은 무기 염류이다. 물, 바이타민, 무기 염류와 같이 에너지원으로 사용되지 않는 영양소를 부영양소라고 한다. 바이타민은 몸의 구성 성분은 아니지만, 적은 양으로 몸의 기능을 조절한다.

4 베네딕트 반응은 당분(포도당, 엿당 등)을 검출하는 반응으로, 반응 속도가 느리기 때문에 가열을 통해 속도를 빠르게 해 준다.

5 A는 간, B는 이자이다. 간과 이자와 같이 음식물은 지나가지 않지만 소화액을 분비하는 곳을 소화샘이라고 한다.

개념 체크+ 소화샘

- 간에서는 지방의 소화를 도와주는 쓸개즙을 생성하며, 이자는 이자액을 생성한다.
- 이자의 이자액 속에는 아밀레이스(녹말 분해 효소), 트립신(단백질 분해 효소), 라이페이스(지방 분해 효소)가 들어 있다.

소화 효소	소화 영양소	분해 산물
아밀레이스	녹말	엿당
트립신	단백질	작은 크기의 단백질
라이페이스	지방	지방산+모노글리세리드

6 입에서는 침 속에 들어 있는 아밀레이스(A)에 의해 녹말이 엿당(B)으로 분해된다.

7 A는 위, B는 간, C는 쓸개, D는 소장, E는 이자이다.

⑤ E(이자)에서 분비되는 이자액에는 3대 영양소의 소화 효소가 모두 들어 있다.

오답 풀이

① 위(A)에서는 펩신에 의해 단백질이 작은 크기의 단백질로 소화된다.

②, ③ 간(B)에서는 지방의 소화를 도와주는 쓸개즙이 생성되며, 쓸개즙은 쓸개(C)에 저장된다.

④ 단백질의 소화가 처음으로 일어나는 곳은 위(A)이다.

8 모든 영양소는 소장에서 최종적으로 소화된다. 소화 과정 결과 탄수화물(녹말)은 포도당으로, 단백질은 아미노산으로, 지방은 지방산과 모노글리세리드로 분해된다.

자료 분석+ 3대 영양소의 소화

영양소	입	위	소장	최종 분해 산물
탄수화물(녹말)	아밀레이스 → 엿당		아밀레이스 → 엿당, 탄수화물 소화 효소 →	A 포도당
단백질		펩신 →	트립신 →, 단백질 소화 효소 →	B 아미노산
지방			쓸개즙 →, 라이페이스 →	지방산, 모노글리세리드

- 탄수화물(녹말)의 소화: 일부분은 입에서 엿당으로 소화되고, 나머지 녹말은 소장에서 엿당으로 소화된다. 엿당은 탄수화물 소화 효소에 의해 최종적으로 포도당으로 소화된다.
- 단백질의 소화: 위에서 처음으로 화학적 소화가 시작된다. 위에서 펩신에 의해 작은 크기의 단백질로 소화되고, 이는 소장에서 단백질 소화 효소에 의해 최종적으로 아미노산으로 소화된다.
- 지방의 소화: 소장에서 처음으로 화학적 소화가 일어난다. 쓸개즙의 도움을 받아 작은 지방 알갱이가 된 후, 라이페이스에 의해 최종적으로 지방산과 모노글리세리드로 소화된다.

2일 순환

기초 확인 문제 19, 21쪽

01 (1) ㉡ (2) ㉣ (3) ㉠ (4) ㉢ 02 ㄱ, ㄹ 03 ㉠ 좌심방, ㉡ 좌심실 04 동맥 05 C, B, A 06 ⑤ 07 (1) ㉣ (2) ㉢ (3) ㉠ (4) ㉡ 08 ③ 09 (1) 혈장 (2) 적혈구 (3) 혈장 (4) 혈소판 (5) 백혈구 10 ㄷ 11 ③

01 심방은 심장으로 혈액이 들어오는 곳이고, 심실은 심장 밖으로 혈액을 내보내는 곳이다.

02 심실은 혈액을 내보내는 곳으로, 벽이 두껍고 탄력성이 강하다.

오답 풀이

ㄴ. 심장은 주먹만 한 크기의 근육질 주머니이다.

ㄷ. 우심방과 좌심방에는 정맥이, 우심실과 좌심실에는 동맥이 연결되어 있다.

03 폐에서 산소를 공급받은 혈액은 폐정맥을 거쳐 좌심방으로 들어온 후 좌심실과 대동맥을 거쳐 온몸으로 흘러 나간다.

04 동맥은 심장에서 나오는 혈액이 흐르며, 혈관 벽이 정맥이나 모세 혈관에 비해 두껍고 탄력성이 강하다.

05 A는 정맥, B는 모세 혈관, C는 동맥이다. 심장에서 나온 혈액은 동맥(C) → 모세 혈관(B) → 정맥(A)을 거쳐 다시 심장으로 들어온다.

개념 체크+ 혈관의 비교

구분	비교
혈압	동맥 > 모세 혈관 > 정맥
혈관의 총 단면적	모세 혈관 > 정맥 > 동맥
혈액이 흐르는 속도	동맥 > 정맥 > 모세 혈관
혈관 벽의 탄력성	동맥 > 정맥
혈관 벽의 두께	동맥 > 정맥 > 모세 혈관

06 혈관 벽은 동맥 > 정맥 > 모세 혈관의 순으로 두껍다.

07 적혈구는 붉은색으로 핵이 없으며, 백혈구는 모양이 일정하지 않고 핵이 있다. 혈소판은 작은 세포 조각으로 핵이 없고, 혈장은 혈액의 액체 성분이다.

자료 분석+ 혈액의 성분

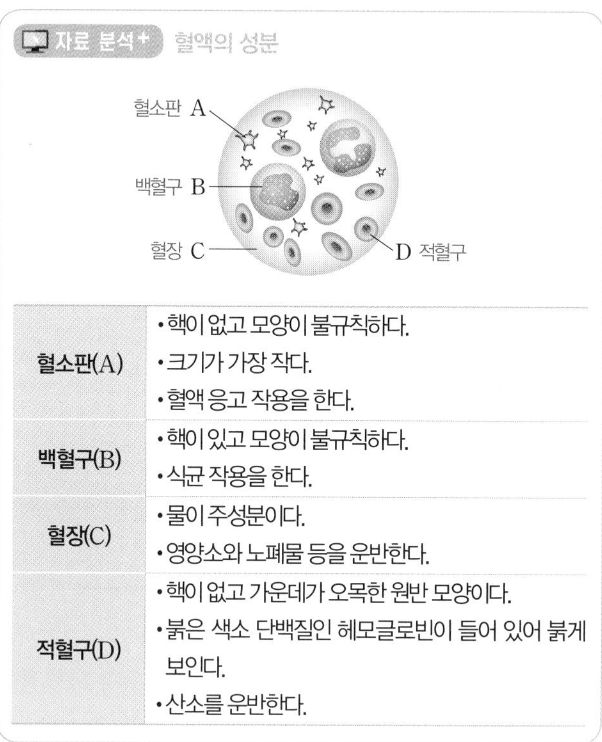

혈소판(A)	• 핵이 없고 모양이 불규칙하다. • 크기가 가장 작다. • 혈액 응고 작용을 한다.
백혈구(B)	• 핵이 있고 모양이 불규칙하다. • 식균 작용을 한다.
혈장(C)	• 물이 주성분이다. • 영양소와 노폐물 등을 운반한다.
적혈구(D)	• 핵이 없고 가운데가 오목한 원반 모양이다. • 붉은 색소 단백질인 헤모글로빈이 들어 있어 붉게 보인다. • 산소를 운반한다.

08 적혈구 속의 헤모글로빈은 산소가 많은 곳(가)에서는 산소와 쉽게 결합하고, 산소가 적은 곳(나)에서는 산소와 쉽게 떨어지는 성질이 있어 조직 세포에 산소를 공급한다.

09 (1) 혈액의 액체 성분을 혈장이라고 한다. 혈구는 혈액의 세포 성분이다.

(2) 적혈구는 조직 세포에 산소를 운반한다.

(3) 혈장은 구성 성분이 대부분 물이고, 여러 가지 영양소와 세포에서 생성된 이산화 탄소와 노폐물 등을 운반한다.

(4) 혈소판은 모양이 불규칙한 세포 조각으로 핵이 없으며, 상처 부위에서 출혈을 멈추게 하는 혈액 응고 작용을 한다.

(5) 백혈구는 모양이 불규칙하며 혈구 중 가장 크고, 식균 작용을 한다.

10 정맥혈은 폐에서 이산화 탄소를 버리고 산소를 얻어 동맥혈로 바뀐다.

오답 풀이

ㄱ. 폐동맥에는 정맥혈이 흐른다.

ㄴ. 정맥혈이 동맥혈로 바뀌는 순환은 폐순환이다.

11 폐순환을 통해 공급받은 산소를 온몸 순환 과정을 통해 온몸의 조직 세포에 공급한다. 폐순환 경로는 '우심실 → 폐동맥 → 폐 → 폐정맥 → 좌심방'이다.

오답 풀이

① 폐에서 산소를 공급받는다.

②, ④, ⑤ 온몸 순환에 대한 설명이다.

내신 기출 베스트 22~23쪽

1 ⑤ 2 ② 3 B, 모세 혈관 4 ①, ③ 5 ③, ⑤
6 ③ 7 ⑤ 8 ⑤

1 사람의 심장은 규칙적인 수축과 이완 운동(심장 박동)을 통해 혈액을 온몸으로 순환시킨다.

오답 풀이

⑤ 심방은 혈액을 받아들이는 곳이고, 심실은 혈액을 내보내는 곳이다.

2 심방에는 정맥이, 심실에는 동맥이 연결되어 있다.

3 모세 혈관은 온몸 전체에 퍼져 있으며, 혈관 벽이 한 겹의 세포층으로 이루어져 있고 혈류의 속도가 느려서 주위의 세포와 물질 교환에 유리하다.

개념 체크+ 모세 혈관에서의 물질 교환

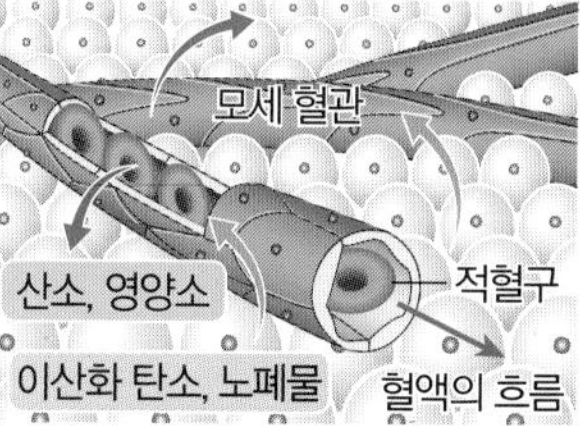

혈액 속의 산소와 영양소가 조직 세포에 전달되고, 조직 세포에서 발생한 이산화 탄소와 노폐물이 혈액으로 이동한다.

4 A는 정맥이다. 정맥은 혈압이 낮아 혈액이 거꾸로 흐르는 것을 방지하기 위해 군데군데 판막이 있다.

5 A는 혈장, B는 혈구이다.

오답 풀이

③ 혈소판은 혈액의 세포 성분이므로 B(혈구)에서 관찰된다.

⑤ 영양소와 노폐물을 운반하는 것은 A(혈장)이다.

6 백혈구는 외부에서 세균이 침입하면 세균을 잡아먹는 식균 작용을 한다.

7 A는 혈소판, B는 백혈구, C는 혈장, D는 적혈구이다.

오답 풀이

① A(혈소판)는 핵이 없는 세포 조각이다.

② A(혈소판)는 혈액 응고 작용을 한다.

③ B(백혈구)는 핵이 있으며, 외부에서 세균이 들어 왔을 때 식균 작용을 한다.

④ C(혈장)는 영양소와 노폐물 등을 운반한다. 산소를 운반하는 것은 적혈구(D)이다.

8 A는 폐동맥, B는 대정맥, C는 폐정맥, D는 대동맥, E는 우심방, F는 우심실, G는 좌심방, H는 좌심실이다. 온몸의 조직 세포에 산소와 양분을 공급하는 순환을 온몸 순환이라고 한다. 심장에서 온몸으로 혈액을 내보내는 곳은 좌심실이다. 온몸 순환의 경로는 '좌심실(H) → 대동맥(D) → 온몸의 모세 혈관 → 대정맥(B) → 우심방(E)'이다.

오답 풀이

③ '우심실(F) → 폐동맥(A) → 폐의 모세 혈관 → 폐정맥(C) → 좌심방(G)'은 폐순환 경로이다.

3일 호흡과 배설

기초 확인 문제

27, 29쪽

01 (1) ○ (2) × (3) ○ (4) × 02 E, 폐포 03 D, 가로막
04 (1) 들 (2) 들 (3) 날 (4) 날 05 A: 기관, B: 흉강, C: 폐, D: 가로막
06 (1) A: 산소, B: 산소, C: 이산화 탄소, D: 이산화 탄소 (2) 확산 07 (1) ㄷ (2) ㄱ (3) ㄴ (4) ㄹ
08 ① 09 (1) ㉡ (2) ㉢ (3) ㉠ 10 ③ 11 ㄴ, ㄷ
12 (가) 소화계, (나) 호흡계, (다) 순환계, (라) 배설계

01 (2) 기관지는 폐에서 더 많은 가지로 갈라져 폐포와 연결된다.

(4) 폐는 얇은 막으로 이루어져 있어서 스스로 호흡 운동을 하지 못하고 갈비뼈와 가로막의 움직임을 통해 호흡 운동이 일어난다.

02 A는 코, B는 기관, C는 기관지, D는 가로막, E는 폐포이다. 예시들은 표면적을 넓혀 효율을 높인 것으로, 폐도 수많은 폐포로 이루어져 있어 공기와 닿는 표면적을 넓혀 주어 기체 교환이 효율적으로 일어난다.

03 폐는 근육이 없어서 스스로 호흡 운동을 하지 못하고, 갈비뼈와 가로막의 도움으로 호흡 운동이 일어난다. 가로막이 위로 올라가면 흉강의 부피가 작아지면서 압력이 높아져 폐 속의 공기가 몸 밖으로 빠져 나가고, 위로 올라갔던 가로막이 제자리로 오면 흉강의 부피가 커져 압력이 낮아지면서 외부의 공기가 폐로 들어온다.

04 숨을 들이마실 때는 갈비뼈와 가로막이 흉강의 부피가 커지는 방향으로 움직이고, 숨을 내쉴 때는 흉강의 부피가 작아지는 방향으로 움직인다.

05 호흡 운동 모형에서 유리관(A)은 기관, 유리병 안 공간(B)은 흉강, 고무풍선(C)은 폐, 고무막(D)은 가로막을 나타낸다. 호흡 운동 모형에서 갈비뼈는 없다.

06 산소의 이동 방향은 폐포 → 모세 혈관 → 조직 세포이고, 이산화 탄소의 이동 방향은 조직 세포 → 모세 혈관 → 폐포이다.

자료 분석+ 기체 교환의 원리

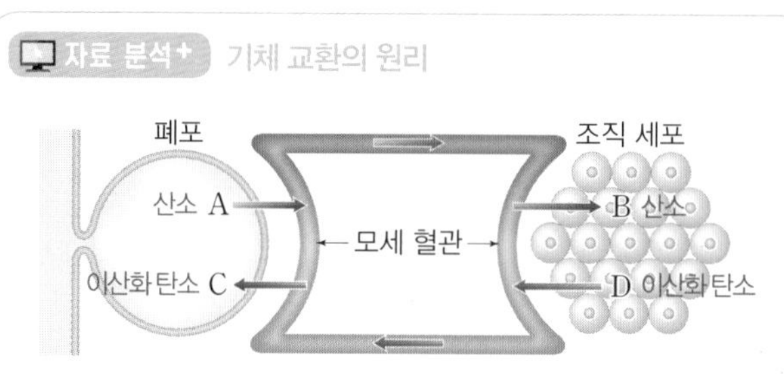

- 기체 교환은 기체의 농도 차이에 따른 확산에 의해 일어난다.
  ➡기체는 농도가 높은 곳에서 농도가 낮은 곳으로 이동한다.
- 기체 농도와 기체 이동

산소	농도	폐포 > 모세혈관 > 조직세포
	이동	폐포 → 모세혈관 → 조직세포
이산화 탄소	농도	조직세포 > 모세혈관 > 폐포
	이동	조직세포 → 모세혈관 → 폐포

07 콩팥에서 만들어진 오줌은 오줌관을 지나 방광에 모인 다음, 요도를 거쳐 몸 밖으로 나간다.

08 A는 콩팥 동맥, B는 콩팥 정맥, C는 사구체, D는 보먼 주머니, E는 세뇨관, F는 모세 혈관이다.

오답 풀이

① 요소는 콩팥에서 걸러져 오줌으로 나가므로 혈액이 콩팥으로 들어오는 콩팥 동맥 내의 혈액에는 요소의 농도가 높고, 콩팥을 빠져나가는 콩팥 정맥 내의 혈액에는 요소의 농도가 낮다.

09 여과는 혈액 속 크기가 작은 물질이 사구체에서 보먼주머니로 여과되는 과정이고, 분비는 여과 과정에서 걸러지지 않은 노폐물이 모세 혈관에서 세뇨관으로 분비되는 과정이다. 여과를 통해 걸러진 물질 중 몸에 필요한 물질은 세뇨관에서 모세 혈관으로 재흡수된다.

10 사구체는 콩팥 동맥에 연결된 혈관이 실뭉치처럼 뭉쳐 있는 구조이다. 사구체는 들어가는 혈관이 나오는 혈관보다 굵기 때문에 혈압이 높고, 사구체의 높은 혈압에 의해 혈액 속 물질이 보먼주머니로 여과된다. 그러나 혈구나 단백질과 같이 크기가 큰 물질은 여과되지 않는다.

11 포도당과 아미노산은 모두 재흡수되고, 무기 염류는 몸의 상태에 따라 필요한 만큼 재흡수된다.

12 호흡계에서 흡수한 산소와 소화계에서 흡수한 영양소는 순환계에 의해 조직 세포로 운반되어 세포 호흡에 사용된다. 세포 호흡 결과 발생한 노폐물은 순환계에 의해 호흡계와 배설계로 운반되어 몸 밖으로 내보내진다.

중간

내신 기출 베스트 30~31쪽

1 ② 2 ② 3 (1) 커지, 낮아 (2) 작아지, 높아
4 (1) A, 산소 (2) B, 이산화 탄소 5 A: 물, B: 간, C: 요소 6 ④ 7 E 8 ⑤

1 폐는 한 겹의 얇은 세포층으로 이루어진 수많은 폐포로 이루어져 있어 공기와 닿는 표면적을 넓혀 준다. 이는 폐포와 폐포를 둘러싼 모세 혈관 사이에서 산소와 이산화 탄소의 기체 교환이 효율적으로 일어나게 한다.

2 숨을 내쉴 때는 흉강의 부피가 작아지는 방향으로 호흡 운동이 일어난다. 숨을 내쉴 때 갈비뼈가 내려가고 가로막이 올라가 흉강의 부피가 작아지고 압력이 높아져 공기가 폐에서 밖으로 이동한다.

3 고무막은 사람의 가로막, 고무풍선은 폐를 나타낸 것이다. 고무막을 아래로 잡아당기는 것은 들숨에 해당하며, 잡아당긴 고무막을 놓는 것은 날숨에 해당한다.

구분	고무막을 아래로 당길 때 – 들숨	아래로 당긴 고무막을 놓았을 때 – 날숨
모형	↓공기	↑공기
병 속의 부피	커진다	작아진다
병 속의 압력	작아진다	커진다
고무풍선의 모양	부풀어 오른다	오므라든다
공기의 이동	외부 → 고무풍선	고무풍선 → 외부

4 A는 산소, B는 이산화 탄소이다.

5 탄수화물, 단백질, 지방이 분해되면 물과 이산화 탄소가 생성된다. 암모니아는 간에서 독성이 약한 요소로 바뀌어 콩팥을 거쳐 배설된다.

6 A는 콩팥 겉질, B는 콩팥 속질, C는 콩팥 깔때기, D는 오줌관, E는 콩팥 정맥, F는 콩팥 동맥이다.

자료 분석+ 콩팥의 구조

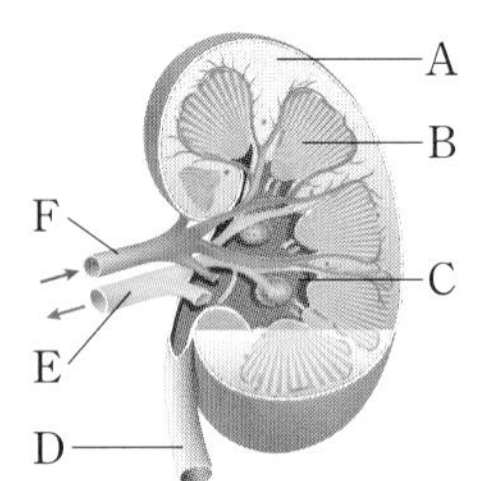

- 콩팥 겉질(A)에는 사구체와 보먼주머니가 분포하며, 콩팥 동맥(F)을 통해 콩팥으로 들어온 혈액 속의 노폐물을 걸러준다.
- 콩팥 속질(B)에는 세뇨관이 분포하며, 세뇨관을 둘러싼 모세 혈관 사이에서 분비 및 재흡수 작용이 일어난다.
- 콩팥에서 만들어진 오줌은 콩팥 깔때기(C)에 일시적으로 모이며, 오줌관(D)을 통해 방광으로 이동한 후 요도를 통해 몸 밖으로 나간다.

7 A는 사구체, B는 보먼주머니, C는 세뇨관, D는 모세 혈관, E는 콩팥 깔때기, F는 콩팥 정맥이다. 요소는 사구체에서 보먼주머니로 걸러지고, E로 갈수록 세뇨관 속의 물이 재흡수되어 농도가 높아진다.

자료 분석+ 오줌의 생성 과정

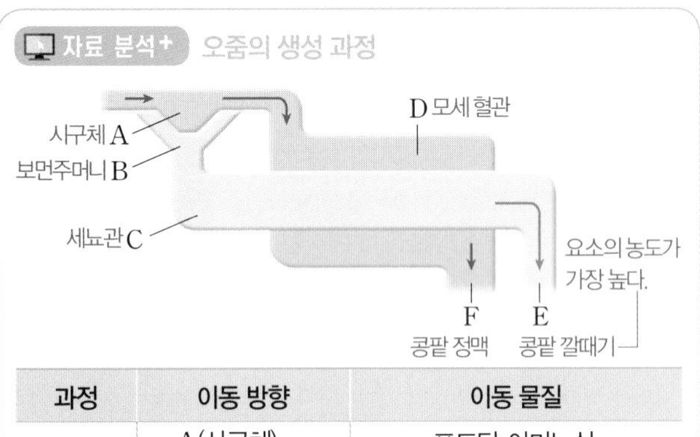

과정	이동 방향	이동 물질
여과	A(사구체)→ B(보먼주머니)	포도당, 아미노산, 무기 염류, 물, 요소
재흡수	C(세뇨관)→ D(모세 혈관)	포도당(100 %), 아미노산(100 %), 무기 염류, 물
분비	D(모세 혈관)→ C(세뇨관)	노폐물

8 생물이 호흡을 하는 궁극적인 목적은 세포에서 영양소를 분해하여 생명 활동에 필요한 에너지를 얻기 위해서이다.

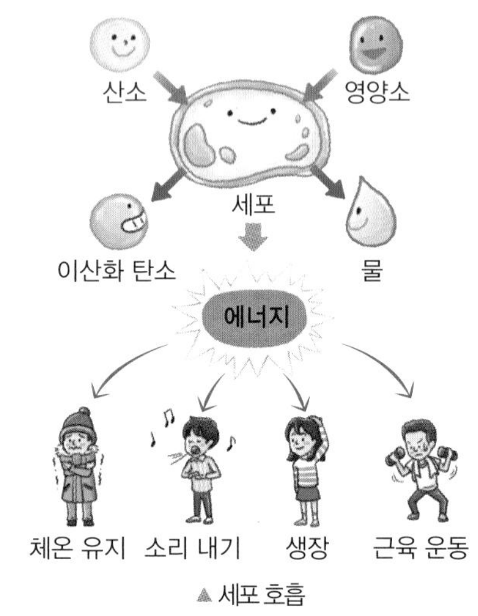

▲ 세포 호흡

4일 물질의 특성

기초 확인 문제 35, 37쪽

01 ① **02** (1) 혼 (2) 혼 (3) 순 (4) 순 **03** ② **04** (1) A: 4, B: 1, C: 1 (2) B, C **05** ④ **06** (1) 있다 (2) 변하지 않는다 (3) 변한다 (4) 같다 **07** (1) 높아 (2) 낮아 **08** (1) A, C (2) B (3) A **09** (1) 포화 (2) 포화 (3) 100 (4) 150 **10** ④

01 물질은 한 가지 물질로만 이루어진 순물질과 두 가지 이상의 순물질이 섞여 있는 혼합물로 분류된다. 혼합물은 성분 물질이 고르게 섞여 있는 균일 혼합물과 성분 물질이 고르지 않게 섞여 있는 불균일 혼합물로 나뉜다.

02 순물질은 물질의 양에 관계없이 녹는점과 끓는점 등의 물질의 특성이 일정하지만, 혼합물은 성분 물질의 비율에 따라 물질의 특성이 달라진다.

(4) 금과 산소는 한 가지 원소로 이루어진 순물질인 홑원소 물질이고, 물과 이산화 탄소는 두 가지 원소가 결합하여 이루어진 화합물로 순물질이다.

03 다른 물질과 구별할 수 있는 그 물질만이 나타내는 고유한 성질을 물질의 특성이라 한다. 물질의 특성에는 겉보기 성질, 끓는점, 녹는점, 어는점, 밀도, 용해도 등이 있다. 부피는 물질의 양에 따라 달라질 수 있다. 예를 들어 같은 물질이라도 물 10 mL, 물 20 mL 등과 같이 부피의 값이 달라질 수 있다. 따라서 부피는 물질의 특성이 아니다.

04 밀도는 물질의 질량을 부피로 나눈 값, 즉 단위 부피당 질량이다.

- A의 밀도$=\frac{40\text{ g}}{10\text{ cm}^3}=4\text{ g/cm}^3$
- B의 밀도$=\frac{10\text{ g}}{10\text{ cm}^3}=1\text{ g/cm}^3$
- C의 밀도$=\frac{30\text{ g}}{30\text{ cm}^3}=1\text{ g/cm}^3$

같은 물질에서 밀도는 물질의 양에 관계없이 일정하므로 B와 C는 같은 물질이다.

05 밀도는 물질의 특성으로 밀도가 다르면 다른 물질이다. 밀도가 큰 물질은 밀도가 작은 물질의 아래로 가라앉고, 밀도가 작은 물질은 밀도가 큰 물질의 위로 뜬다.

06 끓는점과 녹는점은 물질에 따라 다르고, 양에 관계없이 일정하므로 물질의 특성이다.

(2) 물질의 양에 관계없이 한 물질의 녹는점은 일정하다. 예를 들어 얼음의 녹는점은 0 °C로 일정하다.

(3) 압력이 일정할 때 한 물질의 끓는점은 일정하며, 끓는점은 외부 압력이 높을수록 높아진다.

07 외부 압력이 높아지면 끓는점은 높아지고, 외부 압력이 낮아지면 끓는점은 낮아진다.

08 같은 물질의 끓는점은 같지만, 물질의 양이 많을수록 끓는점에 도달하는 데 걸리는 시간이 길어진다. 물질 A와 C는 끓는점이 같으므로 같은 물질이고, A가 먼저 끓는점에 도달한 것으로 보아 A의 양이 C의 양보다 적음을 알 수 있다.

09 용해도 곡선 상에 있는 A와 B는 포화 용액이고, 용해도 곡선 아래에 있는 C는 불포화 용액이다.

(4) 용해도는 어떤 온도에서 용매 100 g에 최대로 녹을 수 있는 용질의 질량(g)이므로, 80 °C의 물 100 g에는 고체 물질 X를 최대 150 g 녹일 수 있다.

10 용해도는 어떤 온도에서 용매 100 g에 최대로 녹을 수 있는 용질의 질량(g)으로, 일반적으로 고체의 용해도는 온도가 높을수록 증가하며, 압력의 영향은 거의 받지 않는다. 기체의 용해도는 온도가 높을수록, 압력이 낮을수록 감소한다.

오답 풀이

① 고체의 용해도는 용매의 종류에 따라 다르고 온도의 영향을 받는다. 기체의 용해도는 온도와 압력의 영향을 받고, 용매에 따라 다르다. 일정한 온도에서 특정 용매에 대한 용해도는 물질에 따라 다르고, 같은 물질이면 일정한 값을 가지므로 물질의 특성이다.

② 일반적으로 고체의 용해도는 온도가 높을수록 증가하며, 압력의 영향은 거의 받지 않는다.

중간

③ 용해도는 어떤 온도에서 용매 100 g에 최대로 녹을 수 있는 용질의 질량(g)이다.

⑤ 탄산음료의 뚜껑을 열면 거품이 나는 현상은 압력이 낮아져 기체인 이산화 탄소의 용해도가 감소하였기 때문이다.

내신 기출 베스트 38~39쪽

1 ③ 2 ② 3 ㄱ, ㄷ 4 구리 5 ① 6 ② 7 ㄱ, ㄷ 8 ㄴ, ㄷ

1 A는 물, B는 소금물의 가열 곡선이다. 순물질인 물의 끓는점은 일정하지만, 혼합물인 소금물은 끓는 동안 계속 온도가 높아진다.

자료 분석+ 순물질과 혼합물의 구별

순물질은 끓는점과 녹는점(어는점)이 일정하지만, 혼합물은 일정하지 않다.

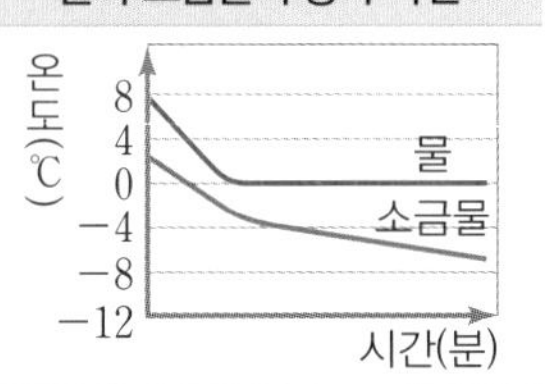

물과 소금물의 가열 곡선	물과 소금물의 냉각 곡선
온도(℃) 105, 100, 95 / 소금물 / 물 / 시간(분)	
• 물(순물질)은 100 ℃에서 끓지만, 소금물(혼합물)은 100 ℃보다 높은 온도에서 끓기 시작한다. • 소금물(혼합물)은 끓는 동안 온도가 계속 높아진다.	• 물(순물질)은 0 ℃에서 얼지만, 소금물(혼합물)은 0 ℃보다 낮은 온도에서 얼기 시작한다. • 소금물(혼합물)은 어는 동안 온도가 계속 낮아진다.

2 이산화 탄소가 순물질, 우유와 공기가 혼합물이므로 (가)는 순물질이고 (나)는 혼합물이다. 우유가 불균일 혼합물이고 공기가 균일 혼합물이므로 (다)는 불균일 혼합물, (라)는 균일 혼합물이다. 혼합물은 두 가지 이상의 성분 물질이 섞여 있는 물질이므로 물질의 특성이 일정하지 않다.

오답 풀이

① 순물질에는 한 가지 원소로 이루어진 홑원소 물질과 두 가지 이상의 원소가 결합하여 이루어진 화합물이 있다. 이산화 탄소는 산소와 탄소의 두 가지 원소로 이루어진 화합물로 순물질이다.

③ 우유는 불균일 혼합물로 두 가지 이상의 성분 물질이 고르지 않게 섞여 있는 물질이다.

④ 공기는 균일 혼합물로 두 가지 이상의 성분 물질이 고르게 섞여 있는 물질이다.

⑤ 암석은 불균일 혼합물이므로 (다)에 속하는 물질이다.

3 ㄱ. 물질 A와 D는 밀도가 같으므로 같은 물질이다.

ㄷ. 물질 C의 밀도는 물의 밀도($1\ g/cm^3$)보다 작으므로 물 위로 뜬다.

오답 풀이

물질 A~E의 밀도를 계산하면 다음과 같다.

A의 밀도$=\frac{10}{20}(g/cm^3)=0.5(g/cm^3)$

B의 밀도$=\frac{30}{20}(g/cm^3)=1.5(g/cm^3)$

C의 밀도$=\frac{30}{40}(g/cm^3)=0.75(g/cm^3)$

D의 밀도$=\frac{40}{80}(g/cm^3)=0.5(g/cm^3)$

E의 밀도$=\frac{20}{80}(g/cm^3)=0.25(g/cm^3)$

따라서 밀도가 가장 작은 물질은 E이다.

4 밀도는 물질의 질량을 부피로 나눈 값이므로, 고체의 밀도는 $\frac{18\ g}{(12-10)\ mL}=9\ g/mL$로 구리의 밀도와 같다.

5 끓는점은 물질의 종류에 따라 다르고 양에 관계없이 일정하므로 물질을 구별할 수 있는 물질의 특성이다. 같은 종류의 물질이면 물질의 양이 적을수록 더 빨리 끓는다.

오답 풀이

② B가 C보다 먼저 끓는 것으로 보아 B는 C보다 질량이 작다.

③ 입자 사이에 끌어당기는 힘이 강할수록 물질의 끓는점이 높아진다. C와 D는 끓는점이 다르므로 서로 다른 물질이다.

④ 가장 먼저 끓는점인 수평한 구간에 도달한 물질은 B이다.

⑤ 수평한 구간의 온도가 물질의 끓는점이므로, 끓는점은 A$>$B$=$C$>$D 순이다.

자료 분석+ 끓는점

끓는점은 (가)와 같이 물질의 종류에 따라 다르지만, (나)와 같이 같은 종류의 물질은 양에 관계없이 일정하다.

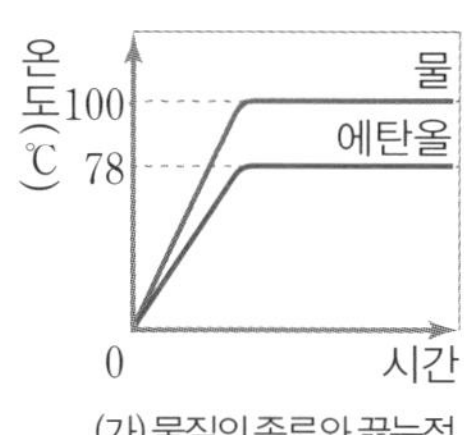

(가) 물질의 종류와 끓는점

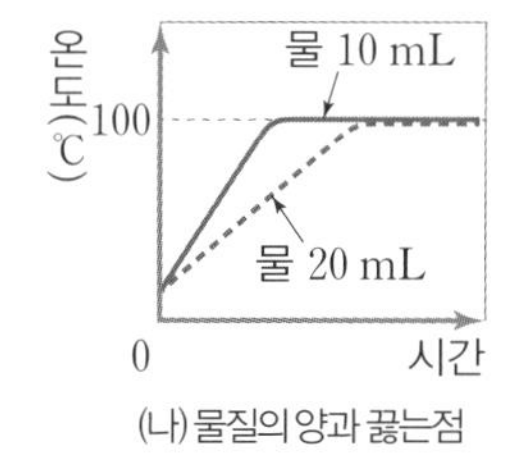

(나) 물질의 양과 끓는점

6 물질의 끓는점은 외부 압력의 영향을 받는다. 외부 압력이 높아지면 끓는점이 높아지고, 외부 압력이 낮아지면 끓는점이 낮아진다.

압력이 높아져 끓는점이 높아진 경우	압력이 낮아져 끓는점이 낮아진 경우
• 압력솥으로 밥을 지으면 밥이 빨리 된다. • 깊은 바다 속에서는 화산이 폭발하여도 높은 수압 때문에 바닷물이 끓지 않는다.	• 높은 산에서 밥을 지으면 쌀이 설익는다. • 뜨거운 물이 든 감압 용기 안의 공기를 빼내면 물이 100 ℃보다 낮은 온도에서 끓는다.

7 용해도 곡선의 기울기가 클수록 온도 변화에 따른 용해도 변화가 크다. 70 ℃에서 물에 대한 용해도가 가장 큰 물질은 질산 나트륨이다. 제시된 자료에서 질산 나트륨은 온도에 따른 용해도 변화가 큰 편이고, 염화 나트륨은 온도에 따른 용해도 변화가 작은 편이다.

자료 분석+ 용해도 곡선

• 온도에 따른 물질의 용해도를 나타낸 그래프이다.
• 용해도 곡선 상은 포화 용액, 곡선 아래쪽은 불포화 용액이다.
• 용해도 곡선의 기울기가 클수록 온도 변화에 따른 용해도 차가 크다. ➞ 제시된 물질 중 질산 칼륨이 온도에 따른 용해도 차가 가장 크다.

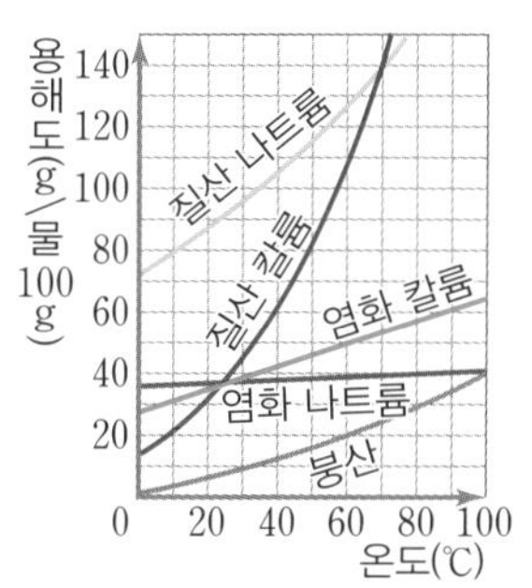

• 용액을 냉각할 때 석출되는 용질의 양(석출량)=처음 녹아 있던 용질의 양−냉각한 온도에서 최대로 녹을 수 있는 용질의 양

오답 풀이

ㄴ. 염화 나트륨의 용해도는 온도에 따른 변화가 거의 없지만 온도가 높아질수록 완만하게 증가한다.

8 기체의 용해도가 작을수록 기포가 많이 발생한다.

자료 분석+ 기체의 용해도

온도의 영향	압력의 영향
A, B / 사이다 / 얼음물, 실온(25 ℃)의 물	C, D / 사이다 / 실온(25 ℃)의 물, 실온(25 ℃)의 물
• 온도: A<B	• 압력: C<D
• 기포 발생량: A<B • 기체의 용해도: A>B	• 기포 발생량: C>D • 기체의 용해도: C<D
• 더운 여름철에 물고기가 수면 위로 올라온다. • 발전소에서 냉각수를 식히지 않고 바다로 내보내면 물고기의 호흡을 방해할 수 있다.	• 탄산음료의 뚜껑을 열면 하얀 거품이 넘친다. • 깊은 바다 속에서 잠수부가 물 위로 갑자기 올라오면 잠수병에 걸릴 수 있다.

5일 혼합물의 분리

기초 확인 문제 43, 45쪽

01 (1) 끓는점 (2) 냉각 (3) 낮은 (4) 낮은　02 (1) (라) (2) (나)
03 ①　04 ⑤　05 ②　06 ④
07 붕산, 20 g　08 ④　09 크로마토그래피　10 ①

01 액체 상태의 혼합물을 가열하여 끓어 나오는 기체를 냉각하여 순수한 액체를 얻는 방법을 증류라 하고, 물과 에탄올의 혼합물, 원유 등과 같은 액체 혼합물을 가열하면 끓는점이 낮은 물질이 먼저 끓어 나와 분리된다.

02 서로 잘 섞이는 두 종류의 액체의 혼합물을 가열하면 각각의 물질이 끓는 동안 온도 변화가 없어 비교적 수평인 구간이 두 군데 나타난다. 끓는점이 낮은 에탄올이 (나) 구간에서 먼저 끓어 나오고, 끓는점이 높은 물이 (라) 구간에서 나중에 나온다.

03 볍씨 고르기, 신선한 달걀 고르기 등과 같은 혼합물 분리에서는 밀도가 두 물질의 중간 정도이며, 두 물질을 모두 녹이지 않는 액체를 이용하여 분리할 수 있다.

04 고체 A는 액체 B의 위로 떴으므로 '고체 A의 밀도 < 액체 B의 밀도'이고, 고체 C는 액체 B의 아래로 가라앉았으므로 '액체 B의 밀도 < 고체 C의 밀도'이다. 따라서 물질 A, B, C의 밀도는 C > B > A 순이다.

05 물과 식용유의 혼합물 같이 서로 섞이지 않고 밀도가 다른 액체의 혼합물은 분별 깔때기를 이용하여 분리할 수 있다.

오답 풀이
①, ③, ⑤ 고체 혼합물이다.
④ 메탄올과 에탄올은 서로 잘 섞이며 끓는점이 다르므로 증류하여 분리할 수 있다.

06 거름은 용매에 대한 물질의 용해도 차를 이용한다. 고체 혼합물을 한 가지 성분만 녹이는 용매에 녹인 후 거름 장치로 거르면 용매에 녹지 않는 물질은 거름종이 위에 남고, 용매에 녹는 물질은 거른 용액에 포함되어 분리된다.

07 두 물질의 온도에 따른 용해도 차를 이용하여, 온도에 따른 용해도 차가 큰 물질을 분리할 수 있다.
- 염화 나트륨은 20 °C에서 용해도가 35이므로 20 °C로 냉각시켜도 석출되지 않는다.
- 붕산은 20 °C에서 용해도가 5이므로 5 g만 녹아 있고 25－5＝20(g)이 석출된다.

08 두 물질의 온도에 따른 용해도 차를 이용하여 불순물을 제거하고 순수한 결정을 얻는 방법을 재결정이라고 한다. 바닷물을 가두고 물을 증발시켜서 얻은 천일염에는 소금 이외의 물질도 포함되어 있는데, 천일염을 물에 녹여 가열한 뒤 물을 증발시키거나 냉각하면 불순물 비율을 낮춘 소금을 얻을 수 있다.

09 혼합물을 이루는 각 물질이 용매를 따라 이동하는 속도의 차를 이용하여 혼합물을 분리하는 방법을 크로마토그래피라고 한다. 크로마토그래피는 시금치의 색소 분리, 꽃잎의 색소 분리, 농약의 성분 검출 등에 이용된다.

10 크로마토그래피는 용매의 종류에 따라 분리되는 성분 물질의 수 또는 이동한 거리가 달라지고, 다른 분리 방법에 비해 간편하며, 여러 가지 성분을 한 번에 분리할 수 있다. 양이 적거나 특성이 비슷한 성분이 섞여 있는 혼합물도 분리할 수 있다.

오답 풀이
크로마토그래피는 혼합물의 성분 물질이 용매를 따라 이동하는 속도 차이를 이용하는 분리 방법이다.

내신 기출 베스트 46~47쪽

1 ①　2 ㄴ, ㄷ　3 ③　4 ②　5 ⑤　6 ③
7 ①　8 ㄴ, ㄷ

1 끓는점이 다른 액체 혼합물은 가열하면서 온도에 따라 끓어 나오는 물질을 구분해서 모아 성분 물질로 분리할 수 있다.

오답 풀이
②, ④는 서로 섞이지 않으며 밀도 차가 있는 액체 혼합물이므로 분별 깔때기를 이용하고, ⑤는 두 고체를 녹이지 않는 액체에 넣어 밀도 차를 이용해 분리한다.

2 소줏고리는 물과 에탄올 같이 서로 잘 섞이는 액체 혼합물을 분리하는 장치이다.

3 밀도 차를 이용하여 고체 혼합물을 분리할 때는 고체 물질을 모두 녹이지 않고 밀도가 두 고체 물질의 중간 정도인 액체에 혼합물을 넣어 분리한다.

오답 풀이

오래된 달걀과 신선한 달걀을 적당한 농도의 소금물에 넣으면 오래된 달걀이 물 위에 뜨고 신선한 달걀은 가라앉는다.

4 밀도 차를 이용하여 서로 잘 섞이지 않는 액체 혼합물을 분리할 때 분별 깔때기를 사용한다.

자료 분석+ 밀도 차를 이용한 액체 혼합물의 분리

- 분리할 수 있는 혼합물: 밀도가 다르고 서로 섞이지 않는 액체 혼합물
- 원리: 밀도가 작은 물질은 위로 뜨고, 밀도가 큰 물질은 아래로 가라앉아 분리된다.

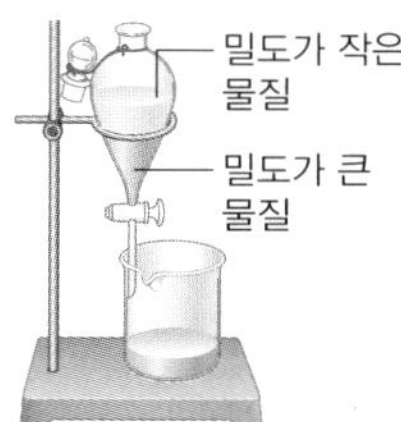

- 분리 과정

① 아래층의 물질은 마개를 열고 꼭지를 돌려 받아낸다.
② 경계면의 액체는 다른 플라스크에 받는다.
③ 위층의 물질은 분별 깔때기의 위쪽 입구로 따라낸다.

5 소량의 분순물이 포함된 물질을 높은 온도의 용매에 모두 녹여 냉각시키면 소량 포함되어 있는 불순물은 거의 석출되지 않으므로 순수한 결정을 얻을 수 있다.

오답 풀이

① 밀도 차를 이용하여 분별 깔때기로 분리
② 크로마토그래피를 이용하여 분리
③ 끓는점 차를 이용하여 분리
④ 밀도 차를 이용하여 분리

6 온도에 따른 용해도 차가 큰 물질인 B가 석출되므로 거름 장치로 걸렀을 때 거름종이 위에는 B가 남는다.

오답 풀이

① 온도에 따른 용해도 차가 큰 B가 석출된다.
② B가 15−5=10(g) 석출된다.
④ 두 성분 물질의 온도에 따른 용해도 차를 이용하는 분리 방법이다.
⑤ B가 먼저 석출되므로 냉각한 용액을 거르면 거름종이 위에 B가 남는다.

자료 분석+ 재결정을 이용한 혼합물 분리의 예

① 소량의 황산 구리(Ⅱ)가 섞여 있는 질산 칼륨에서 순수한 질산 칼륨 분리하기: 혼합물을 물에 넣고 가열하여 모두 녹인 다음 온도를 낮추면 온도에 따른 용해도 차가 큰 질산 칼륨이 결정으로 석출된다.

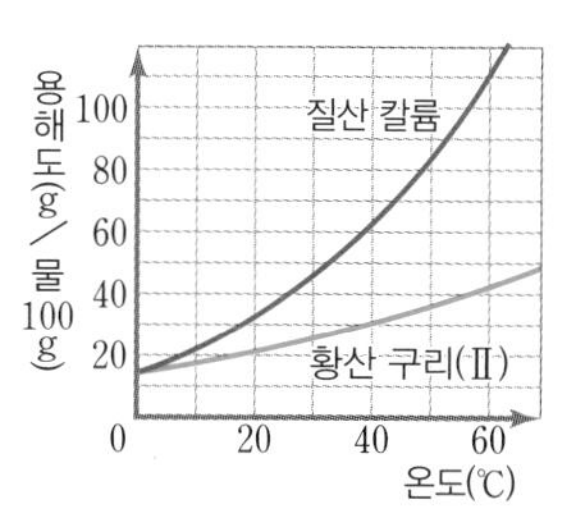

② 천일염에서 정제 소금 얻기: 불순물이 섞인 천일염을 물에 녹인 다음 거름 장치로 거르면 물에 녹지 않는 불순물이 제거되고, 거른 용액을 증발시키면 순수한 소금이 결정으로 석출된다.

7 크로마토그래피는 성질이 비슷한 물질들도 분리할 수 있고, 용매의 종류에 따라 결과가 달라진다.

자료 분석+ 크로마토그래피

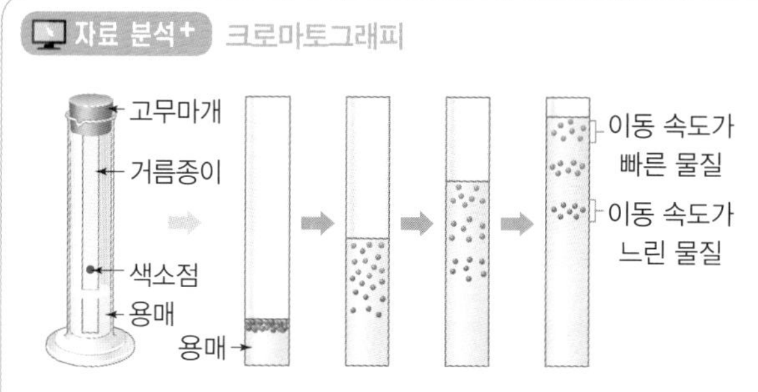

① 원리: 성분 물질이 용매를 따라 이동하는 속도 차이를 이용한다.
② 특징
- 성질이 비슷하거나 복잡한 혼합물도 한 번에 분리할 수 있다.
- 분리 방법이 간단하고, 분리하는 데 걸리는 시간이 짧다.
- 매우 적은 양의 혼합물도 분리할 수 있다.

8 크로마토그래피 결과에서 A, B, C는 분리된 물질이 1가지씩이므로 순물질이다. D, E는 혼합물이다. 용매를 따라 이동하는 속도는 C>B>A 순이다. D는 최소 2가지 이상, E는 최소 3가지 이상의 순물질을 포함한다.

오답 풀이

ㄱ. A는 D의 구성 성분이 아니다.

누구나 100점 테스트 1회 48~49쪽

01 ① 02 ② 03 ② 04 대장 05 ⑤ 06 ①
07 ② 08 ③ 09 ③ 10 ④

01 지방은 3대 영양소 중에서 가장 높은 에너지를 낸다. 지방은 세포를 구성하는 주요 성분이며, 일부는 피부 밑에 저장되어 체온 유지에 이용된다.

개념 체크+ 3대 영양소

구분	탄수화물	단백질	지방
에너지원	○	○	○
에너지	4 kcal/g	4 kcal/g	9 kcal/g
특징	주 에너지원	에너지원, 몸의 주된 구성 성분	에너지원, 몸의 구성 성분

02 A는 간, B는 쓸개, C는 대장, D는 위, E는 이자이다.
ㄱ. 간(A)은 소화 효소는 없지만 지방의 소화를 돕는 물질인 쓸개즙을 생성한다.
ㄷ. 대장(C)에서는 소화액이 분비되지 않아 영양소의 분해는 일어나지 않고, 주로 물의 흡수가 일어난다.
ㅁ. 이자(E)는 음식물이 지나가는 소화관이 아니며, 소장으로 소화액인 이자액을 분비한다.

오답 풀이
ㄴ. 쓸개(B)는 소화 효소가 없는 소화액인 쓸개즙이 저장되는 곳이다.
ㄹ. 위(D)에서는 강한 산성 물질인 염산과 단백질 분해 효소인 펩신이 분비된다. 트립신은 이자(E)에서 분비된다.

03 A는 모세 혈관, B는 암죽관이다. 모세 혈관으로는 수용성 영양소(포도당, 아미노산, 무기 염류, 바이타민 B, C)가 흡수되며, 암죽관으로는 지용성 영양소(지방산, 모노글리세리드, 바이타민 A, D, E, K)가 흡수된다.

04 대장에서는 소화 효소가 분비되지 않기 때문에 화학적 소화는 일어나지 않으며, 소장에서 흡수되고 남은 물이 흡수된다. 음식물 찌꺼기는 물이 흡수되면서 점차 단단한 덩어리로 변한 후 대장 근육의 꿈틀 운동으로 항문까지 이동한다.

05 (가) 우심방, (나) 좌심방, (다) 우심실, (라) 좌심실이다. 심방은 혈액이 들어오는 곳이고, 심실은 혈액을 내보내는 곳이다.

06 정맥은 혈압이 낮고 혈류의 속도가 느려서 혈액이 거꾸로 흐를 수 있기 때문에 판막을 통해 혈액의 역류를 막아준다.

오답 풀이
②, ③ 동맥에 대한 설명이다.
④, ⑤ 모세 혈관에 대한 설명이다.

07 A는 백혈구이다. 백혈구는 세균을 제거하는 식균 작용을 한다. 따라서 세균에 감염되면 백혈구의 수가 증가한다.

오답 풀이
① 산소 운반은 적혈구의 작용이다.
③ 혈액 응고 작용은 혈소판의 작용이다.
④, ⑤ 영양소와 노폐물 등의 운반 작용과 체온 조절은 혈장의 작용이다.

08 A는 폐동맥, B는 대정맥, C는 폐정맥, D는 대동맥, E는 우심방, F는 우심실, G는 좌심방, H는 좌심실이다. 폐순환 과정은 '우심실(F) → 폐동맥(A) → 폐의 모세 혈관 → 폐정맥(C) → 좌심방(G)'이며, 폐순환을 통해 폐에서 산소를 공급받은 혈액은 온몸 순환 과정을 통해 온몸의 조직 세포에 산소와 영양소를 공급한다.

09 숨을 들이마실 때 가로막은 아래로, 갈비뼈는 위로 움직이면서 흉강의 부피가 커지고, 내부의 압력이 작아지면서 공기가 외부에서 내부로 들어온다. 숨을 내쉴 때 가로막은 위로, 갈비뼈는 아래로 움직이면서 흉강의 부피가 작아지고 내부의 압력이 증가하면서 폐의 공기가 외부로 빠져나간다.

10 기체는 농도가 높은 곳에서 낮은 곳으로 확산된다. 폐포(A)는 모세 혈관(B)보다 산소의 농도가 높고 이산화

탄소의 농도가 낮아 산소는 폐포에서 모세 혈관으로, 이산화 탄소는 모세 혈관에서 폐포로 이동한다. 또 조직 세포(C)는 모세 혈관(B)보다 산소의 농도가 낮고 이산화 탄소의 농도가 높아 산소는 모세 혈관에서 조직 세포로, 이산화 탄소는 조직 세포에서 모세 혈관으로 이동한다.

누구나 100점 테스트 2회 50~51쪽

01 ④ 02 ③ 03 ④ 04 ⑤ 05 ⑤ 06 ④
07 ④ 08 ③ 09 ① 10 ④

01 A는 콩팥, B는 오줌관, C는 방광이다.

자료 분석+ 배설 기관

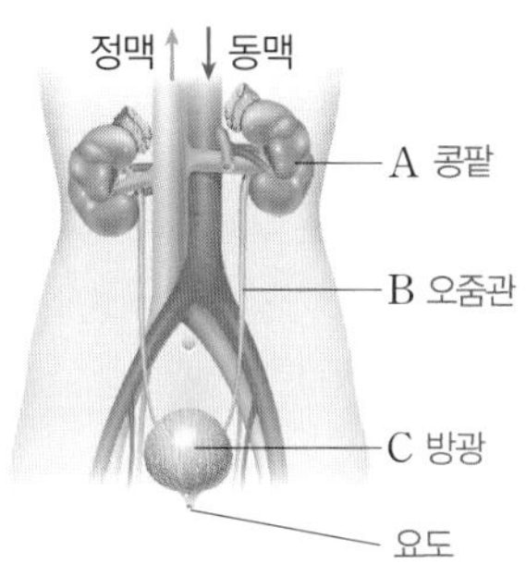

- 콩팥(A)에서는 노폐물을 걸러 오줌이 만들어진다.
- 오줌관(B)은 콩팥에서 생성된 오줌이 방광으로 이동하는 통로이다.
- 방광(C)은 속이 빈 근육질의 기관으로, 오줌을 모았다가 일정한 양이 되면 요도를 통해 몸 밖으로 내보낸다.

02 A는 사구체, B는 보먼주머니, C는 세뇨관, D는 모세 혈관, E는 콩팥 깔때기이다. 재흡수는 여과를 통해 걸러진 물질 중 몸에 필요한 물질이 세뇨관(C)을 지나는 동안 다시 모세 혈관(D)으로 흡수되는 과정이다. 재흡수 과정을 통해 포도당과 아미노산은 전량 재흡수되고, 물과 무기 염류는 몸에 필요한 만큼 재흡수된다.

03 식초, 공기, 설탕물은 균일 혼합물이고, 우유, 암석, 흙탕물은 불균일 혼합물이며, 구리, 헬륨, 산소, 금, 물은 순물질이다.

개념 체크+ 순물질과 혼합물

순물질		혼합물	
한 가지 물질로 이루어진 물질		두 가지 이상의 순물질이 섞여 있는 물질	
홑원소 물질	화합물	균일 혼합물	불균일 혼합물
한 종류의 원소로 이루어진 물질 예 산소, 수소, 질소, 구리, 철 등	두 종류 이상의 원소로 이루어진 물질 예 물, 설탕, 염화 나트륨, 이산화 탄소 등	성분 물질이 고르게 섞여 있는 혼합물 예 소금물, 공기, 탄산음료, 합금 등	성분 물질이 고르지 않게 섞여 있는 혼합물 예 흙탕물, 우유, 암석, 과일 주스 등

04 순물질은 끓는점이 일정하지만, 혼합물은 성분 물질의 혼합 비율에 따라 끓는점이 달라진다. 혼합물은 순물질보다 높은 온도에서 끓기 시작하여 끓는 동안 온도가 점점 높아진다. 예를 들어 소금물이 끓고 있을 때 물만 끓어 나가게 되어 소금의 비율이 높아지므로 끓는점이 계속 높아진다.

오답 풀이

물은 100 °C에서 끓고, 소금물은 100 °C보다 높은 온도에서 끓기 시작하여 끓는 동안 온도가 계속 높아진다.

05 액체 A~C의 가열 곡선에서 모두 수평한 구간이 한 군데만 나타나는 것으로 보아 A~C는 모두 순물질임을 알 수 있다. B와 C는 같은 온도에서 끓으므로 같은 물질이다.

오답 풀이

끓는점은 물질의 특성이므로 물질의 양에 관계없이 일정하다.

06 밀도는 물질의 질량을 부피로 나눈 값이므로, 금속의 밀도$=\frac{8.1\ g}{3.0\ cm^3}=2.7\ g/cm^3$이다. 또한 밀도가 큰 물질은 밀도가 작은 물질의 아래로 가라앉고, 밀도가 작은 물질은 밀도가 큰 물질의 위로 뜨므로 밀도가 $2.7\ g/cm^3$인 금속은 밀도가 물질 C보다 크고 물질 D보다 작아 두 액체의 사이에 위치한다.

07 기체의 용해도는 압력이 높을수록, 온도가 낮을수록 증가한다.

08 용해도 곡선 상의 점은 포화 상태이고, 곡선 아래에 있는 점은 불포화 상태를 나타낸다. 따라서 A, C점의 용액은 포화 용액, B점의 용액은 불포화 용액이다.

오답 풀이

③ 석출되는 양은 '처음 녹아 있던 용질의 양(g) − 냉각한 온도에서 최대로 녹을 수 있는 용질의 양(g)'이다. 즉, C 용액이 40 ℃로 냉각되었을 때 석출되는 양은 80 g−30 g=50 g이다.

09 바다에 유출된 기름은 바닷물보다 밀도가 작아 바닷물 위에 뜬다. 따라서 기름이 퍼지지 않도록 기름막이를 설치한 후 흡착포를 사용하여 기름을 제거할 수 있다.

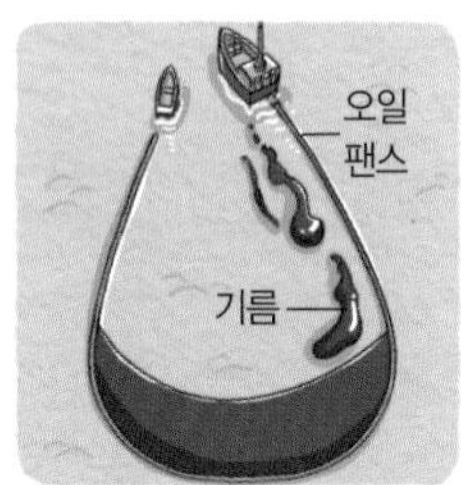

▲ 바다에 유출된 기름 제거

10 물과 에탄올의 혼합물 같이 끓는점이 다른 액체 혼합물은 증류하여 성분 물질로 분리할 수 있다.

오답 풀이

액체와 액체의 혼합물인 물과 에탄올의 가열 곡선에서 맨 나중의 수평한 구간에서는 거의 순수한 물만 끓어 나오므로 끓는 동안 온도가 일정하게 유지된다.

서술형 · 사고력 테스트 52~53쪽

01 해설 참조 02 (1) 아미노산 (2) 해설 참조
03 (1) 판막 (2) 해설 참조 04 해설 참조
05 (1) 압력(수압) (2) 해설 참조
06 (1) 붕산, 25 g (2) 해설 참조
07 (1) 해설 참조 (2) 해설 참조 08 해설 참조

01 모범 답안 밥을 오래 씹을수록 침 속에 들어 있는 소화 효소인 아밀레이스에 의해 녹말이 단맛이 나는 엿당으로 분해되기 때문이다.

해설 | 침 속에는 녹말을 엿당으로 소화시키는 아밀레이스라는 소화 효소가 들어 있다. 녹말은 단맛이 나지 않지만, 엿당은 단맛이 난다.

채점 기준	배점(%)
모범 답안과 같이 서술한 경우	100
엿당을 포함하지 않고 서술한 경우	70
아밀레이스를 포함하지 않고 서술한 경우	40

02 (1) 단백질의 최종 소화 산물은 아미노산이다.
(2) 모범 답안 단백질은 분자의 크기가 커서 세포막을 통과할 수 없다. 따라서 세포 내로 흡수되려면 세포막을 통과할 수 있을 만큼 작은 크기인 아미노산으로 소화되어야 한다.

해설 | 단백질은 위에서 펩신에 의해 작은 단백질로 소화되고, 소장에서 트립신과 단백질 소화 효소에 의해 아미노산으로 최종 소화된다.

채점 기준	배점(%)
모범 답안과 같이 서술한 경우	100

03 (2) 모범 답안 혈액이 거꾸로 흐르는 것을 막는다. (심장 내에서 혈액이 한쪽 방향으로 흐르도록 한다.)

해설 | 심장에서 판막은 심방과 심실 사이, 심실과 동맥 사이에 있다. 판막이 있어 심장에서 혈액은 한 방향으로 흐른다.(심방 → 심실 → 동맥)

채점 기준	배점(%)
모범 답안과 같이 서술한 경우	100

04 모범 답안 세뇨관에서 모세 혈관으로 모두 재흡수되었기 때문이다.

해설 | 포도당과 아미노산은 여과액에는 있고 오줌에는 없으므로, 사구체에서 보먼주머니로 여과된 후 세뇨관에서 모세 혈관으로 모두 재흡수되었다는 것을 알 수 있다.

채점 기준	배점(%)
모범 답안과 같이 서술한 경우	100
세뇨관과 모세 혈관에 대한 언급 없이 재흡수만 언급하여 서술한 경우	50
재흡수라는 용어 사용 없이 세뇨관에서 모세 혈관으로 이동한다고 서술한 경우	30

05 (2) 모범 답안 수면 가까이 올라올수록 압력(수압)이 낮아지고, 압력(수압)이 낮아지면 기체의 용해도가 감소하기 때문이다.

해설 | 깊은 바다에서 수면으로 올라올수록 수압이 낮아진다. 기체의 용해도는 압력이 낮을수록 감소하므로 혈액에 녹아 있던 질소 기체가 더 이상 혈액에 녹아 있지 못하고 기포가 되어 빠져나오게 된다.

채점 기준	배점(%)
수압의 변화와 압력에 따른 기체의 용해도 변화를 관련지어 옳게 서술한 경우	100
기체의 용해도에 대한 설명 없이 압력의 감소만 서술한 경우	30

06 (2) 모범 답안 염화 나트륨은 온도에 따른 용해도 변화가 작지만, 붕산은 온도에 따른 용해도 변화가 크다.

해설 | 온도에 따른 용해도 차가 큰 고체와 작은 고체의 혼합물을 높은 온도의 용매에 녹인 후 냉각하면 온도에 따른 용해도 차가 큰 고체가 먼저 석출된다. 석출되는 용질의 양은 '처음 녹아 있던 용질의 양 − 냉각한 온도에서 최대로 녹을 수 있는 용질의 양'이다. 즉, 100 ℃의 물 100 g에 녹아 있는 붕산은 30 g, 20 ℃의 물 100 g에 최대로 녹을 수 있는 붕산은 5 g이므로 석출되는 붕산의 양은 30 g − 5 g = 25 g이다.

채점 기준	배점(%)
두 물질의 온도에 따른 용해도 변화를 바르게 서술한 경우	100
두 물질의 온도에 따른 용해도 변화 정도를 비교하지 않고 석출되는 물질의 용해도 변화만 서술한 경우	50

07 (1) 모범 답안 (다), 물과 액체 A가 서로 잘 섞이고 끓는점 차이가 나기 때문이다.

해설 | 서로 잘 섞이고 끓는점 차이가 나는 액체 혼합물은 증류하여 분리한다.

채점 기준	배점(%)
분리할 수 있는 장치와 이유를 모두 옳게 서술한 경우	100
분리할 수 있는 장치와 이유 중 하나만 옳게 쓴 경우	50

(2) 모범 답안 (나), 물과 액체 B가 서로 섞이지 않고 밀도 차이가 나기 때문이다.

해설 | 서로 섞이지 않고 밀도 차이가 나는 액체 혼합물은 분별 깔때기를 이용하여 분리한다.

채점 기준	배점(%)
분리할 수 있는 장치와 이유를 모두 옳게 서술한 경우	100
분리할 수 있는 장치와 이유 중 하나만 옳게 쓴 경우	50

08 모범 답안 C, D. A에 나타난 성분 물질과 용매를 따라 이동하는 속도가 같기 때문이다.

해설 | 혼합물을 이루는 성분 물질이 용매를 따라 이동하는 속도가 다른 것을 이용하여 분리하는 방법을 크로마토그래피라 한다. 물질 E는 분리된 성분이 2가지이므로 순물질이 아니고, 물질 B는 A에 들어 있는 성분이 아니다.

채점 기준	배점(%)
A에 포함된 성분의 기호를 바르게 쓰고, 주어진 단어를 모두 사용하여 이유를 옳게 서술한 경우	100
순물질 성분의 기호만 바르게 쓴 경우	50

창의·융합·코딩 테스트 54~55쪽

01 해설 참조 02 A: 단백질, B: 지방, C: 탄수화물
03 (1) 해설 참조 (2) 해설 참조 04 해설 참조
05 (1) A>C>B (2) 해설 참조
06 (1) (가) 용해도 (다) 끓는점 (2) 해설 참조

01 모범 답안 학생 A, 무기 염류는 뼈, 이, 혈액 등 우리 몸을 구성하며, 몸의 기능을 조절한다.

해설 | 우리 몸의 구성 성분은 아니지만 몸의 기능을 조절하는 영양소는 바이타민이다.

채점 기준	배점(%)
옳지 않게 서술한 학생을 쓰고, 옳지 않은 내용을 옳게 수정하여 서술한 경우	100
옳지 않게 서술한 학생만 쓴 경우	50

02 위에서는 단백질이 분해되므로 A는 단백질이다. 이자액에 의해 최종적으로 소화되는 것은 지방이므로 B는 지방이다. 따라서 C는 탄수화물이다. 탄수화물은 장액에 들어 있는 탄수화물 소화 효소에 의해 최종적으로 소화된다.

03 (1) 모범 답안 A, 고산지대는 산소가 희박하기 때문에 고산지대에 사는 사람은 산소를 효율적으로 운반하기 위해 혈액 속 적혈구의 수가 많기 때문이다.

해설 | A는 정상인보다 적혈구의 수가 많다. 적혈구의 기능은 산소 운반으로, 산소 농도가 낮은 고산지대에서 일반인과 같은 정도의 적혈구를 갖고 있으면 온몸의 조직 세포에 산소를 원활히 공급하기 어렵다.

채점 기준	배점(%)
모범 답안과 같이 서술한 경우	100
고산지대는 산소가 희박하다는 설명이 없는 경우	50
산소를 효율적으로 운반하기 위해서라는 설명이 없는 경우	50

(2) 모범 답안 B는 백혈구의 수가 정상인보다 많은 것으로 보아 세균 침입으로 인한 염증이 있을 가능성이 높다.

해설 | 백혈구의 역할은 식균 작용이다. 우리 몸에 세균이 침입하여 염증이 생기면 세균을 물리치기 위해 백혈구의 수가 증가한다.

채점 기준	배점(%)
모범 답안과 같이 서술한 경우	100
백혈구 수에 대한 언급이 없는 경우	50
세균에 대한 언급이 없는 경우	30

04 모범 답안 혼합물의 어는점은 순물질보다 낮으므로 눈에 염화 칼슘을 뿌리면 어는점이 낮아져 물이 잘 얼지 않는다.

해설 | 고체와 액체의 혼합물은 순물질인 액체보다 낮은 온도에서 얼기 시작하고 어는 동안 온도가 계속 낮아진다.

채점 기준	배점(%)
혼합물의 어는점과 염화 칼슘을 뿌릴 때의 어는점 변화를 관련지어 옳게 서술한 경우	100
염화 칼슘을 뿌렸을 때 어는점 변화를 서술하지 않고 혼합물의 어는점 변화만 서술한 경우	80

05 (2) 모범 답안 소금물에 달걀을 넣으면 밀도 차에 의해 오래된 달걀은 뜨고 신선한 달걀은 가라앉는다.

해설 | 소금물의 밀도는 신선한 달걀과 오래된 달걀의 밀도의 중간 정도이고 두 물질을 녹이지 않으므로 달걀을 소금물에 넣어 분리할 수 있다.

채점 기준	배점(%)
밀도 차에 의해 오래된 달걀은 뜨고 신선한 달걀은 가라앉는다고 서술한 경우	100
밀도 차를 서술하지 않고 뜨고 가라앉는 현상만 설명한 경우	50

06 (2) 모범 답안 분별 깔때기에 혼합물을 넣으면 밀도 차에 의해 소금물은 아래로 가라앉고 식용유는 위로 뜨므로 꼭지를 열어 소금물을 받고, 식용유를 분리한다.

해설 | (가)에서 혼합물을 거름 장치로 거르면 물과 식용유에 녹지 않는 모래만 거름종이 위에 남는다. (나)에서 혼합물을 분별 깔때기에 넣어 식용유와 소금물을 분리하고, (다)에서 끓는점 차를 이용하는 증류의 방법으로 물과 소금으로 분리한다.

채점 기준	배점(%)
모범 답안과 같이 서술한 경우	100
분리에 이용하는 도구와 분리되는 원리 중 한 가지만 바르게 쓴 경우	50

7일

학교시험 기본 테스트 1회 56~59쪽

01 당분(포도당, 엿당 등), 지방, 단백질				02 ④
03 해설 참조	04 ⑤	05 ①	06 ④	07 ⑤
08 ⑤	09 A, 콩팥		10 ③	11 ③
12 ①	13 ④	14 ②	15 ②	16 ㉠ 높기 ㉡ 높은
17 1:1:1	18 ④	19 ①	20 ④	

01 아이오딘-아이오딘화 칼륨 용액과의 반응이 나타나지 않은 것으로 보아 이 음료수 속에는 녹말이 포함되어 있지 않다.

시험관	A	B	C	D
색깔 변화	변화 없음	황적색	선홍색	보라색
검출 영양소	×	포도당(당분)	지방	단백질

02 라이페이스는 지방 소화 효소로 이자에서 생성되어 소장으로 분비되며, 지방은 소장에서 라이페이스에 의해 지방산과 모노글리세리드로 분해된다.

03 모범 답안 쓸개즙, 간에서 생성된다. 쓸개에 저장된다. 지방의 소화를 돕지만 소화 효소는 아니다.

해설 | 쓸개즙은 황갈색의 액체로, 소화 효소는 없지만 지방을 작은 알갱이로 만들어 소화를 돕는다.

채점 기준	배점(%)
소화액과 특징 두 가지를 모두 옳게 서술한 경우	100
소화액과 특징 한 가지를 옳게 서술한 경우	70
소화액의 이름만 옳게 쓴 경우	30

04 소장 안쪽 벽에는 많은 주름이 있고, 그 표면에는 수많은 융털이 있다. 이러한 구조는 소장의 표면적을 늘림으로써 소화된 영양소를 효율적으로 흡수할 수 있도록 한다. 융털과 같은 주름 구조에 의해 표면적이 늘어나는 예는 라디에이터, 수건의 표면, 어류의 아가미, 폐의 폐포 등이 있다.

05 A는 동맥, B는 모세 혈관, C는 정맥이다. 혈압은 심실에서 멀어질수록 낮아진다. 따라서 혈압의 크기는 동맥(A) > 모세 혈관(B) > 정맥(C) 순이다.

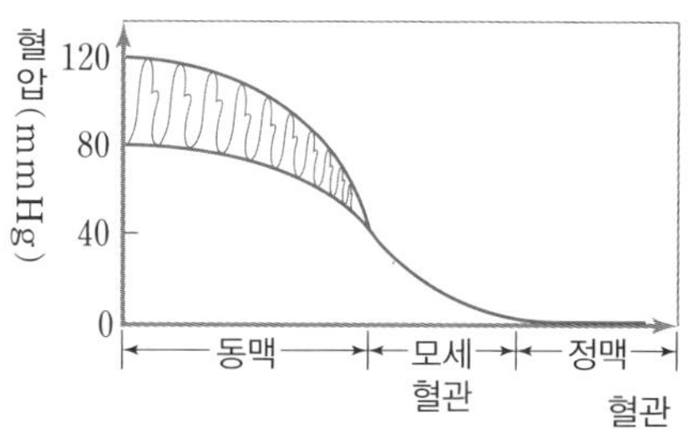

06 혈관 A는 폐정맥, 혈관 B는 대동맥이다.

오답 풀이

① A는 폐에서 심장으로 들어가는 혈관이므로 폐정맥이다.

② A에 흐르는 혈액은 폐에서 산소를 공급받았기 때문에 산소의 농도가 높다.

③ 판막은 혈압이 낮은 정맥에 있다.

⑤ 온몸 순환은 심장에서 나와 온몸을 거친 후 심장으로 다시 돌아오는 혈액 순환을 말한다.

자료 분석+ 혈액 순환

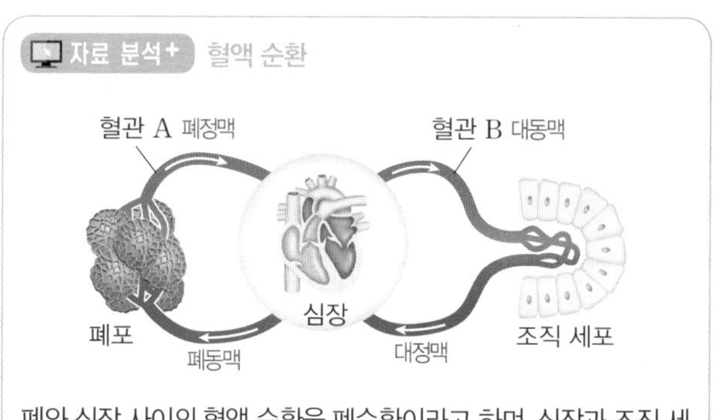

폐와 심장 사이의 혈액 순환을 폐순환이라고 하며, 심장과 조직 세포 사이의 혈액 순환을 온몸 순환이라고 한다.

07 A는 모세 혈관, B는 폐포이다. 폐포에서 모세 혈관으로 산소가 이동하고, 모세 혈관에서 폐포로 이산화 탄소가 이동한다.

08 고무막을 아래로 잡아당기면 유리병 내부의 부피가 커져 유리병 내부의 압력이 낮아진다. 그 결과 외부에서 공기가 들어온다. 따라서 이와 관련된 호흡의 종류는 들숨이다.

09 A는 콩팥, B는 오줌관, C는 방광이다. 오줌관은 콩팥에서 생성된 오줌이 방광으로 이동하는 통로이고, 방광은 오줌이 몸 밖으로 나가기 전에 일시적으로 저장되는 곳이다.

10 A는 콩팥 동맥, B는 콩팥 정맥, C는 사구체+보먼주머니, D는 세뇨관, E는 모세 혈관이다. 사구체의 높은 압력에 의해 보먼주머니로 물질이 여과된다.

11 끓는점, 녹는점, 밀도, 용해도 등과 같은 물질의 특성은 같은 물질인 경우 양에 관계없이 일정하다.

12 A는 순물질, B는 균일 혼합물, C는 불균일 혼합물이다.

- 순물질: 금, 소금, 에탄올, 증류수, 산소, 구리
- 균일 혼합물: 소금물, 설탕물, 사이다, 공기, 식초
- 불균일 혼합물: 암석, 우유, 흙탕물, 과일 주스

13 혼합물은 순물질보다 낮은 온도에서 얼기 시작하고 어는 동안 온도가 계속 낮아진다.

개념 체크+ 혼합물의 어는점이 낮아지는 것을 이용하는 예

- 염화 칼슘: 눈이 내린 길에 염화 칼슘을 뿌리면 어는점이 낮아져 도로가 어는 것을 막는다.
- 땜납: 납과 주석을 섞어 만든 땜납은 납보다 녹는점이 낮아져 회로를 연결하는 데 사용한다.
- 퓨즈: 납과 주석을 섞어 만든 퓨즈는 센 전류가 흐를 때 쉽게 녹아 전류를 차단하는 데 사용한다.
- 워셔액: 물, 알코올 등의 혼합물로 순수한 물보다 어는점이 낮아져 겨울철에도 얼어붙지 않는다.

14 BC와 EF 구간에서는 상태 변화가 일어나므로 온도가 일정하게 유지된다. BC 구간의 온도는 녹는점, EF 구간의 온도는 어는점으로 서로 같고, 녹는점과 어는점은 불꽃의 세기나 물질의 양에 관계없이 일정하다.

- AB 구간: 고체 상태로 존재하며 온도가 올라간다.
- BC 구간: 고체가 녹는 융해가 일어난다.
- CD 구간: 액체 상태로 존재하며, 온도가 올라간다.
- DE 구간: 액체 상태이며, 온도가 내려간다.
- EF 구간: 응고가 일어난다.
- FG 구간: 고체 상태이며, 온도가 내려간다.

자료 분석+ 녹는점과 어는점

녹는점	어는점
고체 물질이 녹는 동안 일정하게 유지되는 온도	액체 물질이 어는 동안 일정하게 유지되는 온도

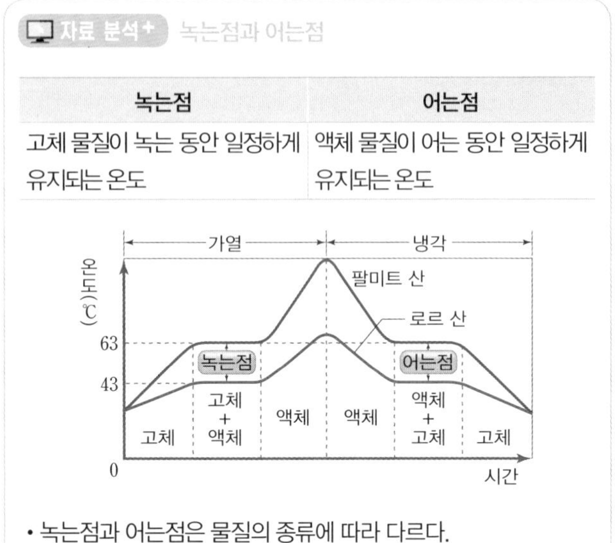

- 녹는점과 어는점은 물질의 종류에 따라 다르다.
- 같은 물질인 경우 녹는점과 어는점은 양에 관계없이 일정하다.
- 한 물질의 녹는점과 어는점은 같다.

15 물질의 끓는점은 물질의 종류에 따라 다르고, 물질의 양에 관계없이 일정한 물질의 특성이다. 끓는점은 외부 압력이 높아질수록 높아진다.

오답 풀이

끓는점은 물질의 특성이므로 물질의 양이나 가열 시간, 불꽃의 세기와 관계없이 일정하다.

16 외부 압력이 높아지면 물질의 끓는점이 높아지고, 외부 압력이 낮아지면 물질의 끓는점이 낮아진다.

17 밀도는 물질의 특성이므로 같은 물질이면 양에 관계없이 일정하다.

18 ④ (나)와 (다)는 부피가 같고 질량은 (나)가 (다)보다 크므로 밀도는 (나)>(다)이다. 따라서 두 물질을 한 컵에 넣으면 밀도가 더 큰 (나)가 (다)의 아래로 가라앉는다.

⑤ (가)의 밀도는 4 g/mL, (라)의 밀도는 2 g/mL이므로 (가)의 밀도가 (라)의 2배이다. 따라서 (가)와 (라) 두 물질의 부피가 같을 때 질량은 (가)가 (라)의 2배가 된다.

19 용해도는 용매와 용질의 종류, 온도에 따라 달라진다. 용액을 저어 주면 더 빨리 녹지만, 일정량의 용매에 최대한 녹을 수 있는 용질의 양은 변하지 않는다.

20 감압 용기 안의 공기를 빼내면 압력이 감소한다. 기체의 용해도는 압력이 낮을수록 감소하므로, 감압 용기에서 공기를 빼내면 탄산음료에 녹아 있던 기체가 기포로 발생한다.

학교시험 기본 테스트 2회 60~63쪽

01 ⑤	02 ④	03 ④	04 녹말	05 D, 적혈구
06 ①	07 해설 참조		08 ④	09 ⑤	10 ②
11 ④	12 ③	13 ③	14 ①, ⑤	15 ①
16 ③	17 해설 참조		18 ④	19 ②	20 ④

01 탄수화물은 밥, 빵, 옥수수, 감자, 고구마 등에 많이 들어 있으며, 대부분 에너지원으로 사용된다. 따라서 섭취량에 비해 몸을 구성하는 비율은 낮다.

02 침 속의 소화 효소인 아밀레이스는 녹말을 엿당으로 분해하며, 사람의 체온 범위에서 작용이 활발하게 일어난다.

자료 분석+ 침의 소화 작용

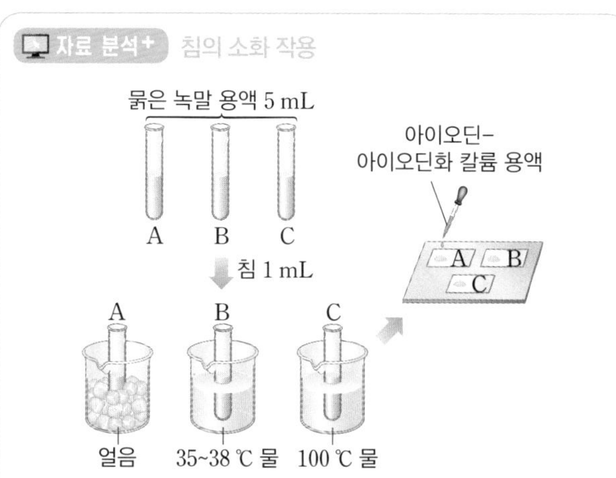

• 시험관 A와 C는 침 속의 소화 효소가 활동할 수 있는 온도가 아니기 때문에 녹말이 소화되지 않고 남아 있어서 아이오딘 반응에 청람색을 나타낸다.
• 시험관 B는 침에 의해 녹말이 엿당으로 소화되었기 때문에 아이오딘 반응이 일어나지 않는다.

03 바이타민은 대부분 체내에서 합성되지 않기 때문에 반드시 음식물을 통해 섭취해야 한다.

04 위에서는 소화가 일어나지 않고, 입과 소장에서 소화가 일어나는 영양소는 녹말이다. 녹말은 침과 이자액의 소화 효소 아밀레이스에 의해 엿당으로 분해된 후, 장액의 탄수화물 소화 효소에 의해 포도당으로 최종 소화된다.

05 A는 혈소판, B는 백혈구, C는 혈장, D는 적혈구이다. 산소를 운반하는 것은 적혈구(D)이다.

06 A는 우심방, B는 좌심방, C는 우심실, D는 좌심실이다. 심방은 혈액이 들어오는 곳이고, 심실은 혈액을 내보내는 곳이다.

07 모범 답안 폐는 근육이 없기 때문이다.

해설 | 몸의 운동은 관절에 연결된 근육의 움직임으로 일어난다. 폐는 근육이 없어 갈비뼈와 가로막의 움직임으로 호흡 운동이 일어난다.

채점 기준	배점(%)
폐는 근육이 없기 때문이라고 서술한 경우	100

08 A는 폐동맥, B는 폐정맥이다. A에는 조직 세포에 산소를 주고 이산화 탄소를 받아 산소 농도는 낮고 이산화 탄소의 농도가 높은 정맥혈이, B에는 폐포에서 산소를 받고 이산화 탄소를 내주어 산소의 농도가 높고 이산화 탄소의 농도는 낮은 동맥혈이 흐른다.

자료 분석+ 폐포에서의 기체 교환

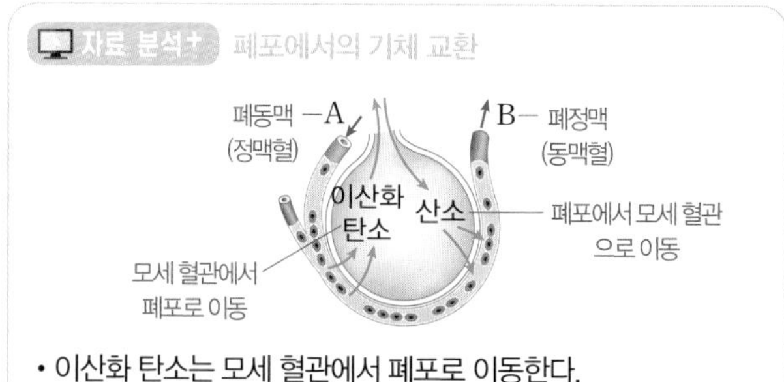

• 이산화 탄소는 모세 혈관에서 폐포로 이동한다.
• 산소는 폐포에서 모세 혈관으로 이동한다.

09 A는 콩팥 겉질, B는 콩팥 속질, C는 콩팥 깔때기, D는 콩팥 동맥, E는 콩팥 정맥이다.

오답 풀이

⑤ 콩팥 정맥(E)에는 콩팥에서 노폐물이 걸러진 혈액이 흐른다.

10 A는 영양소, B는 산소, C는 이산화 탄소이다. 세포에서 영양소가 산소와 반응하면 물과 이산화 탄소로 분해되면서 에너지가 생성되는 세포 호흡이 일어난다.

오답 풀이

ㄱ. (가)는 영양소를 흡수하는 소화계, (나)는 산소와 이산화 탄소의 교환이 일어나 산소를 흡수하는 호흡계, (다)는 세포 호흡 결과 생성된 노폐물을 오줌으로 내보내는 배설계이다.

ㄷ. B는 호흡계에서 흡수되어 순환계를 통해 조직 세포로 전달되므로 산소이다. 산소는 적혈구에 의해 운반된다.

11 용해도는 어떤 온도에서 용매 100 g에 최대로 녹을 수 있는 용질의 g수이다.

오답 풀이

ㄷ. 24 ℃의 물 5 g에 최대 2 g이 녹으므로 100 g의 물에는 최대 40 g이 녹는다. 따라서 24 ℃의 물에 대한 질산 칼륨의 용해도는 40 g/물 100 g이다.

12 액체 상태의 혼합물을 가열할 때 끓어 나오는 기체를 냉각하여 순수한 액체를 얻는 방법을 증류라고 한다.

13 끓는점이 낮은 물질일수록 증류탑의 위쪽에서 분리된다.

자료 분석+ 원유의 분리

원유를 가열하여 증류탑으로 보내면 끓는점이 낮은 물질은 위쪽에서, 끓는점이 높은 물질은 증류탑의 아래쪽에서 분리되어 나온다.
→ 끓는점이 낮은 물질은 기체 상태로 위로 올라가고, 끓는점이 높은 물질은 중간에 식어 바닥에 모이기 때문이다.

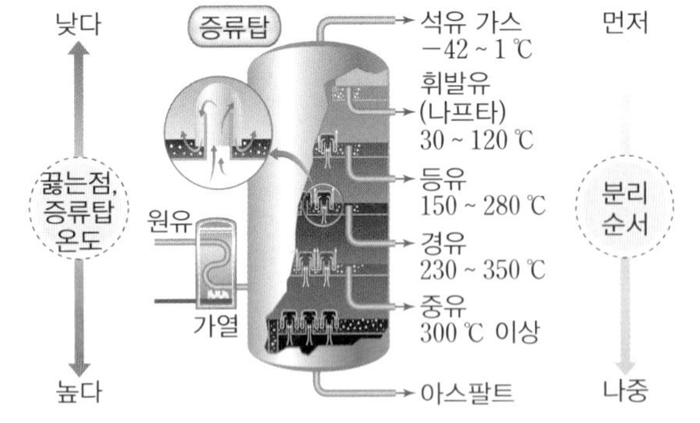

14 서로 섞이지 않고 밀도가 다른 액체의 혼합물은 분별깔때기를 이용하여 분리한다.

15 사금 채취와 키질로 곡물 분리하기는 밀도 차이를 이용하여 혼합물을 분리하는 경우이다.

오답 풀이

ㄷ. 원유는 끓는점 차를 이용하여 혼합물을 분리한다.

ㄹ. 탁한 술에서 맑은 술을 얻을 때에는 끓는점 차를 이용한 증류로 혼합물을 분리한다.

16 재결정은 물질의 온도에 따른 용해도 차를 이용하는 방법으로, 온도에 따른 용해도 차가 큰 물질이 석출된다.

오답 풀이

① 특정 성분을 잘 녹이는 용매를 사용하여 추출하는 분리 방법이다.

②, ④, ⑤ 밀도 차를 이용하여 분리한다.

17 모범 답안 B, D. 온도에 따른 용해도 차가 가장 크기 때문이다.

해설 | 재결정은 불순물이 섞여 있는 고체를 용매에 녹인 후 용매를 증발시키거나 용액을 냉각하여 순수한 고체를 분리하는 방법으로, 온도에 따른 용해도 차이 정도가 두 물질 사이에 클수록 효과적이다.

채점 기준	배점(%)
물질의 기호를 옳게 쓰고, 재결정으로 분리하기 가장 쉬운 이유를 옳게 서술한 경우	100
물질의 기호만 옳게 쓴 경우	30

18 크로마토그래피는 실험 방법이 간단하고, 성질이 비슷하거나 복잡한 혼합물도 한 번에 분리할 수 있다.

19 재결정을 이용하는 혼합물의 분리 방법이다.

오답 풀이

ㄴ. 온도에 따른 용해도 차가 큰 물질인 질산 칼륨이 석출된다.

ㄹ. 거름종이 위에 남는 것은 순수한 결정으로 석출된 질산 칼륨이다.

20 크로마토그래피는 용매의 종류에 따라 분리되는 성분 물질의 수 또는 이동한 거리가 달라진다.

7일 끝 기말

1일 수권의 구성

기초 확인 문제 11, 13쪽

01 (1) 해수 (2) 빙하 (3) 하천수, 호수 02 (1) ○ (2) ○ (3) × (4) × 03 ㄱ, ㄷ, ㄹ, ㅁ 04 A: 해수, B: 빙하, C: 지하수, D: 하천수와 호수 05 ④ 06 (1) ○ (2) × (3) ○ (4) ○ (5) ○ 07 농업, 하천, 생활, 공장 08 ② 09 지하수 10 ㄱ, ㄴ, ㄷ

01 해수는 소금기가 있어 짠맛이 나는 물로, 바다에 분포한다. 눈이 쌓여 만들어진 얼음인 빙하는 대부분 극지방이나 고산 지대에 분포한다. 한편, 하천수와 호수는 지표 부근에 있어 사람이 직접적으로 이용할 수 있다.

02 수권은 지구계를 구성하는 여러 권역 중 하나로, 지구 표면의 70 % 이상을 차지한다. 지구에 분포하는 물 중에서 지하수는 비 또는 눈이 지하로 스며들어 만들어지며, 가장 높은 비율을 차지하는 지구의 물은 해수이다.

03 담수에 해당하는 것은 지하수, 호수, 하천수, 빙하이다.

개념 체크+ 수권에서 물의 분포

해수		바다에 분포하며, 소금기가 있어 짠맛이 나는 물
담수	빙하	대부분 극지방이나 고산 지대에 분포하며, 눈이 쌓여 만들어진 얼음
	지하수	주로 비 또는 눈이 지하로 스며들어 생성되며, 지층이나 암석 사이의 빈틈을 채우고 있는 물
	하천수와 호수	지표 부근에 있는 물로, 사람이 직접적으로 이용 가능한 물

04 지구에서 물의 분포 비율은 해수 > 빙하 > 지하수 > 하천수와 호수의 순으로 차지하고 있다.

자료 분석+ 지구에서 물의 분포 비율

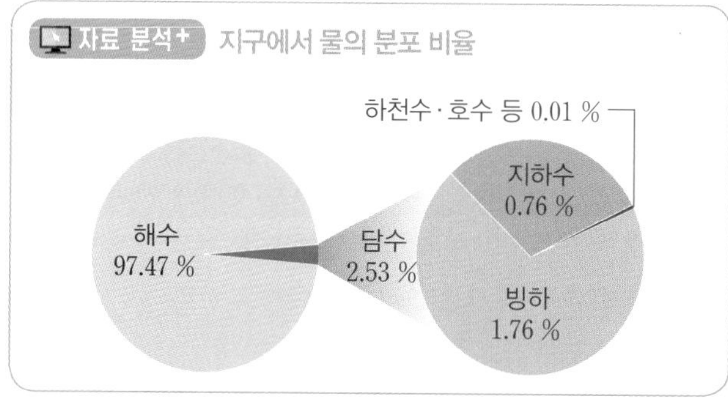

05 지하수는 비나 눈이 지하로 스며들어 생성된 물로, 지층이나 암석 사이의 빈틈에 분포하면서 땅속을 흐른다. 빙하는 눈이 쌓여 굳어서 된 얼음이며, 대부분 고산 지대나 극지방에 분포한다. 담수 중 가장 많은 비율을 차지하는 것은 빙하이며, 그 다음으로 지하수, 하천수와 호수 등의 순으로 차지한다. 해수는 수권 전체 물의 대부분(약 97.47 %)을 차지하지만, 소금기가 있어 짠맛이 나기 때문에 우리가 직접 사용하기는 어렵다.

06 수자원은 인간 활동에 필요한 자원으로서 이용되는 물이다. 이러한 수자원의 양은 한정되어 있으며, 전 지구적인 인구 증가와 산업 발달로 물 사용량이 점차 증가하고 있다. 수자원의 부족을 해결하기 위해 지하수 개발이 중요하다. 수자원은 생명 유지에 꼭 필요하며, 수력 발전이나 조력 발전 등으로 전기를 생산할 수 있다.

07 수자원은 활용 용도에 따라 농업용수, 유지용수, 생활용수, 공업용수 등으로 구분할 수 있다.

개념 체크+ 수자원의 이용

농업용수	농사를 짓거나 가축을 기를 때 이용되는 물
유지용수	하천으로서의 기능을 유지하기 위해 필요한 물
생활용수	일상생활에서 먹거나 씻는 데 이용하는 물
공업용수	공장에서 물건을 만들 때 이용되는 물

08 우리나라의 용도별 수자원 이용 현황은 농업용수(약 41 %), 유지용수(약 33 %), 생활용수(약 20 %), 공업용수(약 6 %)로, 농업용수로 가장 많이 이용되며, 이어서 유지용수, 생활용수, 공업용수의 순으로 많이 이용된다.

09 지하수의 개발은 수자원을 안정적으로 확보하기 위해 필요하다. 개발된 지하수는 먹는 물이나 농업용수로 많이 이용되며, 냉난방 등에도 활용할 수 있다.

10 수자원은 생명 유지에 꼭 필요하며, 다양한 생물의 서식지가 된다. 물은 다양한 공산품 생산에 직접 이용될 수 있으며, 지구 표면의 70 % 정도를 덮는 물은 지구의 급격한 온도 변화를 막아주는 역할을 한다.

내신 기출 베스트

14~15쪽

1 ㄱ, ㄴ, ㄷ **2** A: 빙하, B: 지하수 **3** 하천수와 호수 **4** ㄱ, ㄷ **5** ㄱ, ㄴ, ㄹ **6** 농업용수, 유지용수, 생활용수, 공업용수 **7** ㄱ, ㄴ, ㄷ, ㄹ **8** ㄴ, ㄷ

1 육지에 있는 물 중에서 지하 염수와 염수호 등은 짠맛이 나는 물로 이루어져 있다.

2 수권의 물의 분포에서 A는 빙하, B는 지하수이다.

3 인류가 직접적으로 이용할 수 있는 물은 주로 지표 부근에 있는 하천수와 호수이다.

4 지하수는 땅속을 흐르는 물로, 담수 중 하천수나 호수에 비해 양이 풍부하고, 비교적 지속적으로 이용할 수 있다.

5 지구의 물은 양이 한정되어 있으므로 수자원을 안정적으로 사용하기 위해서는 물을 절약해야 한다.

6 우리나라는 농업용수로 이용하는 물의 양이 가장 많으며, 그 외에 유지용수, 생활용수, 공업용수의 순으로 많이 이용하고 있다.

7 수자원은 사람이 살아가는 데 중요한 자원이므로 물을 확보하고 관리, 절약하는 것이 중요하다.

8 바다는 지구 표면의 70 % 정도를 덮고 있으며, 지구의 급격한 온도 변화를 막아주는 역할을 한다.

2일 해수의 특성과 순환

기초 확인 문제

19, 21쪽

01 (1) 태양 (2) 적도, 고위도 (3) 혼합층, 심해층 **02** (1) ○ (2) × (3) ○ (4) ○ **03** 35 psu **04** ㄱ, ㄴ, ㄷ, ㄹ **05** ③ **06** ㄱ, ㄷ **07** (1) ○ (2) × (3) × (4) ○ (5) ○ **08** (1) 밀물, 썰물 (2) 높아졌을 (3) 조차 (4) 조석 주기 (5) 두 번 (6) 조금 **09** ② **10** A: 쿠로시오 해류, B: 동한 난류, C: 북한 한류 **11** ㄱ, ㄴ, ㄹ

01 해양의 표층 수온 분포는 주로 태양 에너지로부터 영향을 받으며, 지구로 들어오는 태양 에너지의 양은 적도 지방에서 가장 많고, 고위도로 갈수록 줄어든다. 그러므로 표층 수온 역시 적도 지방에서 가장 높고, 고위도로 갈수록 낮아진다.

개념 체크+ 해수의 표층 수온 분포

지구로 들어오는 태양 에너지양: 적도 > 고위도
→ 해수의 표층 수온: 적도 > 고위도
→ 해수의 표층 수온 분포는 대체로 위도와 나란하게 나타난다.

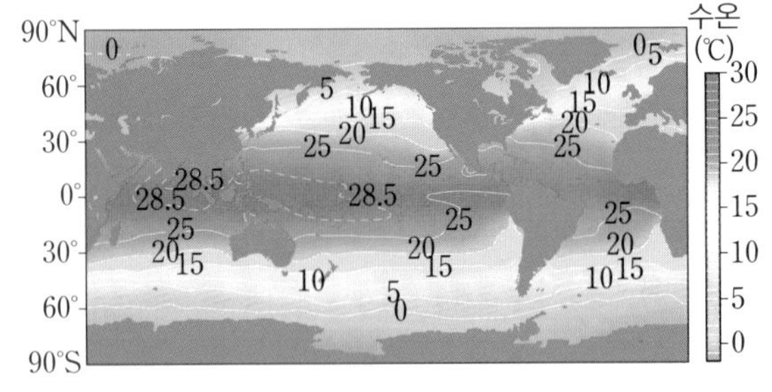

02 표층 염분 분포는 지역에 따라 차이가 나지만, 염류 사이의 비율은 거의 일정하다. 표층 염분에 영향을 미치는 요인에는 강물의 유입, 강수량과 증발량의 차이, 해수의 결빙과 해빙 등이 있으며, 염류 중 가장 많은 양을 차지하는 것은 염화 나트륨이다.

개념 체크+ 표층 염분 분포

• 표층 염분에 영향을 미치는 요인

요인	염분이 높은 곳	염분이 낮은 곳
증발량과 강수량	증발량>강수량	증발량<강수량
담수의 유입	없음	있음
해수의 결빙과 해빙	결빙	해빙

• 전 세계 바다의 표층 염분 분포

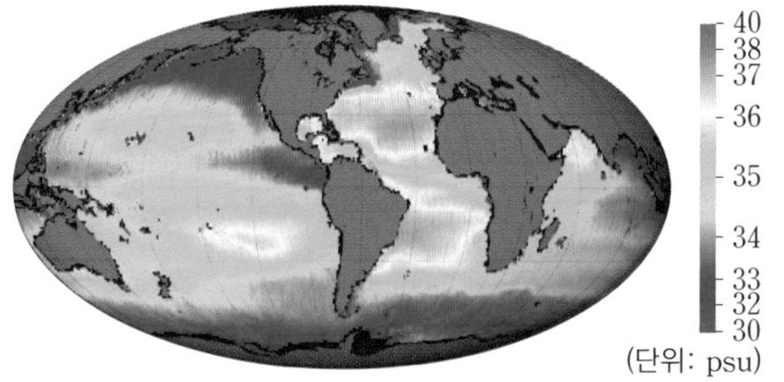

→ 저위도 지역은 강수량이 증발량보다 많아 염분이 낮은 반면, 중위도 지역은 증발량이 강수량보다 많아 염분이 높다. 고위도 지역은 빙하가 녹아 염분이 낮다.

03 염분은 바닷물 1 kg에 녹아 있는 염류의 총량을 g 수로 나타낸 것으로, 단위는 psu(실용염분단위)이다.

04 해수의 표층 염분에 영향을 주는 요인에는 강수량과 증발량, 해수의 결빙과 해빙, 강물의 유입 등이 있다.

05 혼합층은 태양 에너지를 흡수하여 수온이 높으며, 바람이 강한 지역에서 두껍게 발달한다. 수온 약층은 혼합층과 심해층 사이에서 수심이 깊어짐에 따라 수온이 급격히 낮아지는 층이다. 또한 심해층은 연중 수온의 변화가 거의 없으며, 위도에 따른 수온 차이도 거의 없다.

06 염분의 단위는 psu(실용염분단위)이며, 담수가 유입되는 해역의 염분은 낮아진다. 염류 중 염화 나트륨이 가장 많이 녹아 있어서 바닷물은 짠맛이 난다.

07 우리나라 주변의 해류는 한류와 난류로 구분한다. 난류는 저위도에서 고위도로 흐르는 따뜻한 해류이고, 한류는 고위도에서 저위도로 흐르는 차가운 해류이다. 한류와 난류가 만나는 동해는 한류성 어종과 난류성 어종이 모여들어 좋은 어장을 형성한다.

08 밀물과 썰물로 해수면의 높이가 주기적으로 변하는 현상을 조석이라 하며, 밀물로 해수면이 가장 높아진 때를 만조, 썰물로 해수면이 가장 낮아진 때를 간조라고 한다. 만조와 간조 때의 해수면 높이 차이를 조차라고 하며, 한 달 중 조차가 가장 작게 나타나는 시기를 조금이라고 한다. 한편, 조석 주기는 약 12시간 25분이므로 하루 동안 만조와 간조는 각각 두 번씩 나타난다.

개념 체크+ 조석 현상

• 조차

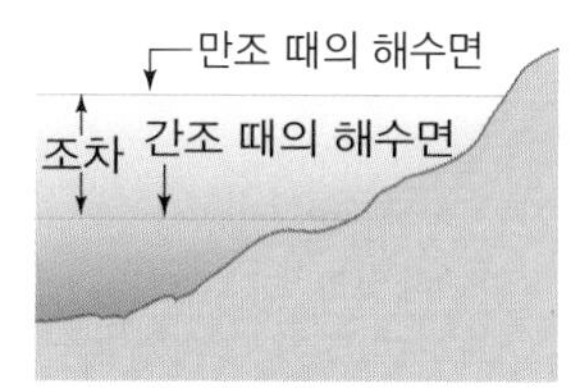

→ 조차는 만조와 간조 때의 해수면 높이 차이로, 지역과 시기에 따라 다르게 나타난다.

• 조석 주기

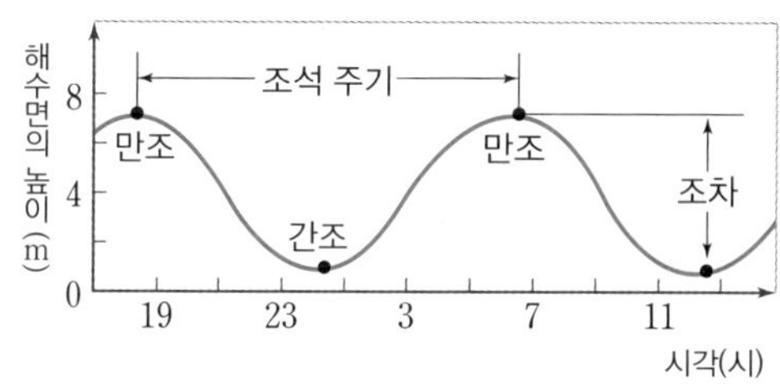

→ 만조에서 다음 만조 또는 간조에서 다음 간조까지 걸린 시간을 조석 주기라 한다.

09 난류는 저위도에서 고위도로 흐르는 따뜻한 해류로, 한류를 만나 조경 수역을 형성한다. 우리나라의 동해에서는 동한 난류와 북한 한류가 만나 조경 수역을 형성한다. 만조 때에는 밀물로 해수면 높이가 높아지며, 한 달 중 조차가 가장 큰 시기는 사리이다. 사리와 조금은 일정한 주기를 가지며, 한 달에 약 2번씩 나타난다.

10 쿠로시오 해류는 우리나라 주변 난류의 근원으로, 여기에서 갈라져 동해안을 따라 흐르는 난류가 동한 난류이다. 한편, 동해의 북쪽으로부터 연해주 한류가 북한 한류로 이어진다.

자료 분석+ 우리나라 주변의 해류

• 난류

종류	특징
쿠로시오 해류	북태평양 서쪽 해역에서 북상하는 난류로, 우리나라 주변 난류의 근원이 된다.
동한 난류	쿠로시오 해류의 일부가 갈라져 나와 동해안을 따라 북쪽으로 흐른다.
황해 난류	쿠로시오 해류의 일부가 갈라져 나와 황해로 흐른다.

• 한류

종류	특징
연해주 한류	오호츠크해에서 러시아 남쪽 연안을 따라 남서쪽으로 흐른다.
북한 한류	연해주 한류에서 갈라져 나와 동해 북쪽 해안선을 따라 남쪽으로 흐른다.

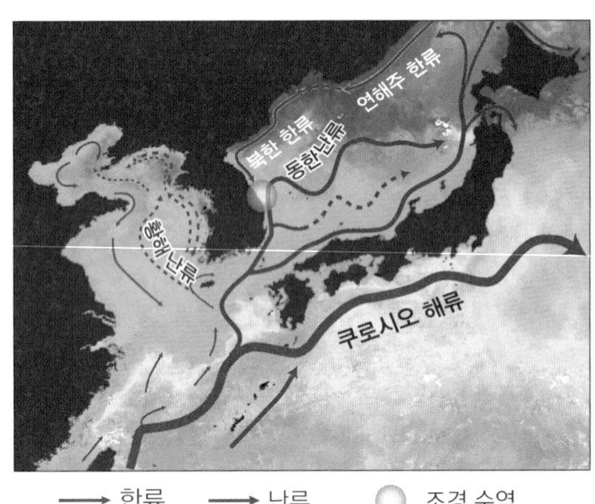

11 밀물과 썰물에 의해 바다에 갯벌이 만들어진다. 조력 발전은 이러한 조석 현상에 의해 해수면의 높이 차이가 발생하는 것을 이용하여 전기를 생산하는 발전 방식이다.

내신 기출 베스트 22~23쪽

1 A: 혼합층, B: 수온 약층, C: 심해층 2 ㄱ, ㄴ, ㄷ 3 ㄱ, ㄷ 4 ㄱ: 3.5 g, ㄴ: 32.0 g 5 A, C, D 6 ㄱ, ㄴ 7 ㄱ, ㄴ, ㄹ 8 간조: 00:24, 12:21, 만조: 06:10, 18:31

1 해수는 연직 수온 분포에 따라 혼합층, 수온 약층, 심해층의 세 층으로 구분할 수 있다.

2 혼합층은 바람의 영향으로 해수가 섞여 수온이 일정하게 나타나므로 바람이 강한 해역에서 더 두껍게 발달한다. 적도 지방은 고위도 지방보다 표층 수온이 높은데 심해층은 위도에 따른 수온의 변화가 거의 없으므로, 적도 지방이 고위도 지방보다 수온 약층의 연직 수온 변화 정도가 더 크게 나타난다.

개념 체크+ 위도별 해수의 연직 수온 분포

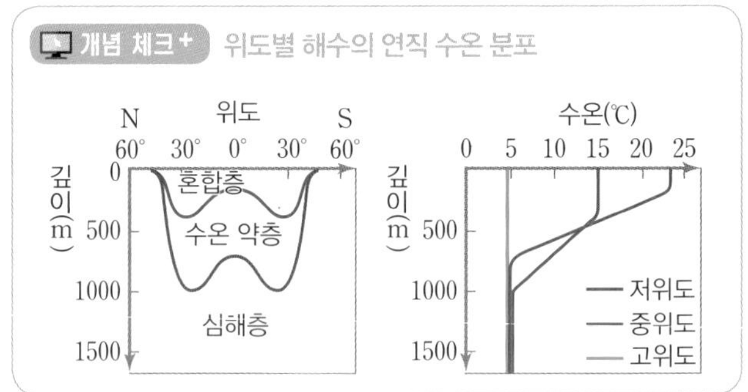

3 염분은 바닷물 1 kg에 녹아 있는 염류의 총량을 g 수로 나타낸 것으로, 단위는 psu(실용염분단위)이다.

4 염분비 일정 법칙에 따라 비례식으로 구할 수 있다.

35.0 psu : ㄱ = 40.0 psu : 4.0 g이므로

염화 마그네슘 ㄱ$=\dfrac{35.0\ \text{psu}\times 4.0\ \text{g}}{40.0\ \text{psu}}=3.5\ \text{g}$이고,

35.0 psu : 28.0 g = 40.0 psu : ㄴ이므로

염화 나트륨 ㄴ$=\dfrac{40.0\ \text{psu}\times 28.0\ \text{g}}{35.0\ \text{psu}}=32.0\ \text{g}$이다.

5 A는 황해 난류, B는 북한 한류, C는 동한 난류, D는 쿠로시오 해류이다.

6 한류는 고위도에서 저위도로 흐르는 차가운 해류이다. 우리나라의 동해에서는 동한 난류와 북한 한류가 만나 조경 수역을 형성한다.

7 우리나라 주변 해역에서 조차가 가장 큰 지역은 황해이다.

8 밀물로 해수면이 가장 높아졌을 때를 만조, 썰물로 해수면이 가장 낮아졌을 때를 간조라고 한다.

3일 온도와 열

기초 확인 문제 27, 29쪽

01 온도 02 (1) (나) (2) (나) 03 ㄱ, ㄴ
04 ㉠ 높은, ㉡ 낮은 05 (1) 복사 (2) 대류 (3) 전도
06 (1) 전도 (2) 복사 (3) 대류 07 ㉠ 단열, ㉡ 단열재
08 (1) 전도 (2) 대류 (3) 복사 09 (1) ㉠ 위쪽, ㉡ 아래쪽 (2) ㉠ 아래쪽, ㉡ 위쪽 10 열평형
11 (1) ㉠ A, ㉡ B (2) ㉠ 둔해지고, ㉡ 활발해진다 (3) 같아진다
12 ㉠ 음료, ㉡ 얼음

01 온도는 물체의 차갑고 뜨거운 정도를 수치로 나타낸 것이다.

02 물의 온도가 높을수록 물을 구성하는 입자들이 더 활발하게 운동하므로 차가운 물보다 뜨거운 물에서 잉크가 더 빨리 퍼진다.

03 물체의 온도는 온도계를 사용하여 측정한다.

04 열은 온도가 다른 두 물체 사이에서 이동하는 에너지이다. 열은 온도가 높은 물체에서 온도가 낮은 물체로 이동한다.

05 열이 다른 물질의 도움 없이 이동하는 방법을 복사라고 하는데, 이는 태양이나 난로의 열이 전달되는 방식이다.

06 전기장판은 전도에 의해 열이 전달되며, 난로는 복사의 형태로 열이 이동한다. 냄비의 물은 대류에 의해 골고루 따뜻해진다.

07 전도, 대류, 복사에 의한 열의 이동을 막는 것을 단열이라 하며, 단열을 위해 사용하는 재료를 단열재라고 한다.

08 공기에서는 열의 전도가 매우 느리게 일어나기 때문에 공기를 많이 포함한 물질은 전도로 일어나는 열의 전달을 막는다.

09 (1) 위쪽에 설치한 냉방기를 켜면 찬 공기는 아래로 내려오고 따뜻한 공기는 위쪽으로 올라가면서 방 전체가 시원해진다.

기말

(2) 아래쪽에 설치한 난방기를 켜면 주위의 공기가 데워져 따뜻한 공기는 위쪽으로 올라가고 찬 공기는 아래쪽으로 내려오면서 방 전체가 따뜻해진다.

10 온도가 다른 물체를 서로 접촉시켰을 때 온도가 높은 물체에서 낮은 물체로 열이 이동하여 두 물체의 온도가 같아지는 것을 열평형이라고 한다.

11 온도가 다른 두 물체가 서로 접촉하면 온도가 높은 물체에서 낮은 물체로 열이 이동하여 결국 두 물체의 온도가 같아진다.

12 온도가 높은 음료에서 온도가 낮은 얼음으로 열이 이동하여 음료와 얼음의 온도가 같아진다.

개념 체크+ 열평형의 이용

- 즉석식품을 뜨거운 물에 넣으면 음식물은 열을 얻어 주변 온도와 같아질 때까지 온도가 올라간다.
- 미지근한 음료를 냉장고에 넣으면 음료는 주변 온도와 같아질 때까지 열을 잃어 시원해진다.

내신 기출 베스트 30~31쪽

1 ④ 2 ㄴ, ㄷ 3 ② 4 ㄴ, ㄹ 5 공기 6 ④
7 ㄱ, ㄹ 8 ⑤

1 ㄱ, ㄹ. 온도는 물체를 이루는 입자 운동의 활발한 정도를 나타낸 것으로 온도가 높을수록 입자 운동이 활발하다.

ㄷ. 물체에 열을 가하면 물체의 온도가 높아져 입자 운동이 활발해진다.

오답 풀이

ㄴ. 60 ℃ 물의 입자 운동이 30 ℃ 물의 입자 운동보다 활발하다.

2 ㄴ. 그림을 보면 B의 입자 운동이 A보다 활발하다는 것을 알 수 있다.

ㄷ. B를 가열하면 온도가 높아지므로 입자 운동이 더 활발해진다.

오답 풀이

ㄱ. 온도가 높을수록 입자 운동이 활발하다. 따라서 입자 운동이 활발한 B의 온도가 A보다 높다.

3 온수관 주위 바닥이 따뜻해지는 것은 전도에 의한 열의 이동 때문이다. 국그릇에 담긴 숟가락에서도 전도에 의해 열이 이동한다.

오답 풀이

①, ⑤ 복사에 의해 열이 이동하는 경우이다.
③, ④ 대류에 의해 열이 이동하는 경우이다.

개념 체크+ 온수관에서 열의 전도

데워진 온수관에서는 입자 운동이 활발하다. 이 입자는 주변의 입자와 충돌하게 되고, 주변 입자의 운동이 활발해지면서 열이 전달된다.

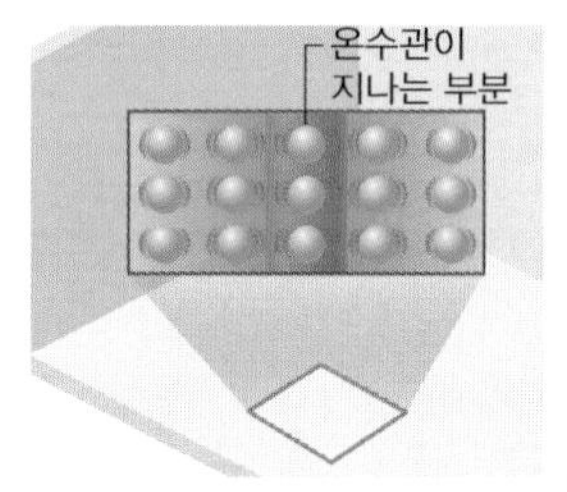

4 난로 앞이 따뜻한 것은 복사에 의해 열의 이동하기 때문이다.

ㄴ. 복사는 다른 물질의 도움 없이 열이 직접 이동하는 방법이다.

ㄹ. 햇빛이 비치는 곳에서도 복사에 의한 열의 이동 때문에 따뜻함을 느낀다.

오답 풀이

ㄱ. 프라이팬이 뜨거워지는 것은 전도에 의해 열이 이동하기 때문이다.

ㄷ. 입자가 직접 이동하면서 열을 전달하는 방법은 대류이다.

자료 분석+ 복사

온도가 높은 입자에서 전자기파 형태로 방출한 열이 직접 이동하기 때문에 따뜻함을 느낄 수 있다.

5 공기에서는 열의 전도가 매우 느리게 일어나므로 공기를 많이 포함한 물질은 전도에 의해 이동하는 열을 막는다.

> **개념 체크+** 단열과 단열재
>
> • 동물의 털: 동물이 추운 겨울을 견딜 수 있는 까닭은 동물의 모피나 깃털이 단열재이기도 하지만 모피나 깃털 내부의 공간에 공기를 많이 포함하고 있어 체온을 빼앗기지 않도록 도와주기 때문이다.
> • 방한복: 방한복의 섬유 속에는 공기층이 있어 몸의 열이 외부로 빠져나가는 것을 막아 준다.

6 ㄴ. 전기난로에 반사판을 설치하면 복사열의 이동 방향을 바꿀 수 있어 난방 효율이 높아진다.
ㄷ. 에어컨은 방의 위쪽에 설치해야 대류가 잘 일어난다.

오답 풀이

ㄱ. 냉방기는 방의 위쪽에, 난방기는 방의 아래쪽에 설치해야 한다. 즉 난로는 방의 아래쪽에 설치해야 한다.
ㄹ. 석유난로 앞에 열의 이동을 차단하는 장애물을 놓으면 복사열을 차단하므로 난방 효과가 떨어진다.

7 ㄱ. 온도가 높은 뜨거운 달걀에서 온도가 낮은 찬물로 열이 이동한다.
ㄹ. 일정 시간 후 달걀과 물의 온도가 같아지는 열평형 상태에 도달한다.

오답 풀이

ㄴ, ㄷ. 뜨거운 달걀을 찬물에 넣으면 달걀의 입자 운동은 둔해지고 물의 입자 운동은 활발해진다.

> **개념 체크+** 열평형에서 입자 운동
>
> • 온도가 높은 물체는 열을 잃어 입자 운동이 둔해진다.
> • 온도가 낮은 물체는 열을 얻어 입자 운동이 활발해진다.

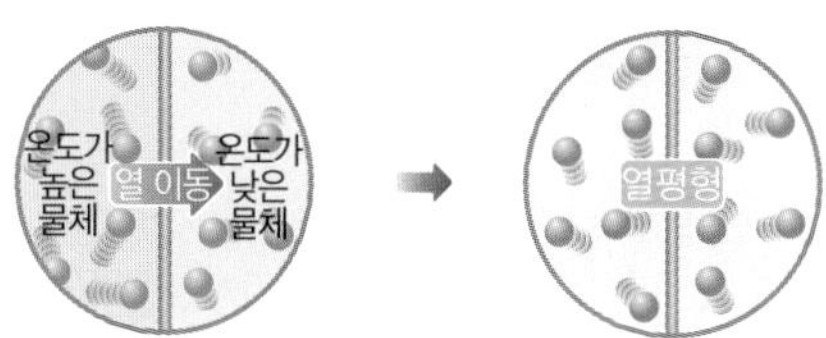

8 **오답 풀이**

ㄱ. 음식 냄새가 더운 날 더 잘 퍼지는 것은 온도가 높을수록 입자 운동이 활발하기 때문이다.

4일 비열과 열팽창

기초 확인 문제 35, 37쪽

01 비열 02 (1) B (2) A (3) B 03 ㉠ 작은, ㉡ 큰
04 (1) ㉠ 크기, ㉡ 천천히 (2) ㉠ 커서, ㉡ 천천히, ㉢ 천천히
(3) ㉠ 커서, ㉡ 높다 05 물 06 (1) 길이 (2) 고체
(3) ㉠ 입자, ㉡ 팽창 07 ㄴ, ㄹ 08 열팽창
09 (1) 고체 (2) 고체 (3) 액체 10 (1) 비슷하여
(2) 작아서 (3) 비슷하여 11 수축

01 비열은 물질의 종류에 따라 다르므로 물질의 특성이다.

02 그래프에서 같은 시간 동안 A의 온도 변화가 B보다 크므로 B가 A보다 비열이 크다는 것을 알 수 있다.

03 질량이 같은 두 물질을 같은 시간 동안 가열할 때 비열이 작은 물질은 온도 변화가 크고, 비열이 큰 물질은 온도 변화가 작다.

04 비열이 클수록 온도 변화가 작다. 따라서 비열이 큰 물이 비열이 작은 식용유보다 온도가 천천히 올라간다.

05 물은 다른 물질보다 비열이 커서 온도 변화가 작다. 이러한 물의 특성을 이용하여 자동차 엔진을 식히는 냉각수나 찜질 팩에 사용한다.

06 온도가 높아지면 입자 운동이 활발해져서 입자 사이의 거리가 멀어지기 때문에 부피가 팽창한다. 고체와 액체는 물질마다 열팽창 정도가 다르므로 고체와 액체의 열팽창은 물질의 특성이다.

07 철로의 틈은 고체의 열팽창, 알코올 온도계는 액체의 열팽창과 관계가 있다.

08 물체가 열을 얻으면 길이나 부피가 늘어나고 열을 잃으면 길이나 부피가 줄어든다. 이러한 현상을 열팽창이라고 한다.

09 액체를 담을 때 공간을 두어 액체가 열팽창 할 때 병이 터지는 것을 막는다.

10 내열 유리는 일반 유리보다 열팽창 정도가 작아 뜨거운

물을 담았을 때 잘 파손되지 않는다.

11 가열하여 열팽창시킨 금속 테를 나무통에 끼운 후 시간이 지나면 금속 테의 온도가 낮아져 수축하면서 나무통을 단단히 조이게 된다. 따라서 액체가 새지 않는 나무통이 만들어진다.

내신 기출 베스트 38~39쪽

1 ㄷ, ㄹ	2 ③	3 ㄱ, ㄷ, ㄹ	4 ①	5 ㄴ, ㄷ
6 ⑤	7 ④	8 ㄴ, ㄷ		

1 ㄷ. 물의 비열이 식용유의 비열보다 크므로 질량이 같은 물과 식용유의 온도를 1 ℃ 높이는 데 필요한 열량은 물이 더 크다.

ㄹ. 같은 열량을 가할 때 비열이 작을수록 온도 변화가 크므로 식용유의 온도가 더 많이 올라간다.

오답 풀이

ㄱ. 비열의 단위로는 kcal/(kg·℃)를 사용한다. kcal는 열량의 단위이다.

ㄴ. 비열은 어떤 물질 1 kg의 온도를 1 ℃ 높이는 데 필요한 열량이다.

2 질량이 같고 가한 열량이 같다면 비열이 작을수록 온도 변화가 크다. 따라서 온도 변화의 순서는 C－D－B－A이다.

3 ㄱ. 물의 비열이 크므로 바닷가에 가까운 해안 지방이 내륙 지방보다 일교차가 작다.

ㄷ. 뚝배기는 얇은 냄비보다 비열이 크므로 온도가 천천히 올라가고 천천히 식는다.

ㄹ. 물의 비열이 모래의 비열보다 크므로 바닷물의 온도 변화가 작아 여름철 낮에 모래사장은 뜨거운데 바닷물은 시원하다.

오답 풀이

ㄴ. 얇은 옷을 여러 겹 껴입으면 공기층이 형성되어 전도에 의한 열의 이동을 차단한다.

4 물은 비열이 크므로 온도를 변화시키기 어렵다. 따라서 냉각수, 찜질 팩, 온수 매트 등에 이용한다.

5 ㄴ, ㄷ. 물체가 열을 받아 물체의 온도가 올라가면 입자 운동이 활발해져 부피가 팽창한다.

오답 풀이

ㄱ. 물체를 냉각시키면 부피가 줄어든다.

ㄹ. 기체도 액체, 고체와 마찬가지로 열을 가하면 부피가 팽창한다. 기체는 열에 의한 부피 변화가 고체나 액체보다 훨씬 크다.

6 ㄱ. 액체도 고체와 마찬가지로 온도가 높아지면 부피가 늘어나는 열팽창이 일어난다.

ㄴ, ㄷ. 액체의 온도가 높아지면 입자 운동이 활발해져 입자 사이의 거리가 증가하므로 부피가 늘어난다.

7 ㄱ, ㄴ. 다리의 이음매와 가스관의 ㄷ자형 관은 고체의 열팽창을 대비한 예이다.

ㄷ. 병에 음료를 가득 채우지 않는 것은 액체의 열팽창을 대비한 예이다.

오답 풀이

ㄹ. 냄비의 손잡이 부분은 전도가 잘 일어나지 않는 플라스틱으로 만든다.

8 ㄴ. 바이메탈은 열팽창 정도가 다른 두 금속을 붙여서 만든 것으로, 온도가 높아지면 열팽창 정도가 작은 금속 쪽으로 휘어진다.

ㄷ. 여름철에는 열팽창에 의해 에펠탑의 높이가 겨울철보다 높아진다.

오답 풀이

ㄱ. 내륙 지역의 비열이 해안 지역의 비열보다 작으므로 내륙 지역의 일교차가 더 크다.

ㄹ. 돌솥의 비열이 무쇠솥의 비열보다 크므로 온도 변화가 작아 돌솥에 담긴 밥을 더 오랫동안 따뜻하게 먹을 수 있다.

5일 재해 · 재난과 안전

기초 확인 문제 43, 45쪽

01 (1) 인간 (2) 자연 재해·재난 (3) 태풍 (4) 산사태 (5) 병원체
02 (1) ○ (2) ○ (3) × (4) × 03 태풍 04 ①
05 ㄱ, ㄴ, ㄷ 06 (1) ○ (2) × (3) ○ (4) × (5) ○
07 ④ 08 감염성 질병 확산 09 ⑤
10 ㄱ, ㄴ, ㄷ

01 재해·재난 중에서 자연 현상에 의한 피해를 자연 재해·재난이라 하고, 인간 활동에 의한 피해를 사회 재해·재난이라 한다. 태풍은 주로 여름철에 많이 발생하여 많은 비와 강한 바람을 동반하고, 집중 호우는 도로를 무너트리거나 산사태를 일으킬 수 있다. 감염성 질병은 바이러스나 세균과 같은 병원체에 의해 발생한다.

02 황사는 호흡기 질환을 유발하거나 항공기 운항에 피해를 줄 수 있다. 감염성 질병은 바이러스나 세균과 같은 병원체에 의해 발생하는 사회 재해·재난이며, 병원체는 침, 혈액, 동물, 오염된 물 등을 통해 전파된다.

03 태풍은 주로 여름철에 많이 발생하는 자연 재해·재난으로, 많은 비와 강한 바람을 동반하여 큰 피해를 가져온다.

04 화산 활동으로 화산 가스 또는 화산재가 대기 중으로 퍼지면 항공기 운항 등에 피해를 주기도 한다. 한편, 감염성 질병의 원인이 되는 병원체는 침이나 혈액, 오염수, 식품 등을 통해 전파될 수 있다.

05 사고로 화학 물질이 유출되는 경우, 짧은 시간 동안 큰 피해를 발생시킬 수 있으며, 주로 작업자의 부주의나 관리 소홀, 시설물의 노후화 등이 원인이다.

06 화산이 폭발했을 경우에는 외출을 자제하고, 화산재에 노출되지 않도록 주의해야 한다. 또한 지진이 발생했을 때 건물 밖에 있다면 가방이나 손으로 머리를 보호하고, 건물과 거리를 두고 주위를 살피며 대피한다.

07 지진이 발생하여 흔들리는 동안에는 탁자 아래로 들어가 몸을 보호하며, 흔들림이 멈추면 바로 전기, 가스를 차단하고 출구를 확보한다. 건물 밖으로 나갈 때에는 계단을 이용해야 하며, 대피를 할 때에는 떨어지는 물건에 유의하면서 넓은 공간으로 대피해야 한다.

08 감염성 질병이 확산되었을 경우에는 원인이 되는 병원체가 쉽게 전파되지 않도록 하며, 방역 수칙을 철저히 지킨다.

09 홍수가 발생할 경우에는 가스 밸브를 모두 잠가서 피해가 일어나지 않도록 해야 한다.

10 운송 수단 사고는 안전 관리 소홀, 안전 규정 무시, 자체 결함 등이 주요 원인이므로 이를 잘 지키면 사고를 예방할 수 있다.

내신 기출 베스트 46~47쪽

1 ㄱ, ㄴ, ㄷ 2 ㄱ, ㄴ, ㄹ, ㅁ 3 운송 수단 사고
4 ㄱ, ㄴ, ㄷ 5 ㄴ, ㄷ 6 (가): 감염성 질병 확산, (나): 화학 물질 유출 7 ㄱ, ㄴ, ㄹ 8 태풍

1 재해·재난은 우리 주위에서 발생하는 사건 중에서 인간의 생명과 재산에 피해를 주거나 줄 수 있는 것이다.

2 지진 해일은 기상 현상이 아닌 지질 현상에 의해 발생하는 재해·재난이다.

3 운송 수단 사고는 열차, 항공기, 선박 등의 운송 수단에서 발생하는 사고로, 사회 재해·재난으로 분류된다.

4 감염성 질병의 특징을 과학적으로 이해하고 감염 경로를 파악하는 것은 대처 방안에 해당한다.

5 화산 폭발이 일어나면 외출을 자제하고 화산재로부터 피해를 입지 않도록 주의해야 한다. 한편 비행기 등 운송 수단에서는 항상 안전띠를 착용해야 한다.

6 감염성 질병 확산의 예로는 2015년 메르스가 있고, 화학물질 유출의 예로는 2012년 구미의 플루오린화 수소 유출 사고가 있다.

기말

7 지진이 발생하여 건물 밖으로 나갈 때에는 계단으로 대피해야 하며, 엘리베이터는 이용하지 말아야 한다.

8 태풍은 많은 비와 강한 바람을 동반하므로 이에 대비해야 하며, 일기 예보를 통해 이동 경로와 피해 예상 지역을 확인한다.

누구나 100점 테스트 1회 48~49쪽

01 ④ 02 ④ 03 ③ 04 ④ 05 ④ 06 ①
07 ④ 08 ④ 09 ⑤ 10 ②

01 A는 빙하, B는 지하수, C는 하천수와 호수이며, 이들은 모두 담수이므로 소금기가 없다.

02 농업용수는 농사를 짓거나 가축을 기를 때 이용되는 물이다.

03 지하수는 담수의 약 30 %를 차지하며, 담수 중 가장 많은 양을 차지하는 것은 빙하(약 69.6 %)이다.

04 지하수는 하천수나 호수에 비해 양이 풍부하고, 간단한 정수를 거쳐 바로 사용 가능하므로 개발할 가치가 있고 중요한 수자원이다.

05 염류 중 가장 많은 양을 차지하는 것은 염화 나트륨으로, 이 때문에 바닷물에서 짠맛이 난다.

개념 체크⁺ 염류

• 염류 해수에 녹아 있는 여러 가지 물질

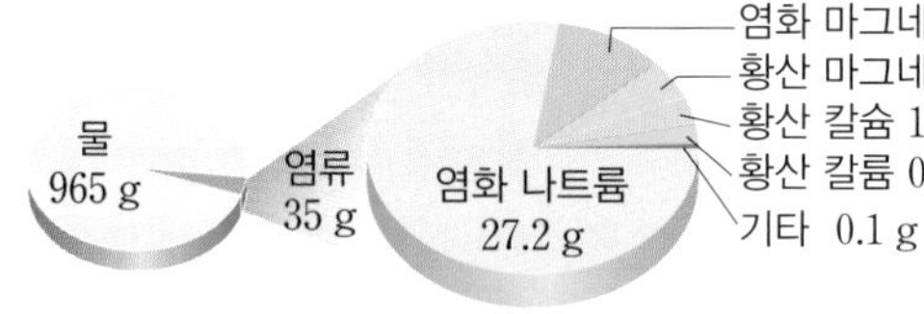

▲ 해수 1 kg에 염류 35 g이 녹아 있을 때 각 염류의 질량

→ 염류 중 염화 나트륨이 가장 많은 양을 차지하며 짠맛을 낸다. 두 번째로 많은 양을 차지하는 염류는 염화 마그네슘이며 쓴맛을 낸다.

06 A는 혼합층, B는 수온 약층, C는 심해층이다. 해수의 표층 수온은 태양 에너지의 영향을 주로 받으므로 적도 지방에서 가장 높다.

07 조차는 만조와 간조 때의 해수면 높이 차이로, 간조인 3시경과 15시경의 해수면은 약 −3 m이고, 만조인 9시경과 22시경의 해수면은 약 3 m이므로 조차는 약 6 m이다.

08 고위도에서 저위도로 흐르는 해류는 한류이다. 따라서 다섯 해류 중 한류에 해당하는 것은 북한 한류이다.

09 사람의 감각만으로는 얼마나 차갑고 뜨거운지를 정확히 알 수 없으므로 이를 정확히 알기 위해 온도계를 이용하여 측정한다.

10 프라이팬이 뜨거워지는 것은 전도에 의해 열이 전달되기 때문이며, 양산이나 파라솔은 태양 복사 에너지를 막아주는 역할을 한다.

누구나 100점 테스트 2회 50~51쪽

01 ②	02 ③	03 ①	04 ③	05 ②	06 ⑤
07 ②	08 ②	09 ⑤	10 ③		

01 에어컨과 난로는 모두 대류에 의한 열의 이동을 이용한다. 따라서 차가운 공기가 나오는 에어컨은 방의 위쪽에 설치하고, 주변의 공기를 데우는 난로는 방의 아래쪽에 설치해야 효율적으로 냉난방을 할 수 있다.

02 ③ A와 B가 열평형에 도달하는 시간은 같다.

오답 풀이

①, ② 열은 온도가 높은 A에서 온도가 낮은 B로 이동한다. 따라서 A는 열을 잃고 B는 열을 얻는다.

④, ⑤ 열평형에 도달했을 때 A, B의 온도가 같으므로 A, B의 입자 운동 상태도 같다.

자료 분석+ 열평형에 도달할 때까지 온도 변화

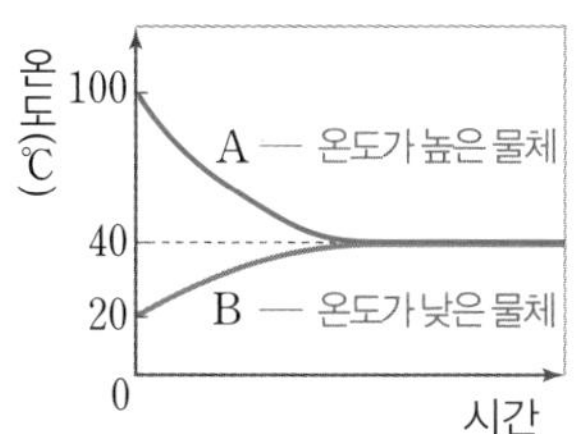

온도가 높은 물체 A는 열을 잃어 온도가 낮아지고, 온도가 낮은 물체 B는 열을 얻어 온도가 높아진다. 이후 충분한 시간이 지나면 두 물체의 온도가 같아지는 열평형 상태에 도달한다.

03 ㄱ. 같은 열량을 가했을 때 온도 변화는 A가 B보다 크므로 비열은 B가 A보다 크다.

오답 풀이

ㄴ. 0~2분 동안 온도 변화는 A가 B보다 크다.

ㄷ. 같은 가열 장치로 열을 가했으므로 0~4분 동안 A, B가 받은 열량은 같다.

04 질량과 받은 열량이 같다면 비열이 작을수록 온도 변화가 크다. 따라서 온도 변화는 B−C−A 순으로 크다.

05 돌솥이 더 오랫동안 뜨거움을 유지하는 것은 무쇠보다 돌을 이루는 물질의 비열이 커서 온도가 잘 변하지 않기 때문이다.

06 금속 막대를 가열하면 입자 운동이 활발해져 입자 사이의 거리가 멀어지기 때문에 열팽창이 일어나 막대의 길이와 부피가 늘어난다.

07 가스관을 구부러진 모양으로 만드는 것은 열팽창에 의해 가스관이 파손되는 것을 예방하기 위해서이다.

ㄱ, ㄴ. 다리의 연결 부분에 틈을 만들거나 여름에 전선을 늘어지게 설치하는 것은 열팽창에 대비한 예이다.

오답 풀이

ㄷ. 보온병은 이중벽으로 하고 벽 사이를 진공으로 만들어 단열에 의해 온도를 오랫동안 일정하게 유지하도록 한다.

08 바이메탈의 온도가 올라가면 B의 길이가 더 많이 늘어나므로 바이메탈은 위쪽으로 휘어지고, 온도가 내려가면 B의 길이가 더 많이 줄어들므로 바이메탈은 아래쪽으로 휘어진다.

개념 체크+ 바이메탈

얼음 냉각 놋쇠 가열 철

열팽창 정도: 놋쇠>철

- 바이메탈의 온도가 낮아질 때: 열팽창 정도가 큰 물질이 더 많이 수축하므로 열팽창 정도가 큰 물질 쪽으로 휘어진다.
- 바이메탈의 온도가 높아질 때: 열팽창 정도가 큰 물질이 더 많이 팽창하므로 열팽창 정도가 작은 물질 쪽으로 휘어진다.

09 자연 재난은 비교적 넓은 지역에 걸쳐 발생하는 반면, 사회 재난은 상대적으로 좁은 지역에 피해를 준다.

10 건물 밖으로 나갈 때에는 엘리베이터를 이용하지 말고, 계단을 이용해야 한다.

서술형·사고력 **테스트** 52~53쪽

01 (1) A: 혼합층, B: 수온 약층, C: 심해층 (2) 해설 참조 02 (1) A: 3.9, B: 1.6 (2) (가) 36 psu (나) 32 psu (3) 해설 참조 03 (1) 난류: A, B, C, 한류: D, E (2) A, 쿠로시오 해류 (3) 해설 참조 04 (1) (나) (2) 해설 참조 05 (1) 음료 → 얼음 (2) 해설 참조 06 (1) (가): 전도 (나): 대류, 전도 (라): 복사 (2) 해설 참조 07 (1) 해설 참조 (2) 해설 참조

01 (1) 해수는 깊이에 따른 수온의 분포를 바탕으로 3개의 층상 구조를 이루며, A는 혼합층, B는 수온 약층, C는 심해층이다.

(2) 모범 답안 A층은 바람의 영향으로 해수가 잘 섞이므로 수온이 일정하다.

해설 | 혼합층은 태양 에너지를 흡수해 수온이 높으며, 바람이 강할수록 두껍게 발달한다.

채점 기준	배점(%)
모범 답안과 같이 서술한 경우	100
바람의 영향에 대한 언급 없이 결과만 서술한 경우	50

자료 분석+ 해수의 연직 수온 분포

혼합층	• 태양 에너지를 흡수하여 수온이 높다. • 바람의 영향으로 해수가 잘 섞여 수온이 일정하다. • 바람이 강하게 부는 중위도에서 두껍게 발달한다.
수온 약층	• 수심이 깊어질수록 수온이 급격히 낮아진다. • 차가운(밀도가 높은) 해수가 아래에, 따뜻한(밀도가 낮은) 해수가 위에 있어 연직 운동이 잘 일어나지 않으므로 잘 섞이지 않는다.
심해층	• 태양 에너지가 도달하지 못해 수온이 낮다. • 전체 해수의 약 80 %를 차지한다. • 연중 수온이 매우 낮으며 수온이 일정하다. • 계절이나 위도에 따른 수온 차이가 거의 없다.

02 (1) 염분비 일정 법칙을 활용하여 염류의 양을 계산할 수 있으므로 해역 (가)와 (나) 사이의 염류의 비율에 대한 비례식으로 A와 B의 값을 구한다.

$$27.7\text{ g} : \text{A} = 24.6\text{ g} : 3.5\text{ g}$$

$$\text{A} = \frac{27.7\text{ g} \times 3.5\text{ g}}{24.6\text{ g}} ≒ 3.9\text{ g}$$

$$27.7\text{ g} : 1.8\text{ g} = 24.6\text{ g} : \text{B}$$

$$\text{B} = \frac{24.6\text{ g} \times 1.8\text{ g}}{27.7\text{ g}} ≒ 1.6\text{ g}$$

(2) 염분은 해수 1 kg에 녹아 있는 염류의 총량을 g 수로 나타낸 것이며, 단위는 psu(실용염분단위)이다. 따라서 해역 (가)와 (나)의 염분은 각 해역의 염류의 양을 모두 더한 값과 같다.

(3) 모범 답안 지역 또는 계절별로 염분이 달라도 해수에 녹아 있는 염류 사이의 비율은 거의 일정하기 때문이다.

해설 | 바닷물은 오랜 세월 동안 끊임없이 움직이고 순환하면서 염류가 골고루 섞였다. 그러므로 염분은 지

역이나 계절에 따라 다르지만 바닷물에 녹아 있는 염류 사이의 비율은 거의 일정하다.

채점 기준	배점(%)
모범 답안과 같이 서술한 경우	100
'지역 또는 계절에 따라 염분이 다르다'는 설명 없이 염류 사이의 비율이 일정함만을 서술한 경우	50

03 (1) A는 쿠로시오 해류, B는 황해 난류, C는 동한 난류이며, D는 북한 한류, E는 연해주 한류이다.

(2) 쿠로시오 해류는 우리나라 주변에 흐르는 난류의 근원이 된다.

(3) 모범 답안 우리나라 동해는 한류와 난류가 만나는 곳으로, 다양한 어종이 모여드는 조경 수역을 형성한다.

해설 | 우리나라 동해에서는 동한 난류와 북한 한류가 만나 난류성 어종과 한류성 어종이 모두 모여들기 때문에 좋은 어장을 형성하며, 이를 조경 수역이라 한다.

채점 기준	배점(%)
모범 답안과 같이 서술한 경우	100
주어진 용어를 모두 사용하지 못한 경우	50

04 (2) 모범 답안 물의 온도가 높을수록 물을 구성하는 입자들이 더 활발하게 운동하여 녹차가 더 잘 우러나기 때문이다.

해설 | 온도가 높을수록 그 물체를 이루는 입자들의 운동이 활발하다.

채점 기준	배점(%)
온도와 입자 운동과 관련하여 옳게 서술한 경우	100
입자 운동이 활발하기 때문이라고만 서술한 경우	50

05 (1) 열은 온도가 높은 음료에서 온도가 낮은 얼음으로 이동한다.

(2) 모범 답안 음료는 열을 잃어 온도가 낮아지고 입자 운동은 둔해진다.

해설 | 음료에서 얼음으로 열이 이동하여 열평형에 도달하면 음료를 차갑게 유지할 수 있다.

채점 기준	배점(%)
온도와 입자 운동 변화를 모두 옳게 서술한 경우	100
온도와 입자 운동 변화 중 한 가지만 옳게 서술한 경우	50

개념 체크+ 열평형 상태

고온의 물체와 저온의 물체를 접촉하면 고온의 물체에서 저온의 물체로 열이 이동하여 두 물체의 온도는 같아진다. 이때 두 물체는 열평형 상태에 있다고 한다.

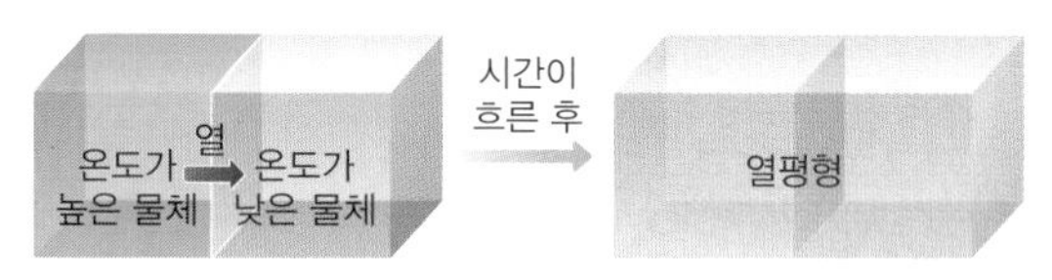

06 (1) 소시지를 구울 때는 전도, 물을 끓일 때는 대류, 끓인 물에 감자와 달걀을 삶을 때는 전도, 토스터로 빵을 구울 때는 복사에 의해 열이 이동한다.

(2) 모범 답안 끓는 물에서 감자로 열이 이동하여 물의 온도와 감자의 온도가 같아지는 열평형 상태가 된다.

채점 기준	배점(%)
열의 이동 및 열평형과 관련하여 모두 옳게 서술한 경우	100
열의 이동과 열평형 중 한 가지만 관련하여 옳게 서술한 경우	50

07 (1) 모범 답안 금속 고리를 가열한다. 금속 고리를 가열하면 금속 고리가 열팽창하여 커지기 때문이다.

(2) 모범 답안 금속 공을 냉각시킨다. 금속 공을 냉각시키면 금속 공이 수축하여 작아지기 때문이다.

해설 | 금속 고리를 가열하면 팽창하여 고리가 커지고 금속 공을 냉각하면 금속 공이 수축하여 작아지므로 공이 고리를 통과할 수 있다.

채점 기준	배점(%)
(1), (2)를 모두 옳게 서술한 경우	100
(1), (2) 중 한 가지만 옳게 서술한 경우	50

기말

창의·융합·코딩 테스트 54~55쪽

01 (1) 같다. (2) 해설 참조 (3) 해설 참조 02 (1) 해설 참조 (2) 해설 참조 03 해설 참조 04 (1) 해설 참조 (2) 해설 참조 (3) 해설 참조 05 (1) 전등: 태양, 부채: 바람 (2) 해설 참조 06 ㉠: 이동 경로, ㉡: 과학적, ㉢: 피뢰침

01 (2) 모범 답안 철 의자와 나무 의자는 공기와 열평형을 이루므로 두 의자의 온도는 같다.

(3) 모범 답안 철 의자에 앉았을 때 더 차갑게 느끼는 것은 철이 나무보다 열의 전도가 잘 일어나 우리 몸의 열을 더 빨리 빼앗아가기 때문이다.

해설 | 겨울날 밖에 있는 철 의자와 나무 의자의 온도는 열평형에 의해 공기의 온도와 같다. 하지만 사람이 앉았을 때 철 의자가 더 차갑게 느껴지는 것은 철이 나무보다 전도가 빨리 일어나 우리 몸의 열을 빨리 빼앗아 가기 때문이다.

채점 기준	배점(%)
(2), (3)을 모두 옳게 서술한 경우	100
(2), (3) 중 한 가지만 옳게 서술한 경우	50

02 (1) 모범 답안 냉방기를 켜면 차가운 공기는 아래쪽으로 잘 내려온다. 즉 공기의 대류가 활발하게 일어나므로 교실이 금방 시원해진다.

(2) 모범 답안 난방기를 켜면 따뜻한 공기가 아래쪽으로 잘 내려오지 못한다. 즉 공기의 대류가 잘 일어나지 않아 교실이 위쪽부터 천천히 따뜻해진다.

해설 | 교실 천장에 설치된 냉난방기는 공기의 대류를 이용하여 열을 이동시킨다. 냉난방기는 교실 위쪽에 설치되어 있으므로 냉방기로 사용할 때는 대류가 활발하게 일어나지만 난방기로 사용할 때는 대류가 잘 일어나지 않아 효율이 떨어진다.

채점 기준	배점(%)
(1), (2)를 모두 옳게 서술한 경우	100
(1), (2) 중 한 가지만 옳게 서술한 경우	50

03 모범 답안 물은 다른 물질보다 비열이 커서 온도 변화가 작으므로 오랫동안 따뜻한 상태나 차가운 상태를 유지할 수 있기 때문이다.

해설 | 물은 다른 물질에 비하여 비열이 매우 크므로 같은 열량을 가해도 다른 물질에 비해 온도 변화가 작다. 이러한 특성 때문에 물은 과열된 기계의 온도를 낮추는 냉각수로 이용되거나 찜질 팩, 온수 매트 등에 이용된다.

채점 기준	배점(%)
비열과 관련하여 옳게 서술한 경우	100
비열이 크기 때문이라고만 서술한 경우	50

04 (1) 전 지구적으로 인구가 증가하고, 산업이 발달함에 따라 물 사용량이 늘어나고 있다.

(2) 모범 답안 기후 변화로 인해 폭염, 한파, 태풍 위력 증가 등의 기상 이변이 일어나고 있기 때문이다.

해설 | 자원으로서의 물을 확보하고 효율적으로 관리하는 것이 중요하지만, 기후 변화로 가뭄이나 홍수 등이 자주 발생하면서 수자원을 확보하고 관리하기 어려워지고 있다.

(3) 모범 답안 지하수는 하천수에 비해 양이 많고, 간단한 정수 과정을 거쳐 바로 사용이 가능하므로 개발할 가치가 있다. 하지만 무분별하게 개발하면 지반 침하 등의 문제가 발생할 수 있다.

해설 | 수자원은 인류 생존에 꼭 필요하지만, 그 양이 한정되어 있으므로 항상 깨끗이 관리하고 아껴 써야 한다. 수자원 확보와 관리에서 지하수의 개발은 매우 중요하다.

채점 기준	배점(%)
모범 답안과 같이 서술한 경우	100
지하수 개발의 중요성과 지하수를 개발할 때 주의할 점 중 한 가지만 서술한 경우	50

05 (1) 해수의 연직 수온 분포를 알아보기 위한 실험에서 수조를 비추는 전등은 태양의 역할, 부채는 바람을 일으키는 역할을 한다.

(2) 모범 답안 수면 근처의 온도가 가장 높고, 그 아래로 온도가 일정한 층이 생기며, 더 깊어질수록 온도가 내려가 낮은 온도를 유지한다.

해설 | 이 실험은 해수의 연직 수온 분포와 수온 분포에 영향을 주는 요인을 이해하기 위한 것으로, 표층 수온에 영향을 미치는 태양과 혼합층 형성에 영향을 미치는 바람의 작용을 알 수 있다.

06 과학적 원리를 이용하면 재해와 재난에 대비하여 피해를 최소화하고 사전에 경보를 발령할 수 있다.

7일

학교시험 **기본 테스트** 1회 56~59쪽

01 ③	02 ⑤	03 ⑤	04 태양 에너지	05 ②
06 ③, ⑤	07 ③	08 ④	09 ④	10 (가)
11 ⑤	12 ②	13 ④	14 ④	15 ①
16 ②	17 해설 참조	18 ⑤	19 ②	20 ④

01 C는 빙하로, 빙하는 대부분 극지방이나 고산 지대에 분포하며, 눈이 쌓여 만들어진 얼음이다.

02 생활용수는 우리나라에서 세 번째로 많이 이용되는 용도(20 %)이며, 가장 적게 이용되는 용도는 공업용수(6 %)이다.

03 바다는 지구 표면의 70 % 정도를 덮고 있으며, 지구의 급격한 온도 변화를 막아 주는 역할을 한다.

04 바다의 표층 수온에 영향을 주는 요인은 태양 에너지이다.

05 해수의 층상 구조는 연직 수온 분포에 따라 구분된다.

06 강물이 유입되는 지역이나 증발량보다 강수량이 많은 지역에서는 염분이 상대적으로 낮게 나타난다.

오답 풀이

① 중위도 지역과 같이 강수량보다 증발량이 많은 지역에서는 염분이 상대적으로 높게 나타난다.

② 바닷물은 얼면서 해수에 녹아 있는 염류를 뺀 순수한 물만 고체가 되므로, 결빙한 해수 주변의 바닷물은 염분이 높게 나타난다.

07 염분은 해수 1 kg에 녹아 있는 염류의 총량을 g 수로 나타낸 것으로, psu(실용염분단위)를 단위로 사용한다.

08 B는 저위도에서 고위도로 흐르는 황해 난류이다.

09 조석 주기는 만조에서 다음 만조, 또는 간조에서 다음 간조까지 걸린 시간으로, 약 12시간 25분이다.

10 온도가 높을수록 그 물체를 이루는 입자들의 운동이 활발하다. 따라서 온도는 (가)－(나)－(다) 순으로 높다.

기말

11 그림의 물체들은 전도에 의해 열의 이동하여 열평형 상태에 도달한다.

ㄷ. 프라이팬을 가열하면 전도에 의해 프라이팬이 뜨거워지므로 달걀 요리를 할 수 있다.

ㄹ. 전도에 의해 국그릇 속의 숟가락이 뜨거워진다.

오답 풀이

ㄱ. 대류에 의해 열이 전달되어 방 전체가 따뜻해진다.

ㄴ. 복사에 의해 열이 전달되므로 난로 앞에 앉으면 따뜻하다.

개념 체크+ 전도

물질을 이루고 있는 입자의 운동이 이웃한 입자에 차례로 전달되어 열이 이동하는 현상을 전도라고 한다.

12 우리 몸은 적외선의 형태로 복사 에너지를 내보낸다. 따라서 복사 에너지를 열화상 카메라로 촬영하면 체온 분포를 알 수 있다.

② 토스터로 식빵을 굽는 것은 복사열을 이용하는 것이다.

오답 풀이

①, ④, ⑤ 전도를 이용하는 것이다.

③ 대류를 이용하는 것이다.

13 ④ 유리창의 크기는 가능한 한 작게 해야 유리창을 통해 밖으로 빠져 나가는 열을 차단할 수 있다.

오답 풀이

① 난방기인 난로를 아래쪽에 설치해야 대류가 잘 일어나 효율적인 난방을 할 수 있다.

②, ③ 이중창, 단열재를 이용하여 효율적으로 단열을 할 수 있다.

⑤ 난방용 온수관은 전도가 잘 일어나는 물질로 만들어야 열을 효율적으로 전달할 수 있다.

14 한약 팩을 뜨거운 물속에 넣으면 열평형에 의해 한약이 따뜻해진다. 또한 차가운 계곡 물속에 담긴 수박이 열평형에 의해 차가워진다.

15 40 °C의 물과 70 °C의 물을 접촉시켜 충분한 시간이 지난 후 열평형 상태가 되었을 때 열평형 온도의 범위는 40 °C < 열평형 온도 < 70 °C이다.

16 같은 양의 물과 식용유를 같은 세기의 불꽃으로 가열하면 비열이 작은 식용유의 온도 변화가 물보다 크다. 즉 식용유를 나타내는 그래프의 기울기가 더 크다.

17 모범 답안 뚝배기는 비열이 커서 오랫동안 따뜻한 상태를 유지할 수 있고, 금속 냄비는 비열이 작아서 음식을 빨리 끓일 수 있기 때문이다.

해설 | 비열이 큰 뚝배기는 온도 변화가 작아 오랫동안 따뜻한 상태를 유지하므로 찌개와 같은 음식을 조리할 때 사용한다. 금속 냄비는 비열이 작아 온도 변화가 크므로 빨리 조리할 수 있는 라면 조리 등에 사용한다.

채점 기준	배점(%)
주어진 단어를 모두 포함하여 옳게 서술한 경우	100
주어진 단어의 일부만 포함하여 서술한 경우	50

18 금속 고리를 가열하면 모든 부분이 열팽창하여 부피가 늘어나므로 안쪽 원과 바깥쪽 원의 지름이 커지고, 틈 사이의 간격도 넓어진다.

개념 체크+ 열팽창

금속 고리에 열을 가해 온도가 높아지면 입자 운동이 활발해져서 입자 사이의 거리가 멀어지므로 전체적으로 부피가 팽창한다.

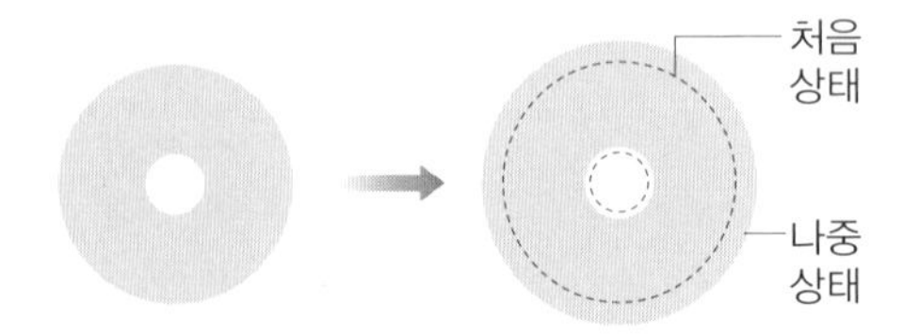

19 ② 항아리의 물이 한낮에 흘러넘치는 것은 열팽창 때문이다. 선로와 선로 사이의 틈도 열팽창을 대비하여 만든 것이다.

오답 풀이

① 삶은 달걀을 찬물에 담그면 열평형에 의해 달걀의 온도가 낮아진다.
③ 비열이 큰 뚝배기에 담긴 음식이 천천히 식는다.
④ 물의 비열이 모래의 비열보다 크므로 여름철 모래사장이 바닷물보다 뜨겁다.
⑤ 프라이팬의 손잡이는 전도가 잘 일어나지 않는 플라스틱으로 만든다.

20 지진 발생 시 대피 장소를 찾을 때에는 떨어지는 물건에 유의하며 신속하게 운동장이나 공원 등 넓은 공간으로 대피한다.

학교시험 기본 테스트 2회 60~63쪽

01 ④	02 ③	03 ㄴ, ㄱ	04 ③	05 ①
06 ①	07 A: 28.08, B: 4.4		08 ③	09 ③
10 뜨거운 차	11 ②	12 ④	13 ③	14 ⑤
15 2 ℃	16 ④	17 ④	18 ⑤	19 해설 참조
20 ⑤				

01 오답 풀이

① 지구상 물 중 대부분을 차지하는 것은 해수이다.
② 사람들이 가장 쉽게 이용할 수 있는 물은 하천수와 호수이다.
③ 빙하는 눈이 쌓여 만들어진 얼음으로, 주로 극지방이나 고산 지대에 분포한다.
⑤ 육지에도 염수호와 같이 소금기가 있는 짠맛의 물이 존재한다.

02 지하수는 땅속을 흐르는 물로, 담수의 약 30 %를 차지한다.

03 수자원은 사람이 살아가는 데 필요한 자원으로서 이용되는 물이다. 우리나라에서 쓰임이 가장 많은 용도는 농업용수이고, 쓰임이 가장 적은 용도는 공업용수이다.

04 표층 수온 분포는 위도나 계절에 따라서도 다르게 나타난다.

05 A는 혼합층, B는 수온 약층, C는 심해층이다. B는 아래쪽이 위쪽보다 밀도가 크기 때문에 안정한 층이고, C는 위도에 따른 수온 차이가 거의 없다.

06 해수에 녹아 있는 염류 중 가장 많은 양을 차지하는 것은 염화 나트륨이다.

07 바닷물은 염류가 골고루 섞여 있어서 지역별로 염분이 달라도 해수에 녹아 있는 염류 사이의 비율은 거의 일정한데, 이를 염분비 일정 법칙이라고 한다. A와 B의 값은 비례식을 이용하여 구할 수 있다.

$$A : 31.2\text{ g} = 36\text{ psu} : 40\text{ psu}$$

$$A=\frac{31.2\text{ g}\times 36\text{ psu}}{40\text{ psu}}=28.08\text{ g}$$

$$3.96\text{ g} : B = 36\text{ psu} : 40\text{ psu}$$

$$B=\frac{3.96\text{ g}\times 40\text{ psu}}{36\text{ psu}}=4.4\text{ g}$$

08 조경 수역은 한류와 난류가 만나는 곳에 다양한 어종이 모여들어 형성되며, 우리나라는 동해에 형성된다.

09 이날 19시경에는 해수면이 높아지고 있었으므로 밀물이었다.

10 온도가 높을수록 입자 운동이 활발하므로 뜨거운 차의 입자 운동이 차가운 음료의 입자 운동보다 활발하다.

11 뜨거워진 아래쪽 물이 위로 올라가고 위쪽의 찬물이 아래로 내려오면서 대류를 통해 열이 전달된다.

12 손바닥이 얼굴에 닿지 않아도 따뜻함을 느낄 수 있는 것은 복사의 형태로 손바닥에서 얼굴로 열이 이동하기 때문이다.

④ 복사는 열이 물질의 도움 없이 직접 이동하는 방식이다.

오답 풀이

①, ② 대류에 대한 설명이다.
③ 전도에 의해 몸이 따뜻해지는 것이다.
⑤ 전도에 대한 설명이다.

기말

개념 체크+ 복사 현상의 예

- 한 사람은 눈을 감고 다른 사람이 손바닥을 얼굴 근처로 가져가면 손바닥이 얼굴에 닿지 않아도 따뜻함을 느낄 수 있다.
  → 인체의 열복사 현상
- 모든 물체는 복사열을 내보내므로 적외선 카메라로 물체를 촬영하면 물체의 온도 분포를 알 수 있다.

13 보온병의 유리병 내부의 은도금은 복사에 의한 열의 이동을 차단하여 보온병 속의 물을 일정한 온도로 오랫동안 유지한다.

개념 체크+ 보온병의 구조

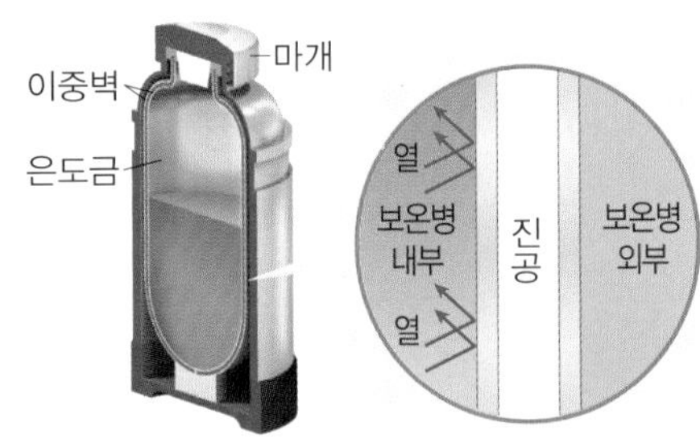

- 마개: 이중 구조로 되어 있어서 전도에 의한 열의 이동을 막는다.
- 이중벽: 벽 사이를 진공으로 만들어 전도와 대류에 의한 열의 이동을 막는다.
- 벽면: 벽면은 은도금 되어 있어 복사에 의한 열의 이동을 막는다.

14 ⑤ 온도가 다른 두 물체가 접촉해 있으면 열이 이동하여 결국 온도가 서로 같아지는 열평형에 이른다.

오답 풀이

① 뜨거운 물은 열을 잃는다.
② 차가운 물은 열을 얻는다.
③ 뜨거운 물은 열을 잃어 온도가 낮아지므로 입자 운동은 점점 둔해진다.
④ 차가운 물은 열을 얻어 온도가 높아지므로 입자 운동은 점점 활발해진다.

15 질량과 열량이 같으므로 비열이 2배이면 같은 시간 동안 온도 변화는 $\frac{1}{2}$배가 된다. 따라서 A의 온도가 4 ℃ 증가하였다면 B의 온도는 2 ℃ 증가한다.

16 물의 비열이 콩기름보다 크기 때문에 같은 열량을 가했을 때 온도 변화가 더 작다. 바다에 가까운 해안 지방이 내륙 지방보다 일교차가 작은 것도 물의 비열이 크기 때문에 나타나는 현상이다.

개념 체크+ 물의 비열이 크기 때문에 나타나는 현상

- 해양성 기후는 대륙성 기후보다 연교차가 작다.
- 바닷가에서 낮에는 해풍이 불고, 밤에는 육풍이 분다.
- 해안 지방의 연교차가 내륙 지방의 연교차보다 작다.

17 금속 막대에 열을 가하면 온도가 올라가고 입자 운동이 활발해지므로 길이와 부피가 늘어난다. 그러나 입자의 크기는 변하지 않는다.

18 ㄴ, ㄷ. 삼각 플라스크 안의 물은 열을 받아 온도가 높아져 입자 운동이 활발해진다. 따라서 삼각 플라스크 안의 물의 부피가 팽창한다.

오답 풀이

ㄱ. 삼각 플라스크 안의 물의 부피가 팽창하므로 유리관의 수면이 높아진다.

19 모범 답안 바깥쪽 그릇은 뜨거운 물에 담그고, 안쪽 그릇에는 찬물을 붓는다. 안쪽 그릇은 온도가 낮아져 부피가 줄어들고, 바깥쪽 그릇은 온도가 높아져 부피가 커진다.

해설 | 금속에 열을 가하면 팽창하고 열을 빼앗으면 수축한다. 따라서 안쪽 그릇을 차게 하고 바깥쪽 그릇을 뜨겁게 하면 안쪽 그릇은 수축하고 바깥쪽 그릇은 팽창하여 두 그릇을 쉽게 분리할 수 있다.

채점 기준	배점(%)
원리와 함께 방법을 옳게 서술한 경우	100
방법만 옳게 서술한 경우	50

20 모래 방벽은 태풍으로 인한 거대한 파도가 넘어오는 것을 막기 위해 모래로 쌓아올린 벽이다.

초등에 나오는 과학 용어 풀이

❶ 소화 (사라질 消, 될 化)

소화는 우리 몸에 필요한 ❶[   ]가 들어있는 음식물을 잘게 쪼개 몸에 흡수될 수 있는 형태로 ❷[   ]하는 과정이다.

▲ 녹말의 소화 과정

답 ❶ 영양소 ❷ 분해

예1 소화가 잘 되도록 하기 위해서는 음식물을 잘 씹어야 한다.

예2 입에 들어온 음식물은 입 → 식도 → 위 → 작은창자(소장) → 큰창자(대장) → 항문을 거쳐 소화된다.

❷ 소화 기관 (사라질 消, 될 化, 그릇 器, 벼슬 官)

소화에 직접 관여하는 입, 식도, 위, 작은창자(소장), 큰창자(대장), 항문을 ❶[   ] 기관이라고 하며 간, 쓸개, 이자처럼 소화를 ❷[   ] 기관도 있다.

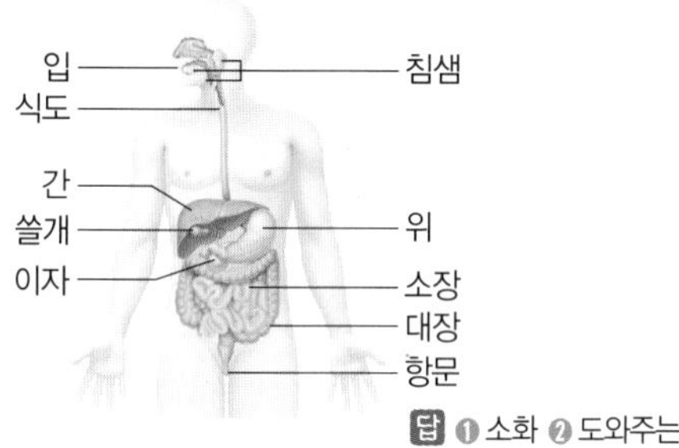

답 ❶ 소화 ❷ 도와주는

예1 소화 기관은 음식물을 잘게 쪼개고 분해하여 영양소와 물을 흡수하고, 나머지는 배출한다.

예2 간, 쓸개, 이자 등에는 음식물이 직접 지나가지 않는다.

❸ 호흡 (내쉴 呼, 마실 吸)

호흡은 ❶[   ]를 들이마시고 내쉬는 활동으로, 호흡 기관에는 코, 기관, 기관지, ❷[   ] 등이 있다.

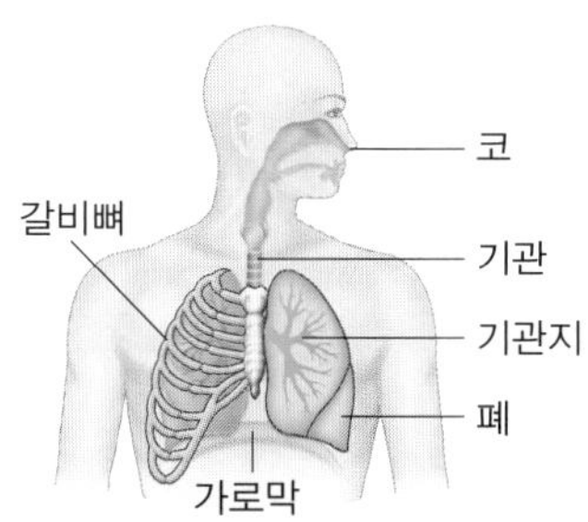

답 ❶ 공기 ❷ 폐

예1 우리 몸은 생명 활동에 필요한 공기 중의 산소를 받아들이고, 몸 안에서 생긴 이산화 탄소를 내보낸다.

예2 사람의 호흡계는 코, 기관, 기관지, 폐 등의 호흡 기관으로 이루어져 있다.

❹ 몸속에서 공기의 이동

폐는 몸 밖에서 들어온 ❶[   ]를 받아들이고, 몸 안에서 생긴 ❷[   ]를 몸 밖으로 내보낸다.

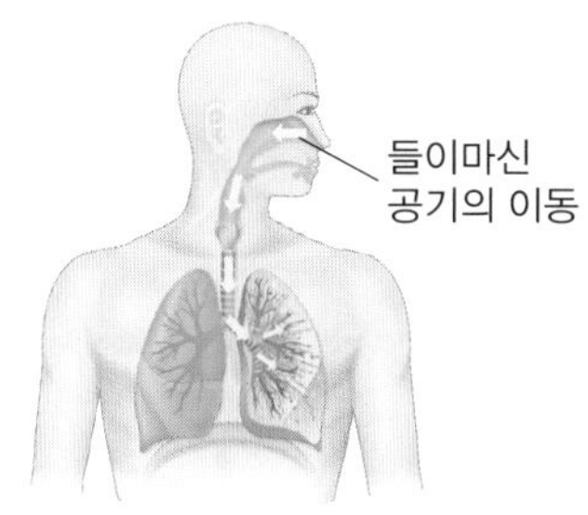

답 ❶ 산소 ❷ 이산화 탄소

예1 숨을 들이마실 때 코로 들어온 공기는 기관, 기관지, 폐를 거쳐 우리 몸에 필요한 산소를 제공한다.

예2 숨을 내쉴 때 몸속의 이산화 탄소는 폐, 기관지, 기관, 코를 거쳐 몸 밖으로 나간다.

❺ 순환 기관 (돌 循, 고리 環, 그릇 器, 벼슬 官)

혈액이 온몸을 돌고 다시 돌아오는 일에 관여하는 ❶ [ ]과 혈관을 ❷ [ ] 기관이라고 한다.

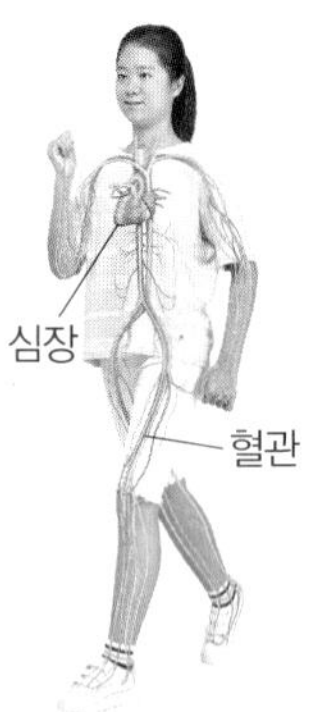

답 ❶ 심장 ❷ 순환

예1 심장은 펌프 작용을 통해 혈액을 온몸으로 순환시킨다.

예2 혈관에는 동맥, 모세 혈관, 정맥이 있다.

❻ 혈액 순환 (피 血, 진 液, 돌 循, 고리 環)

심장에서 나온 ❶ [ ]이 혈관을 따라 온몸을 거친 다음에 다시 ❷ [ ]으로 돌아오는 과정을 반복하는 것을 혈액 순환이라고 한다.

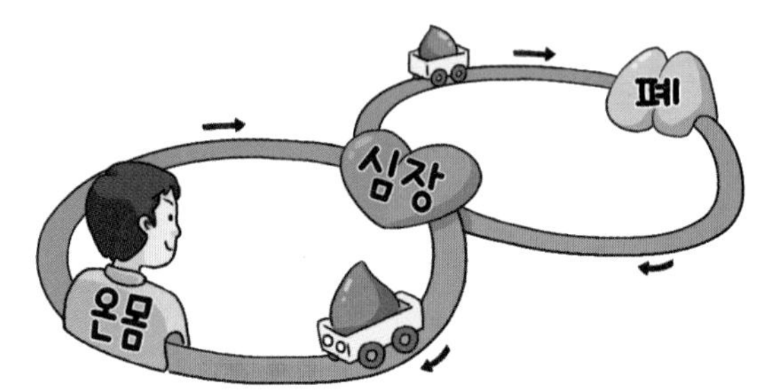

답 ❶ 혈액 ❷ 심장

예1 심장에서 나온 혈액은 동맥을 지나 온몸의 모세 혈관을 거쳐 정맥을 통해 다시 심장으로 들어간다.

예2 심장이 빨리 뛸 때 혈액이 이동하는 빠르기가 빨라지고 혈액의 이동량이 많아진다.

❼ 배설 (밀칠 排, 샐 泄)

배설은 혈액에 있는 [ ]을 걸러 내어 오줌으로 몸 밖으로 내보내는 과정이다.

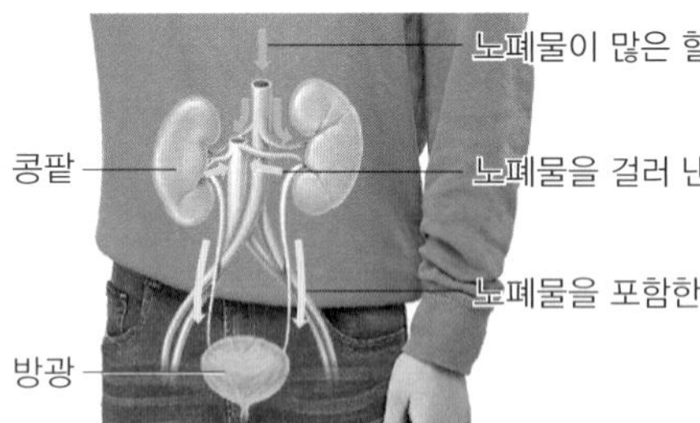

답 노폐물

예1 배설의 결과물은 옅은 노란빛을 띠는 오줌이다.

예2 소화되지 않은 물질을 대변으로 내보내는 것을 배출이라고 한다.

❽ 배설 기관 (밀칠 排, 샐 泄, 그릇 器, 벼슬 官)

혈액 속 노폐물 등을 몸 밖으로 내보내는 ❶ [ ]에 관여하는 기관에는 ❷ [ ], 방광 등이 있다.

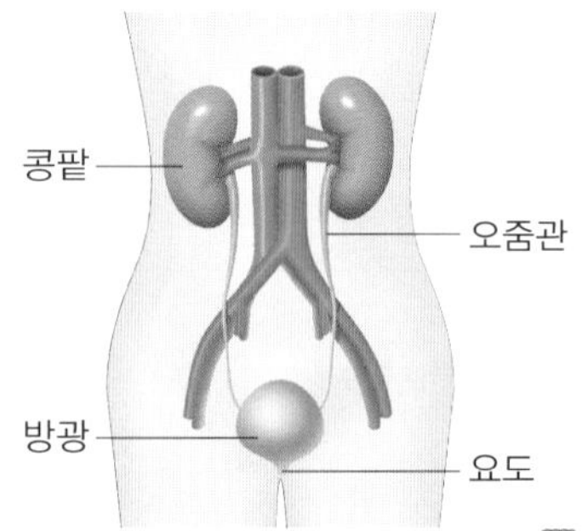

답 ❶ 배설 ❷ 콩팥

예1 콩팥은 혈액에 있는 노폐물을 걸러 내어 오줌을 만든다.

예2 방광은 오줌을 잠시 저장하였다가 일정량이 모이면 몸 밖으로 내보낸다.

❾ 물체(만물 物, 몸 體)

모양이 있고 [ ]을 차지하고 있는 것을 말한다.

▲ 여러 가지 물체

답 공간

예1 물체는 한 가지 물질로 만들어진 물체와 여러 가지 물질로 만들어진 물체로 분류할 수 있다.

예2 교실에서 볼 수 있는 물체에는 가위, 의자, 책상, 연필 등이 있다.

❿ 물질(만물 物, 바탕 質)

물체를 만드는 ❶[ ]를 뜻하며, 물질마다 다른 물질과 구별되는 성질이 있는데, 이를 물질의 ❷[ ]이라고 한다.

▲ 물체: 나무로 만든 의자

▲ 물질: 나무

답 ❶ 재료 ❷ 특성

예1 금속, 플라스틱, 나무, 고무, 밀가루 등은 물체를 만들 때 필요한 재료인 물질이다.

예2 나무로 만든 의자에서 의자는 물체, 나무는 물질이다.

⓫ 혼합물(섞을 混, 합할 合, 만물 物)

두 가지 이상의 ❶[ ]이 성질이 변하지 않은 채 서로 ❷[ ] 있는 것

▲ 나박김치

답 ❶ 물질 ❷ 섞여

예1 두 가지 이상의 물질이 섞여 있는 혼합물에는 미숫가루 물, 나박김치, 공기, 바닷물 등이 있다.

예2 혼합물을 분리하면 원하는 물질을 얻을 수 있고, 이를 우리 생활의 필요한 곳에 이용할 수 있다.

⓬ 용해(녹을 溶, 풀 解)

소금이나 설탕이 ❶[ ]에 녹는 것처럼 어떤 물질이 다른 물질에 녹아 골고루 ❷[ ] 현상

▲ 설탕의 용해

답 ❶ 물 ❷ 섞이는

예1 소금이 물에 녹아 소금물이 될 때 소금이 물에 녹는 현상이 용해이다.

예2 각설탕이 물에 용해되면 없어지는 것이 아니라 매우 작은 입자로 나누어져 물속에 골고루 섞여 있다.

⓭ 용액(녹을 溶, 진 液)

소금물이나 설탕물처럼 녹는 물질이 ❶ ______ 물질에 골고루 ❷ ______ 있는 물질

▲ 여러 가지 용액

답 ❶ 녹이는 ❷ 섞여

예1 멸치 가루는 물에 녹지 않고 물 위에 뜨거나 바닥에 가라앉으므로 멸치 가루를 넣은 물은 용액이 아니다.

예2 어떤 물질은 물에 용해되어 용액이 되고, 어떤 물질은 물에 용해되지 않는다.

⓮ 용질(녹을 溶, 바탕 質)

설탕물에 녹아 있는 ❶ ______ 처럼 물 등의 액체에 녹는 ❷ ______ 을 말한다.

답 ❶ 설탕 ❷ 물질

예1 설탕이 물에 녹아 설탕물이 될 때 설탕을 용질, 물을 용매라고 한다.

예2 물의 온도와 양이 같아도 용질마다 물에 용해되는 양은 다르다.

⓯ 용매(녹을 溶, 중매 媒)

소금물을 만들 때의 물처럼 ______ 을 녹이는 물질을 말한다.

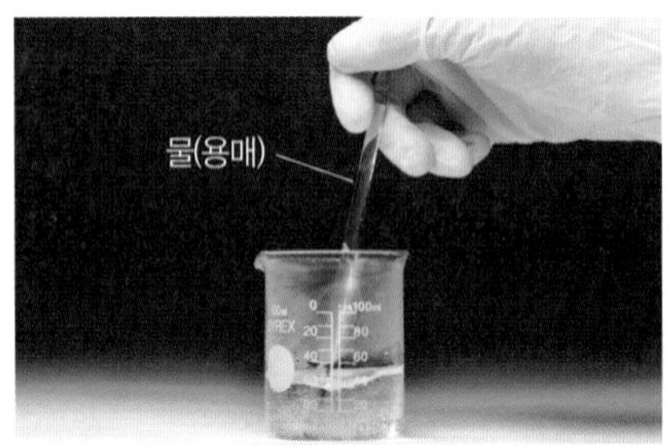

답 용질

예1 일반적으로 용매의 온도가 높을수록 고체 상태의 용질이 많이 용해된다.

예2 용질인 설탕이 용매인 물에 용해되어 설탕물 용액이 된다.

⓰ 용액의 진하기

같은 양의 용매에 용해된 ______ 의 많고 적은 정도를 말한다.

▲ 소금물이 진할수록 메추리알이 물에 더 잘 뜬다.

답 용질

예1 사해가 일반적인 바닷물보다 용액의 진하기가 더 진하므로 사람이 가만히 있어도 물에 잘 뜬다.

예2 용매의 양이 같을 때 용해된 용질의 양이 많을수록 진한 용액이다.

⑰ 육지(뭍 陸, 땅 地)와 바다

육지는 강이나 바다와 같이 물이 있는 곳을 제외한 지구의 ❶ [   ]이고, ❷ [   ]는 육지를 제외한 부분을 말한다.

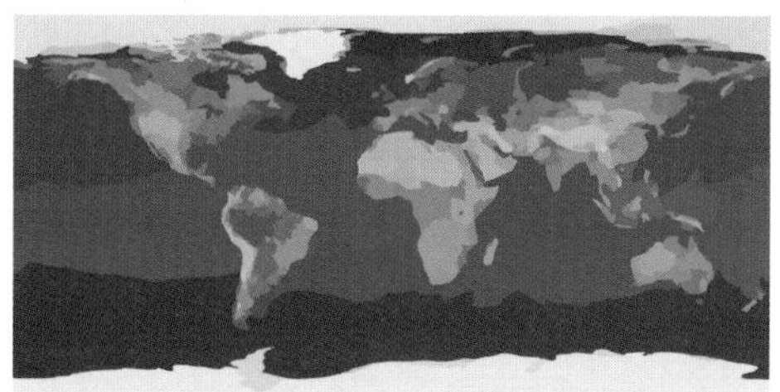

답 ❶ 표면 ❷ 바다

예1 지구 표면의 많은 부분은 바다로 덮여 있다.

예2 바닷물은 육지의 물과 다르게 짠맛이 나는 소금 등 여러 가지 물질이 많이 녹아 있어서 사람이 마시기에 적당하지 않다.

⑱ 물의 순환(돌 巡, 돌아올 還)

물은 ❶ [   ]가 변하면서 육지, 바다, 공기 중, 생명체 등 여러 곳을 끊임없이 ❷ [   ]하기 때문에 지구 곳곳에서 볼 수 있다.

답 ❶ 상태 ❷ 순환

예1 물은 끊임없이 순환하지만, 지구에 있는 전체 물의 양은 변하지 않는다.

예2 물의 순환은 지구 전체에서 동시 다발적으로 일어난다.

⑲ 습도(축축할 濕, 기량 度)

공기 중에 [   ]가 포함된 정도를 습도라고 한다.

답 수증기

예1 습도가 높을 때는 빨래가 잘 마르지 않고, 음식물이 부패하기 쉽다.

예2 습도를 낮추기 위해서는 마른 숯을 실내에 놓아두거나, 옷장이나 신발장에 제습제를 넣어두면 된다.

⑳ 구름

공기 중 수증기가 ❶ [   ]해 물방울이 되거나 수증기가 얼음 알갱이 상태로 변해 ❷ [   ]에 떠 있는 것이다.

답 ❶ 응결 ❷ 하늘

예1 비는 구름 속 작은 물방울이 합쳐지면서 무거워져 떨어지는 것이다.

예2 구름 속 얼음 알갱이의 크기가 커지면서 무거워져 녹지 않은 채로 떨어지는 것을 눈이라고 한다.

㉑ 이슬과 안개

이슬과 안개는 공기 중에 있는 수증기가 물방울로 변하는 [ ] 현상에 의해 나타난다.

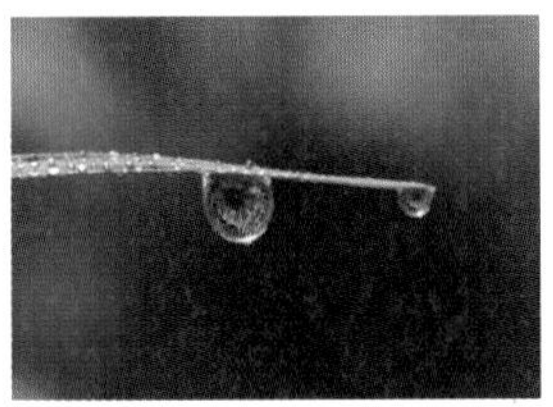
▲ 이슬

▲ 안개

답 응결

예1 이슬은 밤에 차가워진 물체의 표면에 수증기가 응결해 물방울로 맺히는 것이다.

예2 안개는 밤에 지표면 근처의 공기가 차가워지면서 수증기가 응결하여 작은 물방울로 떠 있는 것이다.

㉒ 물 부족 (아니 不, 넉넉할 足)

세계 여러 국가 중에서 자연환경, 물 [ ], 산업의 발달 등의 이유로 물이 부족한 지역이 있다.

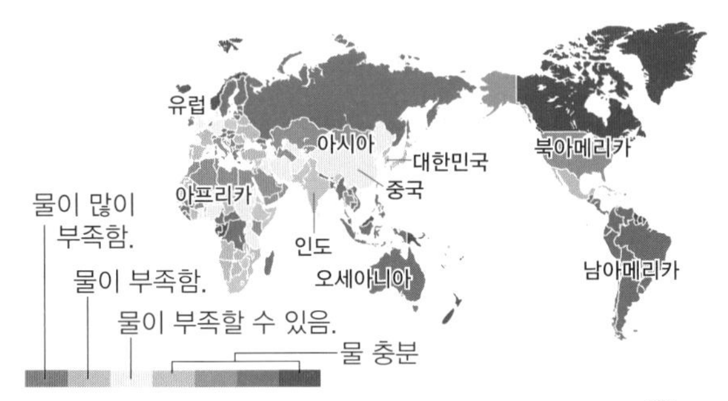

답 낭비

예1 인간 활동으로 환경이 오염되어 이용할 수 있는 깨끗한 물이 점점 부족해지고 있다.

예2 사람들이 물을 아껴 쓰지 않아서 물 부족 현상이 나타나고 있다.

㉓ 섭씨온도

물의 어는점을 ❶[ ] °C로, 물의 끓는점을 ❷[ ] °C로 하여 그 사이를 100 등분한 온도로, 한 등분을 1 °C로 정함.

▲ 온도계

답 ❶ 0 ❷ 100

예1 섭씨온도의 단위는 °C(섭씨도)를 사용한다.

예2 실내 섭씨온도가 20 °C(섭씨도) 정도이면 생활하기 가장 알맞다.

㉔ 열(더울 熱)

물질의 ❶[ ]나 ❷[ ]를 변화시키는 원인이 되는 에너지

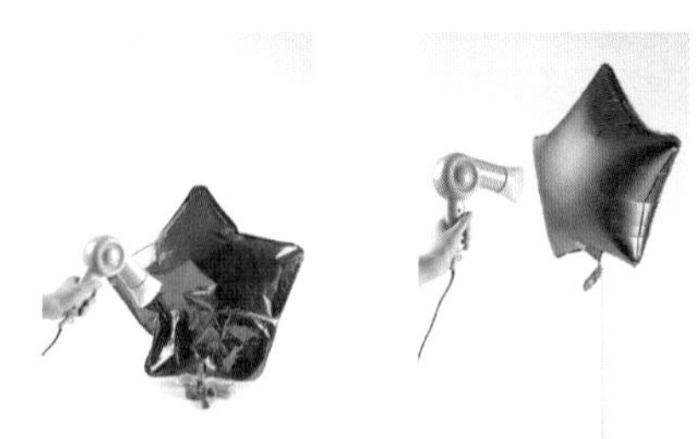
▲ 열을 받은 헬륨 풍선

답 ❶ 온도 ❷ 상태

예1 열을 받은 헬륨 풍선은 온도가 높아지므로 팽팽해진다.

예2 0 °C의 얼음이 열을 받으면 0 °C 물로 상태가 변하는 동안 온도가 일정하다.

㉕ 전도(전할 傳, 인도할 導)

열이 물질을 따라 온도가 ❶[ ] 곳에서 ❷[ ] 곳으로 차례대로 전달되는 현상

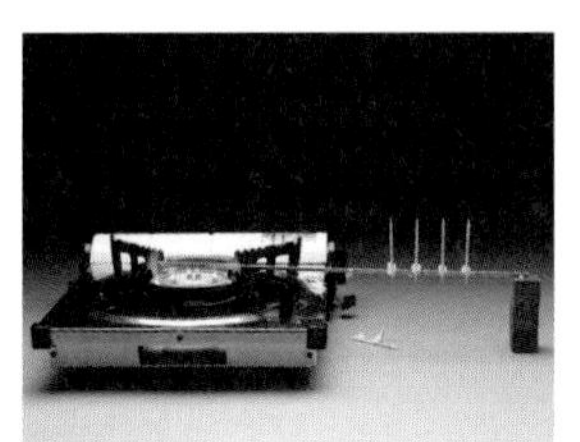
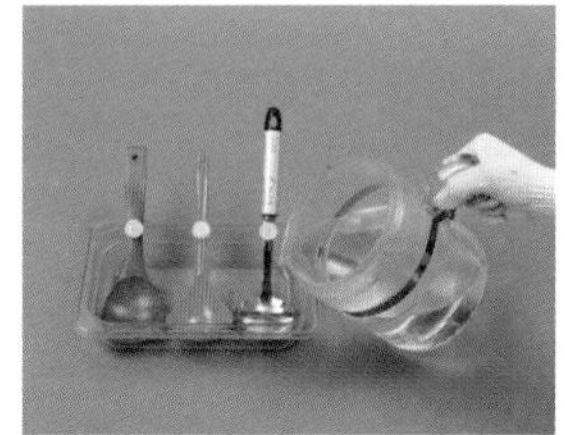

▲ 열의 전도의 예

답 ❶ 높은 ❷ 낮은

예1 쇠막대에 이쑤시개를 세워놓고 가열하면 전도에 의해 열이 차례로 전달되어 불에 가까운 쪽 이쑤시개가 먼저 떨어진다.

예2 고체에서 열은 전도에 의해 온도가 높은 곳에서 온도가 낮은 곳으로 이동한다.

㉖ 대류(대할 對, 흐를 流)

기체나 액체에서 온도가 높은 물질이 ❶[ ]로 움직이고 위에 있던 물질이 ❷[ ]로 밀려 내려오는 흐름

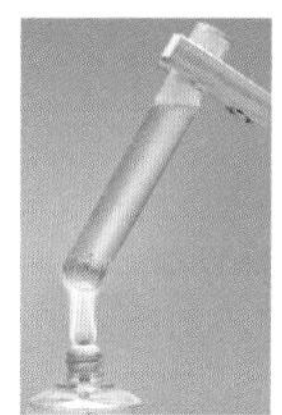
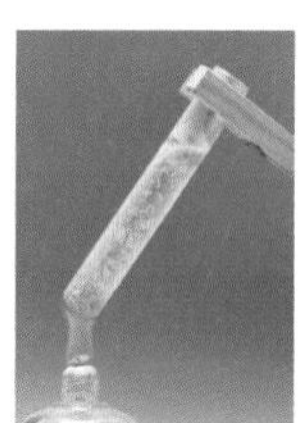

▲ 데워진 입자의 이동

답 ❶ 위 ❷ 아래

예1 에어컨을 켜 놓은 거실은 공기의 대류에 의해 거실 전체가 시원해진다.

예2 육지와 바다 위 공기가 가열되는 차이에 의해 공기의 대류가 발생하고 해풍과 육풍이 분다.

㉗ 복사(바퀴살 輻, 비출 射)

열이 ❶[ ]가 높은 물체로부터 낮은 물체로 다른 ❷[ ]을 통하지 않고 직접 전달되는 것

▲ 난로의 복사열 전달 ▲ 난로의 복사열 차단

답 ❶ 온도 ❷ 물질

예1 추운 겨울날 양지바른 곳은 태양 복사열을 직접 받아 따뜻하다.

예2 태양의 열은 어떤 물질도 거치지 않고 복사 에너지 형태로 우주 공간을 통해 직접 지구에 도달한다.

㉘ 단열(끊을 斷, 더울 熱)

물질과 물질 사이에서 [ ]의 이동을 끊는 것

▲ 여러 가지 물질을 이용한 단열

답 열

예1 단열이 잘 된 주택은 실내 온도를 일정하게 유지할 수 있다.

예2 보온병이나 아이스박스 등은 단열이 비교적 잘 되는 제품이다.

memo

배움으로 행복한 내일을 꿈꾸는

천재교육 커뮤니티 안내

• • •

교재 안내부터 구매까지 한 번에!

천재교육 홈페이지

천재교육 홈페이지에서는 자사가 발행하는 참고서,
교과서에 대한 소개는 물론 도서 구매도 할 수 있습니다.
회원에게 지급되는 별을 모아 다양한 상품 응모에도
도전해 보세요.

구독, 좋아요는 필수! 핵유용 정보 가득한

천재교육 유튜브 <천재TV>

신간에 대한 자세한 정보가 궁금하세요?
참고서를 어떻게 활용해야 할지 고민인가요?
공부 외 다양한 고민을 해결해 줄 채널이 필요한가요?
학생들에게 꼭 필요한 콘텐츠로 가득한 천재TV로 놀러 오세요!

다양한 교육 꿀팁에 깜짝 이벤트는 덤!

천재교육 인스타그램

천재교육의 새롭고 중요한 소식을 가장 먼저 접하고 싶다면?
천재교육 인스타그램 팔로우가 필수!
누구보다 빠르고 재미있게 천재교육의 소식을 전달합니다.
깜짝 이벤트도 수시로 진행되니 놓치지 마세요!

book.chunjae.co.kr

교재 내용 문의 ………………………… 교재 홈페이지 ▸ 중등 ▸ 교재상담
교재 내용 외 문의 …………………… 교재 홈페이지 ▸ 고객센터 ▸ 1:1문의
발간 후 발견되는 오류 ……………… 교재 홈페이지 ▸ 중등 ▸ 학습지원 ▸ 학습자료실